De l'inutilité du juge d'instruction

Du même auteur

Qui a tué Mermoz ?, Privat, 2009.
Chère Eva. De l'inquisition-spectacle à l'usurpation politique, La Table Ronde, 2004.
Lorsque Henri IV régnait à Mantes (1590-1593), Éditions du Valhermeil, 2001.
Saint-Exupéry, de la rive gauche à la guerre, Denoël, 2000.
Et la presse créa Le Pen..., Raymond Castells Éditions, 1998.
Affaires d'État. De Ben Barka à Tiberi : comment le parquet étouffe les dossiers, Albin Michel, 1997.
Malraux, de Gaulle : la nation retrouvée, L'Harmattan, 1996.
Justice indépendante, justice sur commande, « Politique d'aujourd'hui », Presses universitaires de France, 1990.

DIRECTEUR DE COLLECTION :
Cédrik Viala

www.bourin-editeur.fr

François Gerber

De l'inutilité du juge d'instruction

bourin éditeur
10, rue d'Uzès 75002 Paris

À la mémoire de Rosalie Doise,
condamnée aux travaux forcés à perpétuité
pour parricide par la cour d'assises, libérée après
un an et neuf mois de détention, jamais réhabilitée,
symbole intemporel de l'échec de la défense pénale.

La grande insultée, ici, c'est la justice !

*Veuillez, je vous prie, m'inscrire dans la souscription Doise.
Mais il ne faut pas se borner à de l'argent. Quelque chose
de pire peut-être que Lesurques, la question rétablie en France
au* XIX*e siècle, l'aveu arraché par l'asphyxie, la camisole de force
à une femme grosse, la prisonnière poussée à la folie, on ne sait
quel effroyable infanticide légal, l'enfant tué par la torture
dans le ventre de la mère, la conduite du juge d'instruction,
des deux présidents et des deux procureurs généraux,
l'innocence condamnée, et, quand elle est reconnue, insultée
en pleine cour d'assises au nom de la justice qui devrait tomber
à genoux devant elle, tout cela n'est point une affaire d'argent.
Certes, la souscription est bonne, utile et louable, mais il faut
une indemnité plus haute. La société est plus atteinte encore
que Rosalie Doise. L'outrage à la civilisation est profond.
La grande insultée ici, c'est la* JUSTICE.

VICTOR HUGO, Hauteville House, 2 décembre 1862.

PROLOGUE

Le martyre de Rosalie Doise

En 1861, Rosalie Doise est accusée d'avoir tué son père, Martin Doise, âgé de soixante-neuf ans, résidant dans la commune de Saint-Jans-Cappel (circonscription judiciaire d'Hazebrouck).

Depuis plusieurs années, chacun savait dans le pays que la « femme Gardin » (Rosalie Doise avait épousé un dénommé Gardin) ne s'entendait pas avec son père. De sordides questions d'argent les opposaient farouchement et l'on entendait souvent le père et la fille se disputer, cette dernière n'hésitant pas à menacer son géniteur des pires avanies. Lui-même se confia à des voisins, exprimant des craintes précises pour sa vie et désignant son gendre et sa fille comme ses tourmenteurs.

Aussi, lorsque le dimanche 20 février 1861, des proches découvrent le vieux cultivateur baignant dans son sang, « le visage horriblement mutilé », l'identité de l'assassin ne fait pas de doute. Le crime est véritablement atroce : le vieillard a été massacré avec une pioche laissée ensuite sur place « appuyée sur une chaise et tachée de sang ». Les enquêteurs sont certains de la culpabilité de Rosalie Doise pour deux raisons : elle a des taches de sang sur ses vêtements, qui sont naturellement considérées comme les traces du sang de son père ; en outre, rien n'a été dérobé dans la maison semble-t-il, à l'exception d'une «grosse montre en argent» – ce qui paraît prouver que l'objectif est bien la disparition physique pure et simple de Martin Doise, pour des raisons personnelles et non pour un motif crapuleux tel un vol.

Un juge d'instruction du tribunal d'Hazebrouck est saisi : il adopte l'avis des enquêteurs et entreprend de faire avouer le couple Gardin, qui proteste farouchement de son innocence. Le mari est disculpé : il n'était pas dans la commune au moment du meurtre. Mais pour Rosalie Doise, il en va tout autrement. Fille de paysan, presque illettrée, elle est jeune, enceinte et très affaiblie. Des témoignages concordants l'accablent, décrivant son hostilité violente à l'égard de son père, les coups qu'elle lui portait parfois, devant témoins. Elle clame son innocence à chaque interrogatoire : cela choque profondément le juge d'instruction qui procède à son incarcération.

Emprisonnée, désemparée, elle perd toute mesure dans son attitude et ses propos. S'il faut en croire les pièces judiciaires de l'époque, il est impossible de l'interroger posément sur le meurtre de son père. Elle se met à vociférer au point de sembler folle furieuse. Puis dès que l'on cesse de l'accuser, elle se calme mais devient muette et immobile sous le poids de l'accablement. Un témoin précise : « Elle avait l'air d'une sainte de pierre. » Pour obtenir des aveux sur le parricide, le juge d'instruction multiplie les pressions physiques et morales. Il ordonne son enfermement dans un cachot haut de deux mètres quarante, mais long seulement de deux mètres cinquante et large de deux mètres quinze ! La lumière et l'air pénètrent péniblement à l'intérieur de ce réduit infect, par un trou grand comme une brique percé dans l'une des deux portes et donnant sur une salle intérieure de la prison.

L'atmosphère est puante et fétide. Le cachot, pavé de carreaux glacés, ne comporte ni table ni chaise. La prisonnière est forcée de se tenir debout ou de se coucher sur le sol. La nuit, on lui donne une paillasse immédiatement retirée lors de la ronde de 6 heures du matin. Dans un coin se trouve le baquet des excréments, près de l'écuelle de l'ordinaire. Elle ne sort jamais et, au début de son emprisonnement, elle ne peut prendre l'air que deux fois en six semaines, après l'intervention du médecin. Par intermittence, elle se met à hurler son innocence : on lui enfile alors la camisole de force en la serrant à l'extrême et en fixant les deux manches dans le dos, mouvement qui lui tord les bras...

Elle est enceinte de plusieurs mois : sentant souffrir son enfant, elle se décide à avouer un crime qu'elle n'a pas commis. Le juge, qui n'attendait que cet instant, renvoie le dossier devant la chambre d'accusation : le 13 août 1861, la cour d'assises du Nord condamne Rosalie Doise aux travaux forcés à perpétuité pour « avoir homicidé Martin Joseph Doise, son père légitime ». L'enfant naît quelque temps plus tard, mais décède à vingt-quatre jours, eu égard aux mauvais traitements subis durant la détention provisoire de sa mère.

Dans le même temps, un dénommé Vanhalwyn est dénoncé par sa femme pour avoir commis plusieurs agressions – dont des meurtres – dans la même région. Il est condamné pour un premier assassinat le 14 août 1862 et mis en cause dans une seconde affaire, avec un complice nommé Verhamme. L'enquête démontre qu'ils ont vendu à un horloger de la ville d'Ypres, en Belgique, la montre en argent dérobée à Martin Doise lors de son assassinat, crime que les deux comparses finissent par avouer. Ils reconnaissent également le motif totalement crapuleux du crime : ils ont en outre dérobé au vieux cultivateur des couteaux et de l'argent. Les sieurs Vanhalwyn et Verhamme sont inculpés et condamnés à leur tour par la cour d'assises du Nord, à la peine de mort.

Il existe donc trois condamnés pour le meurtre de Martin Doise, et la « femme Gardin » est toujours détenue (depuis février 1861, et l'on est alors en août 1862) dans l'attente de l'exécution de sa peine de travaux forcée. L'opinion s'émeut de la situation de la jeune femme et de son exil, Victor Hugo attise la contestation à l'encontre de la justice impériale. Des collectes sont organisées pour soutenir Rosalie Doise et financer sa défense. Hugo écrit dans les journaux et stigmatise «la conduite du juge d'instruction, des deux présidents et des deux procureurs généraux, l'innocence condamnée, et quand elle est reconnue, insultée en pleine cour d'assises [...]». L'auteur des *Misérables* en appelle à la révolte contre le système judiciaire «au nom de la justice qui devrait tomber à genoux» devant Rosalie Doise.

Il est désormais établi que Rosalie est innocente et qu'elle n'a avoué qu'en raison des conditions de sa détention. Le garde des Sceaux décide, le 18 septembre 1862, de saisir le procureur général impérial près la Cour de cassation d'une demande de dénonciation de la contradiction des arrêts de la cour d'assises du Nord. Le procureur demande non pas l'élargissement de la «femme Gardin», mais la cassation de son arrêt de condamnation et le renvoi des trois personnes accusées du même meurtre devant une autre cour d'assises que celle du Nord, en l'occurrence celle de la Somme, ce que fera la juridiction suprême par arrêt du 9 octobre 1862. Rosalie Doise sera enfin libérée, mais la justice n'a jamais reconnu et bien entendu jamais expié le crime commis à son encontre.

Des noms évocateurs, des échecs retentissants

Si nous avons rappelé ici le procès de Rosalie Doise, ce n'est pas pour dresser un tableau exhaustif de l'histoire pénale française, mais pour mettre l'accent sur les défectuosités les plus criantes d'un système qui, dès son origine, montre sa tragique imperfection. Mon propos est surtout de dénoncer les interactions négatives qui justifient à nos yeux une profonde évolution du système, et en particulier le désir profond, incontrôlable et en lui-même suicidaire de certains magistrats instructeurs: la surmédiatisation de leur personne et, subsidiairement, de leur action.

Le premier de ces magistrats a tenu le haut de l'affiche judiciaire pendant plusieurs années: il s'agit du juge d'instruction de

Béthune Henri Pascal, qui intervint dans l'affaire de Bruay-en-Artois et rechercha le meurtrier de Brigitte Dewèvre, assassinée le 4 avril 1972. Ce fut le premier dossier judiciaire de droit commun (que l'on distingue des dossiers politiques ou financiers) très fortement médiatisé, et ce pendant plusieurs années. Certes, il rassemblait tous les indicateurs qualifiant habituellement de telles infractions : un crime à connotation sexuelle sur une jeune fille, un « notable » soupçonné (en l'occurrence un notaire), des années d'investigations, de tâtonnements, de déclarations fracassantes du magistrat de Béthune suivies de flops tout aussi retentissants, et enfin un échec définitif. À tel point que les habitants du village, profondément perturbés par l'association systématique de son nom à cet échec judiciaire, décidèrent en 1987 de le renommer : la commune s'appelle désormais Bruay-la-Buissière.

À l'instant où je rédige mon propos, ces réflexions sont opportunément confirmées par la réactualisation de dossiers souvent anciens, que j'aurais naturellement cités comme exemple, mais dont le surgissement justifie à plus forte raison l'évocation. Le second semestre de l'année 2009 a été particulièrement éprouvant pour la justice pénale en général, la justice d'instruction en particulier, et la personnalité ou la mémoire de quelques magistrats ne peuvent que déprimer le justiciable. Ces vagues successives font remonter à la surface de l'actualité des dossiers que l'on pensait profondément enfouis dans les archives judiciaires. Chacun de ces ressacs met à vif les blessures des parties civiles et les rancœurs des justiciables à l'égard d'une machine pesante, lente et, à l'évidence, souvent inefficace. Ils sont d'autant plus significatifs qu'il s'agit d'affaires que les partisans du *statu quo* procédural estiment naturellement destinées au juge d'instruction.

Je suis simplement l'ordre chronologique des événements relayés par les médias. En juillet 2009, on apprend l'existence d'une procédure pénale et d'une procédure disciplinaire contre l'ancien juge d'instruction Patrick Keil – dans les années 2000, il était en charge de l'affaire Festina et avait mis en examen

Richard Virenque, à l'époque porteur du maillot à pois. Ce magistrat, passé de l'instruction au parquet, est suspendu de ses fonctions. Soupçonné de trafic d'influence, il est même incarcéré. Pour sa défense, il évoque ses difficultés personnelles, son mal-être, autant d'arguments qui peuvent être entendus mais qui ne manquent pas d'inquiéter. Un homme que la loi autorise à priver de liberté les citoyens français ne peut être sujet à de telles défaillances. À défaut, celles-ci jettent la suspicion sur l'ensemble de sa carrière et des décisions qu'il a pu prendre.

Quelques semaines plus tard, c'est le triste souvenir du juge Lambert, l'homme qui avait en charge le dossier du « petit Grégory », qui est ravivé par l'annonce de nouvelles analyses des pièces du dossier grâce à la technologie des tests ADN. La police scientifique examine les traces laissées sur les enveloppes et les timbres des lettres du « corbeau » pour les comparer à d'autres éléments de preuve qui permettraient d'identifier les scripteurs. On revient alors sur la conduite de l'instruction, malmenée par le juge Lambert, lequel, par la suite, expliqua trop longuement ses états d'âme dans un ouvrage inaugurant ainsi une tendance largement suivie par ses collègues [1].

Puis c'est l'affaire Ben Barka qui resurgit du passé. Depuis la disparition de l'opposant marocain au mois d'octobre 1965, ses héritiers n'ont jamais perdu l'espoir d'apprendre enfin la vérité sur le décès de leur père [2]. Avec le temps, les mémoires s'effacent, mais paradoxalement, quelques acteurs acceptent de parler avant de disparaître. Des documents sont glanés dans les successions. L'émotion s'empare à nouveau des téléspectateurs lorsqu'ils découvrent le feuilleton en deux épisodes que la télévision consacre à cet événement, traité avec beaucoup de tact et de modération, mais mettant là encore en exergue les manquements de la justice d'instruction et de celui qui gérait le dossier à l'époque, le juge Zollinger. En l'occurrence, le magistrat manquait soit de flair, soit de zèle. Il resta passif au cours de la longue instruction qu'il mena dans ce dossier. Était-il impressionné et influencé par le fait que la France se trouvait alors en période électorale, à l'occasion du premier renouvellement au scrutin universel du président de la République, élection à laquelle se présentait le général de Gaulle ? Le parquet se montra-t-il trop pressant, n'hésitant pas à relancer le juge d'instruction pour obtenir la copie de tel ou tel document qui venait d'être saisi dans le cadre d'une perquisition ? Craignait-il pour sa personne ? Un témoin d'importance, Georges Figon, moitié journaliste, moitié escroc, se « suicida » d'une balle dans la nuque alors qu'il s'apprêtait à faire des révélations selon lui essentielles sur le déroulement des faits ayant conduit à la disparition de Mehdi Ben Barka, comme il aimait à le répéter à qui voulait l'entendre.

Dernière hypothèse : le juge Zollinger, comme plus tard le juge Burgaud et bien d'autres encore, n'était tout simplement pas l'homme qu'il fallait pour une procédure de cette nature et de cette importance. Il était dépassé par le dossier, par les personnalités mises en cause, directement ou indirectement : les services secrets de la République française, le ministre de l'Intérieur de l'époque, Roger Frey, que l'on disait très actif dans le dossier, le roi du Maroc Hassan II, dont la police secrète et le ministre de l'Intérieur, le général Oufkir, étaient en effet impliqués. En tout état de cause, alors que la disparition de Mehdi Ben Barka date de l'automne 1965, l'affaire n'était toujours pas résolue à l'automne 2009.

C'est également au cours de cet automne 2009, décidément bien fâcheux pour la justice française, que réapparaît le dossier Boulin, autre échec retentissant de la justice d'instruction. Robert Boulin, ministre du Travail du gouvernement de Raymond Barre, l'un des *recordmen* de la longévité ministérielle au cours de la cinquième République, auquel on prédisait un destin de Premier ministre en cas de réélection de Valéry Giscard d'Estaing à la présidence de la République, disparaît dans des circonstances surprenantes en 1979. On retrouve son corps dans la forêt de Rambouillet, à demi immergé dans l'un des étangs de Hollande.

À l'époque déjà, des bruits circulent sur les conditions de son décès, et certains n'hésitent pas à évoquer l'hypothèse d'un assassinat, ou pour le moins d'un conflit avec des personnes proches de son mouvement politique, le RPR. En tout état de cause, de 1979 à 2009, trente ans s'écoulent, durant lesquels plusieurs juges d'instruction interviennent sur ce dossier, dont le juge Yves Madre, du tribunal de grande instance de Versailles, territorialement compétent pour traiter cette affaire. Que fit ce magistrat instructeur au cours des longues années où il l'avait en charge ? Procéda-t-il à toutes les investigations ? Entendit-il tous les témoins ? C'est au cours du mois d'octobre 2009 que le journaliste Benoît Collombat, qui travaille sur l'affaire Boulin depuis ses origines, est parvenu à obtenir de nouveaux témoignages : les responsables de la morgue qui traitèrent le corps du ministre disparu, et quelques gendarmes à la retraite. Ces témoignages sont convergents : les lividités apparentes sur le corps de Robert Boulin démentaient la thèse officielle finalement retenue par les magistrats instructeurs. Mieux que cela : sa nuque aurait présenté un hématome important, qui pourrait expliquer son décès. Le journaliste met en doute le travail des différents magistrats. La famille de l'ancien ministre, toujours acharnée dans la recherche de la vérité, va sans doute profiter de cette occasion pour relancer l'action judiciaire[3].

1990-2000 : le début de la fin

Voilà quelques affaires significatives de l'échec de la procédure inquisitoriale à la française. Cette procédure, issue du droit romain, est mise en forme et éprouvée dès la période de l'Inquisition, lorsque l'Église catholique décide de poursuivre l'hérésie cathare. Des règles de preuves et de poursuites très précises sont instituées par les inquisiteurs et affinées par les juristes qui rédigent l'ordonnance de 1670. Ces règles essentielles sont définitivement fixées par le code d'instruction criminelle de 1810. C'est ce texte qui instaure ce juge d'instruction dont Bonaparte disait qu'il était « l'homme le plus puissant de France ». Capable de mobiliser les forces de police, de réunir l'ensemble des informations disponibles concernant un citoyen, également compétent pour limiter la liberté de ce dernier ou l'anéantir par l'emprisonnement préalable au jugement, ce magistrat est effectivement un homme tout-puissant.

Le temps passe, les régimes politiques se succèdent : de la monarchie à la deuxième République, du second Empire à la troisième République, de l'État vichyste à la nouvelle Constitution gaulliste en passant par « le régime des partis[4] », il résiste à toutes les formes de gouvernement sans perdre ses pouvoirs extraordinaires. Certes, il est parfois atteint par la suspicion que font peser sur lui les parties au procès mécontentes des résultats de ses enquêtes. De temps à autre, il est soupçonné d'être trop attentif aux souhaits de l'exécutif dans les affaires politiques « sensibles ». Parfois encore, les victimes l'accusent de ne pas accorder d'importance à leur douleur, de négliger des aspects du dossier qui, mieux cernés, permettraient de circonvenir le coupable. L'individu mis en examen se plaint quant à lui de la durée de la détention, de l'incapacité du magistrat instructeur de travailler à décharge en allant rechercher les arguments qui lui sont franchement favorables.

Le juge d'instruction répond qu'il n'a pas vocation à la schizophrénie, qu'il instruit effectivement à charge comme le prévoit – jusqu'en 2000 – le code de procédure pénale, que son problème est davantage de protéger la société contre les criminels que de soutenir les victimes qui ont pour cela des avocats et des psychologues... Les choses semblent claires et nettes et la procédure inquisitoire reste la panacée de la société judiciaire française.

Mais elles vont basculer en vingt ans, à la jonction des deux siècles. Deux affaires vont marquer cette époque charnière et impressionner profondément les Français : celle dite des « disparues de l'Yonne » et celle d'Outreau. Elles apparaissent au moment où les juges d'instruction sont à l'apogée de leur puissance et de leur retentissement médiatique. Depuis dix ans, les juges Thierry Jean-Pierre, Eva Joly et quelques autres jouent, avec les médias et les justiciables, un jeu dangereux. Ils utilisent savamment le besoin d'informations et la soif de sensationnel des médias pour populariser leurs instructions et leurs méthodes, sous le prétexte d'éviter la mise sous le boisseau de leur dossier par un parquet malveillant et un pouvoir exécutif soucieux d'épargner des hommes politiques qui pourraient être inquiétés dans telle ou telle affaire.

La méthode plaît aux médias. Juges et journalistes s'entendent sur le discours qui peut la justifier : ils ont alors des intérêts communs. Mais les seconds ignorent encore que, parfois, les premiers les utilisent non seulement pour servir la cause de la justice, mais également leur cause personnelle et leur future carrière politique.

Cette technique d'instruction-spectacle se retourne, dans les années 2000, contre ses inventeurs. Certes, l'annonce de l'arrestation d'Émile Louis, assassin présumé des « disparues de l'Yonne », et les premières investigations font immédiatement recette. Il en est de même de l'information selon laquelle de véritables monstres ont sexuellement maltraité des enfants dans l'enfer de la « Tour du Renard » à Outreau. Les péripéties belges de l'affaire Dutroux, le caractère à la fois effrayant et scandaleux de ce dossier judiciaire, qui s'est déroulé de l'autre côté de la frontière et concernait également des enfants, a profondément marqué la population, naturellement très sensible aux affaires de mineurs aggravées par le caractère sexuel des agressions, les disparitions ou les morts avérées et parfois la mise en cause de « notables » – le « notable », ce partenaire indispensable de l'affaire criminelle provinciale, sans lequel elle ne peut avoir un véritable retentissement.

Dans les affaires des « disparues de l'Yonne » et d'Outreau, tous les ingrédients sont réunis pour assurer la médiatisation du dossier et, partant, la réputation du juge d'instruction. Après

Urba-Sages (1990), Elf et Roland Dumas (1996-2003), voici enfin le magistrat instructeur revenu sur le terrain proprement criminel, celui des crimes de sang et de sexe. Héros du code d'instruction criminelle voulu par Napoléon, confirmé dans ses fonctions par les républiques et désormais adulé par les médias, il est au faîte de la gloire. Mais c'est paradoxalement à cet instant que débutent les dernières années de la justice inquisitoire.

Des disparitions sans importance

Nous avons évoqué rapidement les similitudes de ces deux dossiers, voyons désormais les différences. Elles sont notables : l'une évoque en creux ce que l'autre démontre en relief. En effet, l'affaire des « disparues de l'Yonne » concerne des faits vieux de vingt ans : ils remontent aux années 1975 et 1977, dates des deux premières disparitions inexpliquées. En tout, sept jeunes femmes[5] disparaissent de 1975 à 1979 sans susciter l'émotion de la justice pénale de l'Yonne ; il faut attendre 1997 pour qu'une réelle instruction pénale soit déclenchée : voilà déjà l'anormalité de ce dossier. En revanche, concernant l'affaire d'Outreau, les faits se sont produits dans les mois précédant l'ouverture de l'instruction et le dossier judiciaire s'est immédiatement constitué.

La procédure pénale des « disparues de l'Yonne » ne débute qu'en 1997 (soit vingt-deux ans après la première disparition) par la désignation d'un juge d'instruction. Et c'est le 13 décembre 2000 qu'Émile Louis est interpellé et placé en garde à vue. Grâce à l'habileté des gendarmes qui l'interrogent, il avoue le meurtre des sept pupilles de la DDASS bourguignonne. Dans un premier temps, il avoue avoir tué Françoise Lemoine (27 ans, disparue début 1975), Christine Marlot (16 ans, janvier 1977), Jacqueline Weiss (19 ans, 4 avril 1977), Chantal Gras (18 ans, 22 avril 1977), Madeleine Dejust, (22 ans, juillet 1977), Bernadette Lemoine (19 ans, février ou mars 1978), Martine Renault (16 ans, 26 septembre 1979)[6].

Cette affaire revêt une importance particulière dans la logique de notre démonstration, car à la différence de l'affaire d'Outreau, qui se déroula sur un laps de temps très réduit, elle démontre sur la durée, soit près d'un quart de siècle, les failles du système pénal français. En revanche, comme l'affaire d'Outreau, elle prouve qu'en dépit de la preuve rapportée des défaillances des hommes et de l'institution, il est impossible, en l'état actuel de ce système, d'y apporter des correctifs. Tout d'abord, dans la phase du déroulement d'une enquête ou d'une instruction, le système n'est capable ni de s'autocontrôler ni de s'autoréguler. De même, une fois que sont constatées les dérives et leurs conséquences, c'est-à-dire le préjudice pour les victimes (dans l'affaire des «disparues de l'Yonne») ou pour les personnes injustement accusées (dans l'affaire d'Outreau), il est impossible de sanctionner les individus responsables de ces manquements, voire de ces fautes caractérisées.

Pour l'historique et la chronologie précise de ce dossier, on renverra non seulement à *L'Yonne républicaine*, le quotidien ayant le mieux couvert cette affaire au fil du temps, mais aussi au remarquable ouvrage d'Hubert Besson[7], qui fait le point sur ce dossier. Mais ce qui nous intéresse, ce n'est pas tant la personnalité du *serial killer* à la française qu'est Émile Louis que les conditions dans lesquelles il est parvenu à échapper à la justice... à moins que ce ne soit la justice qui l'ait laissé échapper.

C'est le 26 septembre 1979 que le procureur de la République d'Auxerre, René Meyer, a été saisi d'une plainte concernant la disparition d'une jeune fille de 16 ans, Martine Renault. Le 4 décembre, il classe le dossier sans suite. Cette attitude est surprenante lorsque l'on sait que six autres jeunes femmes ont disparu sur la même circonscription judiciaire au cours des quatre années précédentes. Le procureur vient d'arriver à ce poste, qu'il occupera jusqu'en 1986. On peut s'étonner non seulement du fait qu'il ait classé très rapidement sans suite la disparition d'une jeune fille de 16 ans, mais également de son peu d'empressement pour solliciter ses prédécesseurs ou ses correspondants habituels au sein de la police et de la gendarmerie locale, des informations sur des dossiers de même nature pouvant exister à cette date.

Le rapport Jambert

Quelques années passent sans que le procureur ne décide d'investigations. En juin 1984, il est saisi d'un rapport d'enquête préliminaire par la gendarmerie d'Auxerre, enquête menée par un gendarme particulièrement déterminé, qui travaille sur l'affaire depuis de nombreuses années. Le rapport du gendarme Christian Jambert est extrêmement circonstancié et développe une thèse d'où ressortent clairement la personnalité d'Émile Louis et les indices qui le rattachent aux disparitions. Ce rapport est archivé sans qu'aucune décision administrative ou judiciaire (de classement sans suite ou de saisine d'un juge d'instruction) n'ait pu être retrouvée. Second dysfonctionnement majeur: le procureur de la République, qui a pourtant rencontré l'enquêteur et a lu son rapport, n'a entamé aucune démarche complémentaire.

Troisième circonstance que l'on qualifiera d'anormale: à l'époque, un juge d'instruction du tribunal de grande instance d'Auxerre, en l'occurrence Jacques Bourguignon, est chargé d'un dossier concernant le même Émile Louis pour le meurtre d'une dénommée Sylviane Lesage. Le juge a rendu une ordonnance de non-lieu en faveur d'Émile Louis. Un substitut[8] du procureur de la République d'Auxerre décide de lui faire part de l'existence de l'enquête Jambert: cette information n'aura aucune conséquence. Il semble que chacun des magistrats du tribunal de grande instance, qu'il appartienne au siège (comme le juge d'instruction) ou au parquet (comme le procureur et le substitut du procureur), ait travaillé dans des bureaux totalement cloisonnés et étanches, tant aux échos de la rue et des commissariats qu'aux informations en provenance des bureaux voisins. Ce fonctionnement judiciaire curieux exclut tout contact et toute synergie non seulement entre les magistrats mais également entre ceux-ci et les gendarmes et les policiers. Le substitut Stilinovic n'est pas en phase avec son supérieur hiérarchique le procureur Meyer ; le juge d'instruction Jacques Bourguignon travaille sans considérer les informations qui lui sont transmises par le parquet ou qui peuvent remonter spontanément par le canal des enquêteurs de la police ou de la gendarmerie. Il les voit cependant plusieurs fois par semaine. L'ambiance est tellement délétère qu'à ce jour encore, il n'a pas pu être prouvé que le juge d'instruction Jacques Bourguignon ait officiellement reçu le rapport du gendarme Jambert !

Qu'est devenu le rapport Jambert ? Il aurait été archivé, portant en marge la mention manuscrite « non », mention que l'on n'a jamais pu attribuer à l'un ou l'autre des responsables du parquet ou du siège... Il faut préciser que personne n'a pris l'initiative de soumettre ce « non » à une enquête graphologique : elle aurait pu apporter la preuve irréfutable de l'identité du scripteur, et engager sa responsabilité, c'est-à-dire celle de l'institution. Curieusement, les parties civiles qui avaient évidemment intérêt à souligner le niveau d'implication des responsables n'ont pas davantage demandé à des experts – nécessairement privés, puisque l'institution était en phase de refus – de réaliser une telle étude. En France, il est véritablement difficile d'approfondir les choses et de révéler les vraies responsabilités.

C'est donc dans des conditions totalement indéterminées et une grande indifférence que le rapport Jambert a abouti dans les archives du tribunal de grande instance d'Auxerre. Lorsque la chancellerie, suite au scandale majeur déclenché par cette affaire, envoie sur place une inspection, celle-ci se rend compte qu'il existe au sein de la juridiction – et en particulier de son service d'archives – un invraisemblable capharnaüm. Les dossiers sont jetés pêle-mêle dans la cave du palais de justice, sans le moindre classement ou système d'identification. Les greffiers successifs se sont évidemment rendu compte de cette situation invraisemblable, mais aucun n'a voulu prendre à bras-le-corps la mission de remise en état de l'archivage. Ils se sont contentés, dans le cadre d'un fonctionnement administratif classique, de laisser aux précédents la responsabilité de la situation... sans bien entendu transmettre à la hiérarchie la moindre information sur cette situation. Et ils poursuivent sur la même voie...

À ce niveau de la réflexion sur ce dossier, on doit admettre que l'ensemble du fonctionnement judiciaire est aberrant.

Pour nous résumer : le procureur de la République, qui a pour charge de superviser le déclenchement des procédures pénales, ne s'est pas inquiété de la disparition de Martine Renault, laquelle faisait suite à six autres disparitions dans un bref laps de temps et des lieux très proches, étant précisé encore que l'ensemble de ces jeunes femmes avaient un point commun : elles étaient liées à la DDASS. Le substitut du procureur, Daniel Stilinovic, qui, dans ce tribunal, semblait être l'un des seuls à pouvoir faire la jonction entre la gendarmerie, le procureur de la République – son supérieur direct – et le juge d'instruction, voire à informer le président du tribunal en personne d'une situation susceptible de lui paraître anormale, n'a pas agi dans ce sens... Dans la stricte limite de ses prérogatives, il a fait le minimum nécessaire. Quant au juge d'instruction, il n'a pas davantage agi pour faire la lumière sur ces différents dossiers, soit parce que les informations ne sont pas parvenues jusqu'à lui, soit parce qu'il n'a pas effectué les recoupements entre les différents vecteurs qu'il maîtrisait.

Mentionnons enfin le dernier niveau de l'échelon – mais qui n'est pas forcément le moindre dans ce genre de situation, lorsque tous les autres fonctionnements sont déviants : les greffiers et secrétaires greffiers, tant au niveau du parquet que du juge d'instruction et de l'archivage, ne se sont jamais inquiétés de ce que le suivi n'était pas assuré par les magistrats. Lorsque, par la suite, le traitement des archives a été connu, les causes de cette situation ont pu être mieux comprises[9].

Les mêmes causes, les mêmes conséquences

Le gendarme Jambert établit donc, le 23 juin 1984, un rapport particulièrement exhaustif dans lequel il fait état de la disparition de sept jeunes femmes, dont six majeures et une mineure. Il insiste sur les éléments communs de ces dossiers (les lieux et le temps), la personnalité et l'origine sociale des victimes, et surtout sur leur proximité avec Émile Louis. Le rapport est destiné au procureur de la République via le substitut en charge du dossier qui a demandé ce rapport et qui est nommé dans celui-ci à deux reprises : Daniel Stilinovic.

Mais le substitut Stilinovic quitte le tribunal d'Auxerre fin juin 1984, trois jours exactement après le dépôt du rapport. Qu'en a-t-il fait ? Il lui sera reproché par la suite de ne pas l'avoir transmis de façon officielle et incontestable, c'est-à-dire avec une preuve de cette transmission, au procureur ; il lui sera également reproché de ne pas avoir donné, tant à la gendarmerie qu'au juge d'instruction du tribunal de grande instance d'Auxerre, des renseignements précis sur ce dossier. Pour sa défense, le substitut du procureur indiquera qu'il avait agi dans l'urgence compte tenu de son départ imminent. Il répondra que s'il était resté à Auxerre, l'enquête aurait suivi son cours : il renverra donc la responsabilité sur son supérieur de l'époque, René Meyer.

On note dans cette affaire – à l'instar de beaucoup d'autres dossiers de même nature – un laxisme, un désintérêt, une absence totale de rigueur dans le fonctionnement. Lorsque, vingt ans après, les accusations fusent enfin de la part des médias et des avocats des parties civiles, la réponse de l'institution judiciaire est simple : personne n'est responsable. Au terme d'un tel délai, comment remonter la chaîne des responsabilités... et des compétences !

Il est nécessaire d'analyser les éléments qui concourent à ce dysfonctionnement majeur. Après le départ de Daniel Stilinovic le 26 juin 1984, le procureur de la République René Meyer est donc le destinataire naturel, en qualité de chef du parquet d'Auxerre, du rapport du gendarme Jambert. Il n'en tire aucune conséquence sur les plans administratif ou judiciaire. Il ne demande ni supplément d'enquête ni désignation de juge d'instruction. Les témoignages recueillis par Hubert Besson dans son ouvrage ne sont pas favorables à ce procureur, dont les avocats, à Auxerre comme à Dijon (où il sera aussi en poste), soulignaient l'insouciance, le fait qu'il n'était pas un bon juriste. D'après eux, il redoutait les affaires importantes, ayant la crainte de mettre en cause un notable ou de ne pas être à la hauteur du dossier.

Mais René Meyer quitte lui-même le tribunal d'Auxerre en 1986 ; à la même époque, Daniel Stilinovic est nommé en qualité de procureur adjoint. S'il est avéré qu'il n'a entrepris aucune démarche pendant ce très long délai (déjà neuf ans se sont écoulés depuis la première disparition), la situation n'évolue aucunement à compter du 25 juillet 1986, date à laquelle Daniel Stilinovic revient à Auxerre. Il est alors premier substitut chargé des affaires économiques et financières [10]. On peut comprendre qu'en quittant précipitamment le parquet d'Auxerre, le 26 juin 1984, il n'ait pas eu le temps d'informer son successeur des dossiers importants en cours d'enquête (en l'occurrence, il s'agissait du dossier principal !), de rendre compte dans des formes incontestables au procureur de l'état de ses diligences, ou encore de s'entretenir avec le juge d'instruction Jacques Bourguignon [11] sur les différentes suites envisageables pour le dossier Émile Louis. Mais comment expliquer qu'à son retour il ne procède pas à un contrôle de ces suites ? La question est d'autant plus opportune qu'il a conservé de bons rapports avec Christian Jambert, lequel va rester en fonction dans la brigade de gendarmerie d'Auxerre jusqu'en 1987. On sait que le gendarme se suicidera le 3 août 1997, après avoir pris sa retraite administrative en novembre 1995. L'état de jachère de ce dossier a sans doute pesé lourd sur sa décision d'en finir avec la vie.

Il n'est pas dans notre habitude de voir dans ce type d'affaire la main d'un éventuel comploteur ou la pression des « notables », explications trop souvent données pour dissimuler une réalité bien plus concrète, celle de l'insouciance, du laxisme et de l'insuffisant professionnalisme des acteurs. Avec cette question lancinante qui revient comme un leitmotiv : pourquoi ces derniers seraient-ils plus ardents dans leurs fonctions alors même qu'ils sont certains de l'absence de contrôle et surtout de l'absence de sanction en cas de dérive avérée.

Dans un cadre normal, logique et cohérent, plusieurs indicateurs auraient dû permettre aux différentes autorités de prendre conscience de la situation. En imaginant que Daniel Stilinovic ait fait son travail, c'est-à-dire qu'il ait informé le juge d'instruction en lui adressant une proposition de réquisitoire supplétif et qu'il ait transmis par la voie hiérarchique le rapport au procureur de la République, on note deux comportements anormaux. Le procureur de la République ne prend pas position sur le dossier. Il n'adresse même pas un soit-transmis au commandant de la gendarmerie d'Auxerre pour lui demander de compléter l'enquête, qui comportait des incertitudes et des insuffisances. Il ne saisit pas le président du tribunal de grande instance d'une demande de désignation de juge d'instruction, alors que le nombre même des disparitions évoquées par le gendarme Jambert nécessite bien évidemment que l'on s'occupe du dossier.

De son côté, le juge d'instruction Jacques Bourguignon, qui travaille sur un dossier similaire depuis quelque temps, pouvait soit demander que ces informations lui soient communiquées afin d'essayer d'en tirer le meilleur parti, soit aviser sa hiérarchie, c'est-à-dire le président du tribunal, de la nécessité de déclencher une instruction spécifique en raison de ces informations. De ces trois acteurs, aucun ne prendra la moindre décision[12].

Les conditions de la réouverture de la procédure des « disparues de l'Yonne »

À sa sortie de prison, en 1984, Émile Louis quitte l'Yonne pour aller habiter dans le Var. En 1989, il est à nouveau mis en cause pour des attentats à la pudeur avec violence sur mineur et condamné à cinq ans de prison ferme par le tribunal correctionnel de Draguignan : il est écroué en Corse et n'est libéré qu'au premier semestre de l'année 1992.

À l'automne 1997, deux gendarmes, en l'occurrence l'adjudant-chef Guy Pautard et l'adjudant-chef Éric Baron, relancent l'enquête sur les « disparues de l'Yonne » suite à une plainte avec constitution de partie civile régulièrement déposée. Entretemps, le rapport du gendarme Jambert a été retrouvé et ce document sert de base à leurs investigations, qui leur permettent de retrouver les corps de deux des victimes[13].

Émile Louis a bien été mis en examen en 1981 concernant le meurtre d'une dénommée Lesage, suite au travail d'enquête de Jambert, avec aval du procureur de la République. Il fut placé en détention provisoire. Mais il bénéficia d'un non-lieu pour charges insuffisantes – alors qu'il sera démontré par la suite, après la découverte du cadavre de Jacqueline Weiss et de Madeleine Dejust, que le mode opératoire pour Lesage était le même : mains liées dans le dos et culotte dans la bouche.

En mai 1997, un nouveau juge d'instruction est nommé au tribunal de grande instance d'Auxerre, Benoît Lewandowski, et un nouveau procureur de la République, Marie-Suzanne Le Quéau. À cette époque, le juge d'instruction a mis en examen Henri Nallet, ancien ministre de la Justice (et ancien trésorier de la campagne présidentielle de François Mitterrand) pour recel d'abus de confiance et d'escroquerie. Le pouvoir socialiste envoie sur place Marie-Suzanne Le Quéau, elle-même ancienne chargée de mission du cabinet d'Henri Nallet. Benoît Lewandowski a dirigé l'instruction sur l'affaire des « disparues de l'Yonne » depuis l'ouverture du dossier sur plainte avec constitution de partie civile. Il mènera une instruction laborieuse. Avant d'être jugé (et condamné) pour ces faits des années 1970, Émile Louis est condamné le 26 mars 2004[14] par la cour d'assises du Var à vingt ans de réclusion (avec peine de sûreté des deux tiers) pour «viols avec actes de torture et de barbarie et agressions sexuelles»... commis postérieurement aux crimes de l'Yonne, à l'encontre de sa seconde épouse et de la fille de celle-ci...

PREMIÈRE PARTIE

Deux cents ans, ça suffit !

CHAPITRE I

Suicide ou exécution ?

En créant le juge d'instruction, le code d'instruction criminelle de 1810 a fait œuvre originale. À l'époque, ce magistrat devient le pivot du système pénal. Il est admis qu'il instruise essentiellement à charge : il faudra cent quatre-vingt-dix ans pour que l'obligation d'instruire aussi à décharge soit mentionnée dans un texte. Il écarte d'un revers de manche la présence des avocats : le code, s'il réserve une place de choix au garde champêtre, ne fait d'ailleurs même pas mention des prérogatives du barreau dans le débat judiciaire. Certes, au fil du temps, les textes évoluent, en particulier lors de la réforme de 1897 ; mais globalement, on retrouve le juge d'instruction avec les mêmes compétences à l'aube de la cinquième République. Depuis 1958, on doit cependant distinguer deux périodes très différentes.

Pendant la première, qui s'étend jusqu'à l'année 1990, les juges d'instruction restent les personnages essentiels des grandes affaires pénales, même si celles-ci ne correspondent qu'à environ 5 % de l'ensemble des dossiers traités. Ils sont discrets, parfois brocardés, comme ce fut le cas dans les affaires Ben Barka, de Broglie ou encore dans le dossier du *Canard enchaîné*, mais ils parviennent à maintenir leurs prérogatives et à conserver leur puissance.

À l'aube des années 1990 débute la seconde phase de l'histoire judiciaire de la cinquième République. Dès lors, le juge d'instruction veut également devenir un justicier. Il éprouve un besoin existentiel de reconnaissance publique. Il cherche à tout prix à faire la une des médias sous le prétexte déclaré d'éviter que le parquet ou le pouvoir exécutif l'empêchent d'accomplir sa mission. Il communique, il écrit, il se répand (sans jamais se repentir) ; souvent, il brouillonne.

Certes, ce comportement extraverti n'est pas une règle. Mais il devient une tendance forte au sein de cette profession, laquelle dissimule en réalité une intention précise : utiliser la fonction pour préparer une autre carrière. Il en fut ainsi de Thierry Jean-Pierre, d'Eva Joly et, plus récemment encore, de Laurence Vichnievsky, candidate aux élections régionales dans la région Provence-Alpes-Côte d'Azur sur la liste Europe Écologie. Le cas français n'est d'ailleurs pas unique : en Italie, le juge Di Pietro, qui s'était illustré dans la lutte antimafia, a également tenté – avec plus ou moins de bonheur – une intrusion dans la vie politique de son pays.

Les médias se sont intéressés à cette nouvelle pratique de l'instruction en se donnant bonne conscience : le juge devenait le monsieur (ou la dame) Loyal du grand spectacle judiciaire, dont le clou est naturellement l'interpellation d'un ministre ou d'un chef d'entreprise, retransmise en direct au journal de 20 heures. Le point culminant a été atteint avec l'arrestation de Roland Dumas, alors président du Conseil constitutionnel. Mais on peut également évoquer celle de l'élu corse Jean-Guy Talamoni en pleine séance de l'Assemblée de Corse, ou la perquisition au domicile de Pierre Bédier, ancien secrétaire d'État et président du conseil général des Yvelines, la veille de Noël, par le juge Courroye.

« La roche Tarpéienne est proche du Capitole » : au cours de ces vingt dernières années, les juges d'instruction (et la magistrature dans son ensemble) n'ont pas fait mentir le dicton. Ceux qui ont pensé que cette génération des années 1990 incarnait un renouveau de la justice pénale se sont lourdement trompés : cela n'a été que le chant du cygne d'une pratique dépassée, et ses agissements, qui tournaient parfois à la fanfaronnade, ont été lourdement contre-productifs.

Cette surmédiatisation a naturellement eu son corollaire : si quelques individus sont parvenus à se mettre en vedette, en revanche, les feux de la rampe ont éclairé crûment les maillons faibles de cette justice, les échecs – souvent retentissants – les graves manquements à la fonction, et enfin les failles de certaines personnalités trop fragiles pour endosser une telle robe. La Cour européenne des droits de l'homme a souvent stigmatisé la France pour la lenteur du déroulement des instructions. Mais les atteintes aux droits des justiciables que relevaient de nombreux avocats, évoquant des insuffisances ou les négligences d'un certain nombre de magistrats instructeurs, ont été révélées au grand public (et au monde politique, qui voulait les ignorer) par l'affaire des disparues de l'Yonne, et plus particulièrement par l'affaire d'Outreau.

Lorsque le désastre d'Outreau se solde par l'acquittement des innocents accompagné des excuses de la République et du grand acte de contrition que constitue la commission d'enquête parlementaire, les seuls à ne pas participer à cette interrogation sur le rôle et les compétences du juge d'instruction sont... les magistrats. Et cependant, à cet instant, ils ont encore les moyens de sauver leur statut et cette profession spécifique. Il aurait suffi qu'ils reconnaissent que Fabrice Burgaud, juge d'instruction en charge du dossier, avait failli. Cet aveu pouvait être justifié par de multiples causes : la jeunesse et l'inexpérience du juge, sa fragilité psychologique, son isolement... La réticence naturelle à la réforme du milieu judiciaire, le conservatisme intrinsèque de la société française et son découragement face aux dysfonctionnements de la justice auraient fait le reste.

Mais une telle perspective est inenvisageable pour cette corporation, fermée plus que toute autre, où l'on entre par le double effet du concours et de la signature du président de la

République au bas d'un décret. Elle est vécue comme une agression dans ce milieu trop fermé où l'on n'est jamais éprouvé, ni au début ni au cours de la carrière, où l'aptitude de l'impétrant à exercer ses fonctions, sur les plans psychologique, physique ou moral, n'est même pas contrôlée. Il n'est donc pas question pour les magistrats, syndiqués ou non, de reconnaître la faute de l'un des leurs. En sauvant le juge Burgaud, alors que la France attendait qu'à défaut d'excuse, il soit sanctionné, au moins sur le plan disciplinaire, les juges d'instruction ont scellé leur sort.

Car le nouveau président de la République y verra l'occasion de présenter enfin, après deux cents ans d'expérience et cinquante ans révolus de chaos, une réforme significative de la justice pénale. Il ne fait pas de ce sujet un élément programmatique de sa campagne présidentielle. En revanche, en 2005, il a déjà annoncé à plusieurs reprises ses intentions, évoquant les fautes d'un certain nombre de magistrats (au-delà de la simple magistrature d'instruction), affirmant même que les juges doivent «payer pour leurs erreurs», évoquant un principe de responsabilité qui inquiète ou révulse les intéressés. Sans que ceux-ci s'en rendent compte, il a pris date. Mais il ne pousse pas le trait et n'intervient en aucune façon pendant les longs débats de la Commission. À l'issue de celle-ci, il n'exige pas la réforme tant attendue, laissant le ministre en exercice, Pascal Clément, émettre un projet de texte peu significatif. Il laisse aux juges le choix de la voie : expier en condamnant Burgaud, ou se condamner eux-mêmes aux yeux de l'opinion publique.

Ainsi, ce n'est pas Nicolas Sarkozy qui, dans le cadre de son projet réformant profondément la procédure pénale, aura exécuté cette profession, deux cents ans après l'écriture du code d'instruction criminelle ; ce sont les juges d'instruction eux-mêmes qui se seront suicidés, sur l'autel du corporatisme.

CHAPITRE II

L'affaire d'Outreau, une faute de trop

En février 2001 débute l'affaire d'Outreau. Dans cette petite ville du Nord de la France dont la population est fortement éprouvée par le chômage, la famille Delay-Badaoui réside depuis plusieurs années dans un ensemble HLM dénommé la Tour du Renard. Elle a déjà fait l'objet de plusieurs signalements. L'un des quatre enfants du couple a été hospitalisé à plusieurs reprises, portant des traces visibles de coups... ou de chute. Depuis le mois de septembre 2000, les services sociaux sont à nouveau saisis : cette fois-ci, le processus judiciaire se déclenche.

La recette classique d'un bon dossier de mœurs

Le 5 décembre 2000, une procédure judiciaire est engagée pour agression sexuelle sur mineur, et la police commence son enquête. Le juge Fabrice Burgaud, âgé d'environ 30 ans, vient d'être nommé au tribunal de grande instance de Boulogne-sur-Mer : il est désigné par le président de la juridiction pour suivre l'instruction de ce dossier.

Le 21 février 2001, la police interpelle les époux Delay-Badaoui et les place en garde à vue. Les premiers interrogatoires laissent sourdre l'atmosphère particulièrement glauque dans laquelle vit la famille. Placée face au matériel saisi (cassettes pornographiques, valise contenant des accessoires divers acquis dans des sex-shops), Myriam Delay-Badaoui reconnaît qu'elle-même et son mari sont coupables d'agressions sexuelles sur les enfants.

Dès lors, le juge frappe vite et fort : le 6 mars 2001, il fait interpeller une soixantaine de personnes dans l'immeuble de la Tour du Renard, où demeurent les époux Delay. Un grand nombre de policiers investissent la cité. Parents et enfants sont conduits au commissariat de Boulogne-sur-Mer, où ils vont être interrogés. Les voisins et les relations du couple, Thierry Dausque, Aurélie Grenon, David Delplanque, Sandrine et Franck Lavier, subissent la pression de la garde à vue. Pour des gens peu rompus à la procédure pénale, il s'agit d'une première épreuve. Les enquêteurs tentent de recouper les déclarations des quatre enfants du couple Delay et les explications plus ou moins claires des deux parents.

Le soir même, le juge détaille les déclarations des enfants du couple et tente de mettre un nom sur chacune des personnes dont l'existence est évoquée par ces derniers. C'est sans doute à ce niveau, dès les premières semaines, qu'il commence à déraper de façon totalement incontrôlée, pour sombrer dans le fossé de l'imagination judiciaire. Le juge Burgaud ne se satisfait pas seulement des faits qu'il a établis dans un premier temps, et dont il détient à la fois les preuves et les aveux : il est persuadé que la perversion des parents et de leurs voisins de palier atteint tout l'immeuble de la Tour du Renard et se répand au-delà. Est-ce la proximité dans le temps et dans l'espace de l'exemple belge qui le conduit à ces déviations ? Est-ce la crainte de « rater » son affaire ou la volonté, empreinte d'un *ego* hors du commun, de transformer un dossier somme toute banal, comme la France en connaît malheureusement quelques centaines par an, en une affaire exemplaire et dès lors médiatique ?

Le juge décide d'étendre ses recherches aux familiers de la Tour du Renard qui ne résident pas sur place. Ainsi il fait interpeller Roselyne Godard, la boulangère qui livre régulièrement en pain les habitants de la tour et dont on dit qu'elle gère avec beaucoup d'humanité – sans doute trop pour ne pas être suspecte – les ardoises de ses clients. Puis il s'en prend à un huissier, maître Marécaux, dont le nom a été cité parce que l'officier ministériel fréquente lui aussi régulièrement ce secteur pour venir recouvrer les créances impayées. Depuis l'affaire de Bruay-en-Artois, on sait que tout dossier de mœurs bien construit doit concerner au moins un notable. À défaut de notaire, dont la ville d'Outreau semble démunie, une boulangère, un huissier et son épouse feront des notables forts présentables. De même, un prêtre peut faire également bonne figure dans un tel tableau de chasse – l'Église catholique n'est-elle pas régulièrement à la une des médias pour de sordides histoires de pédophilie plus ou moins couvertes par la hiérarchie ? Qu'un prêtre (ouvrier) se soit investi personnellement dans une cité et vive ainsi près de ses ouailles plutôt que de s'isoler au sein d'un couvent ou d'un presbytère n'est-il pas en soi un phénomène suspect ? Son nom a été cité par les enfants : « eux ne mentent pas », prétend ce magistrat qui semble avoir bien peu d'expérience en matière familiale. L'huissier, la boulangère, le prêtre, avec eux un chauffeur de taxi qui conduit régulièrement certains habitants de la tour, d'autres encore, moins notables mais tout aussi innocents, sont mis en examen et écroués. Les enfants de l'huissier sont placés, la boulangerie est fermée, de même que l'étude. Les familles sont désunies, chacun des conjoints est rongé par le doute concernant l'attitude de son partenaire : la justice peut-elle se tromper autant, se demande la personne la plus soupçonneuse à l'égard de l'institution ? Aurait-on permis une telle débauche de moyens s'il n'y avait pas, pour chacun des mis en examen, un dossier solide ? De son côté, la presse commence à monter en pression et à faire ses gros titres sur l'affaire d'Outreau, qui devient ainsi une affaire judiciaire d'importance nationale. Quant au juge, il ne pourra pas être taxé de laxisme ! Il a enfermé tout le monde, des coupables dont les crimes sont avoués et prouvés, aux simples témoins !

Il est essentiel de comprendre le jeu des forces, centrifuges ou centripètes, qui ont fait déraper l'instruction dès les premiers instants. Quels sont les éléments matériels, psychologiques, moraux, intuitifs, ayant pu conduire le juge d'instruction à dépasser le simple cas des époux Delay pour s'intéresser à près de vingt personnes lesquelles vont être, au fil du temps, mises en examen, écrouées, renvoyées devant la cour d'assises puis finalement, pour treize d'entre elles, innocentées ?

Au-delà même de cette question, aucun des systèmes de contrôle et d'autorégulation de la procédure pénale n'a fonctionné. Pourquoi, pendant les deux ans de cette instruction, au tribunal de Boulogne-sur-Mer, ni le juge en charge, ni les juges des libertés et de la détention, ni les magistrats du parquet qui suivent la procédure pour le compte du ministère public ne se sont alarmés de la situation ? Pour quelle raison la hiérarchie du siège et celle du parquet, le procureur de la République et le président du tribunal, sont-ils restés silencieux ? Au-delà des murs du tribunal, où pouvait régner un corporatisme forcené qui aurait conduit chacun des magistrats à soutenir leur collègue, quelle a été la réaction des autres acteurs de ce dossier, ou plus simplement des citoyens, des voisins des personnes inculpées ? À l'extérieur du tribunal, comment l'air de la rue et de la liberté n'a-t-il pu raviver les facultés de discernement de la presse, des avocats (dont beaucoup croient alors à la culpabilité de leurs clients), des experts ? On sait que certains policiers ont rapidement émis des doutes sur l'ampleur du « réseau », en raison de différents éléments très différents de ce qu'ils avaient pu connaître dans d'autres dossiers. Dès lors, comment expliquer cet unanimisme ? Comment expliquer que les magistrats de la cour d'appel de Douai, qu'il s'agisse de ceux de la chambre de l'instruction ou du parquet, ne soient pas parvenus à faire prévaloir la vérité sur l'imagination trop fertile d'un juge et d'une accusée ? Ce sont les éléments qui fascinent et qui inquiètent dans le cadre de ce dossier banal devenu, par ses déviances mêmes, un dossier exceptionnel, une outrance hors du commun pour la plupart des personnes mises en examen – et pour l'institution, une véritable bérézina judiciaire.

Jeune, inexpérimenté, arrogant : il fera un bon juge d'instruction

Lorsque le président du tribunal de grande instance de Boulogne-sur-Mer désigne le juge Burgaud pour assurer l'instruction de ce dossier, il n'a aucune raison de se méfier de ce jeune magistrat. Rares sont les juristes qui estiment en effet qu'à 26 ou 30 ans, un étudiant frais émoulu de l'École nationale de la magistrature ne peut assumer, dans un premier poste, la fonction de juge d'instruction. D'ailleurs, en dépit de l'inexpérience, de l'âge et des deux ans et demi d'école, l'encadrement par des collègues et la hiérarchie ne constitue-t-il pas une protection suffisante contre les risques de dérapage ? À ceux qui osent de telles interrogations, on répond par habitude que depuis 1958, telle est la méthode qui permet de produire chaque année deux cents à deux cent cinquante magistrats, dont bon nombre assurent la fonction très solitaire de juge d'instruction. Fabrice Burgaud est l'un de ceux-là : il faut bien que dans le cadre de son nouveau poste, il se fasse les dents sur un premier dossier.

Fabrice Burgaud est donc désigné. Certes, au cours de l'instruction, lorsque le président constatera les premiers errements, il tentera de convaincre le jeune magistrat de se faire aider par un collègue, ce qu'il dédaignera. Confortablement assis dans son fauteuil de juge d'instruction, Fabrice Burgaud est donc devenu l'un de ces hommes « les plus puissants de France ». Il a à sa disposition la police judiciaire, la gendarmerie. Il peut mettre en œuvre la force publique lorsque les enquêtes l'exigent.

Le juge d'instruction a-t-il, dès le départ, le sentiment qu'il aborde un dossier exceptionnel, comparable à l'affaire Dutroux qui vient de défrayer la chronique judiciaire belge ? La France goguenarde a contemplé pendant plusieurs mois la police, la gendarmerie et la justice belges se ridiculiser dans la gestion d'une sordide affaire d'enlèvements d'enfants, de violences sexuelles avec séquestration, d'actes de barbarie et finalement de meurtres. Le déroulement rocambolesque de la procédure, la recherche du « réseau » pédophile qui aurait soutenu Dutroux jusque dans les rangs de la police et de la magistrature ont inspiré de nombreux journalistes et écrivains. Des deux côtés des Ardennes, les chaînes de télévision ont consacré des émissions entières au dossier. La population belge a exprimé son indignation à plusieurs reprises, en particulier lors de manifestations. Quant à Dutroux, finalement condamné après un procès lui aussi riche en rebondissements, il a failli s'évader avant le verdict, ayant été abandonné par ses gardiens lors d'un transfert ! Après s'être moqués avec condescendance de leurs collègues belges, les magistrats français se sont juré d'éviter la reproduction en France d'un tel ratage judiciaire... De toute évidence, le juge Burgaud est de ceux-là, et ses collèges du tribunal de grande instance de Boulogne-sur-Mer partagent ses conceptions. Influencé par cet exemple, aucunement freiné par son entourage, il serait parti sur une fausse piste qu'il aurait soigneusement défrichée, avec une méticuleuse conscience professionnelle.

Mais cette conscience professionnelle, parfaitement respectable, était-elle la seule motivation du magistrat ? À l'instant où la plupart de ses condisciples de la même promotion travaillent laborieusement dans les bureaux anonymes des juridictions d'instance, ne s'est-il pas vu soudainement à la une des médias, bénéficiant de la même aura que ceux qui restent pour certains magistrats des modèles, tels Thierry Jean-Pierre, Eva Joly ou encore Marie-Odile Bertella-Geffroy ? N'a-t-il pas été abusé par cette image trop médiatique que donne volontiers la magistrature d'elle-même comme symbole parfait de la réussite professionnelle? Bénéficier d'un portrait dans *Le Monde* ou dans *Libération*, voir s'ouvrir les colonnes de ces journaux pour exprimer sa position sur tel événement ou sur la dernière proposition de loi, voilà quelle est aujourd'hui l'ambition d'un certain nombre de magistrats. Les juges publient désormais davantage que les avocats, non des ouvrages juridiques mais des témoignages people, pour décrire leurs états d'âme, critiquer leur hiérarchie ou le pouvoir politique, en un mot violer l'obligation de réserve tout en inquiétant le justiciable[15]. Cette déviation publicitaire de la magistrature pervertit la conscience de ceux qui sont mal armés psychologiquement pour résister à une telle pression ou à de telles envies.

Jeunesse excessive, fascination du monde des médias (et l'on sait que dans cette affaire, ceux-ci vont effectivement se déchaîner dès les premières semaines de l'instruction), Fabrice Burgaud est comme hypnotisé par une personnalité criminelle sans doute hors du commun, que sa trop faible expérience ne parviendra pas à décrypter. Dès lors, le juge suivra aveuglément les déclarations de Myriam Delay-Badaoui. Le fait qu'elle ait reconnu une grande partie des faits, puis qu'elle participe semble-t-il volontairement au déroulement de l'instruction, semble constituer une garantie suffisante. Elle assure la crédibilité de ses propos et la justesse des accusations portées contre ses voisins, ses relations ou même de très vagues connaissances.

À ce niveau, la méthode du juge d'instruction, largement dénoncée pendant les audiences d'assises et au cours de l'enquête parlementaire, apparaît scandaleuse pour le profane de la pratique judiciaire. Elle est cependant d'une navrante banalité. En effet, dans un premier temps, le magistrat qui interroge madame Myriam Delay-Badaoui pose une question relative à l'une des personnes mises en cause par les enfants. La mère de famille ne semble pas comprendre de qui il s'agit. Le magistrat se fait alors plus précis, et un esprit vif pourrait rapidement décrypter le message du juge. Mais cela ne suffit pas à Myriam Delay-Badaoui, qui n'a toujours pas compris de qui il s'agissait.

Dès lors le magistrat évoque clairement le nom de la personne concernée. Myriam Delay-Badaoui renchérit immédiatement et confirme les propos du magistrat, lequel dresse procès-verbal. Le tour est joué. Le malheureux qui s'est simplement vu désigner par la déclaration d'un enfant – dont on verra ensuite quelle crédibilité on peut lui apporter – est définitivement mis en cause par Myriam Delay-Badaoui, et le procès-verbal accusateur rejoint le dossier : il permettra, dans quelques jours, l'arrestation, l'interrogatoire puis l'incarcération de la personne concernée. Le juge pense manœuvrer habilement cette personnalité fragile en usant de la promesse d'un parloir avec un tiers, voire d'une libération. Myriam Delay-Badaoui est tombée amoureuse : elle vit dans l'espoir d'un parloir avec cette nouvelle relation et est prête à tout pour rompre son isolement.

Les médias, certains avocats et les commentateurs qui se penchent aujourd'hui sur le dossier, semblent reprocher au seul juge Burgaud cette méthode de travail. Elle est malheureusement commune à la plupart des juges d'instruction n'ayant pas face à eux une défense suffisamment forte pour empêcher ce type de manœuvre. Le chantage à l'enfermement ou à la libération, au parloir ou à la liberté de correspondance, est une méthode ancienne, odieuse mais redoutablement efficace.

Le rôle des femmes de ménage

Une fois mis en examen, puis incarcérés, les inculpés d'Outreau ne sont pas pour autant irrémédiablement condamnés. Il existe dans le cadre de la procédure pénale différentes dispositions qui, en théorie, permettent d'éviter l'arbitraire du juge. Au fil du temps, le législateur a essayé de limiter cet arbitraire. Ainsi, afin que la cour d'assises soit parfaitement informée de la situation physique et psychologique des personnes déférées à son jugement, la procédure prévoit un examen par un expert judiciaire spécialisé en psychiatrie, lequel comparaîtra lors de l'audience et exposera ses conclusions. Dans le même temps, elle prévoit que les témoins, voire même les victimes, soient soumis eux aussi à un examen que l'on appelle de crédibilité, pour que l'on puisse s'assurer que leurs déclarations ne sont pas simplement le fruit d'un esprit malade, de l'influence d'un tiers ou encore d'une simple volonté de vengeance.

Dans un premier temps, le juge Burgaud désigne les experts qui examinent les enfants, évaluent leur crédibilité. Ils visitent ensuite les parents Delay, puis l'ensemble des inculpés. Le juge d'instruction a le pouvoir de désigner les praticiens de son choix, qu'ils soient ou non inscrits sur les listes dressées par la cour d'appel, plus rarement par la Cour de cassation. Mais les magistrats qui ont une longue pratique des experts judiciaires ou qui peuvent bénéficier de celle de leur collègue connaissent parfaitement les médecins auxquels ils s'adressent. En désignant Untel ou Untel, ils peuvent orienter – dans une certaine mesure – les résultats de l'expertise.

Le juge Burgaud est persuadé que les enfants ne mentent pas. Il désigne des experts qui se situent sur la même ligne de pensée et qui, par principe, ne mettent pas en doute la parole des enfants – et surtout pas les convictions clairement énoncées du magistrat. Ainsi les expertises confirment la pétition de principe. Certes, il existe depuis le mois de juin 2000 une disposition du code de procédure pénale autorisant le mis en examen, par l'intermédiaire de son avocat, à demander la désignation d'un autre expert. S'il estime que l'instruction est menée uniquement à charge, il peut solliciter du juge un certain nombre d'investigations précises que ce dernier n'a pas mises en œuvre spontanément et qui lui semblent indispensables à sa défense. En l'occurrence, le juge Burgaud refusera systématiquement les contre-expertises proposées par la défense. Celle-ci n'aura aucun moyen de renverser la tendance à ce niveau.

Lorsque, au cours de l'audience, certains avocats s'étonnent du niveau des rapports d'expertise, de leur brièveté et de leur approximation, l'un des experts critiqués a à la fois la désinvolture et le courage de dire: « Lorsque l'on paie un expert le salaire d'une femme de ménage, on obtient un rapport d'expertise de femme de ménage.» Certes, l'apostrophe est osée, et cet expert sera d'ailleurs immédiatement sanctionné par une proposition de radiation émanant du parquet. Mais chacun sait que depuis plusieurs années, les contraintes qui pèsent sur le budget de la justice conduisent les magistrats à réduire le recours à l'expertise et à limiter éventuellement celui-ci à sa plus simple expression.

Pour discréditer le rapport d'un expert médical trop défavorable, l'une des astuces habituelles de certains avocats consiste simplement à vérifier le temps passé par le praticien à la maison d'arrêt. L'avocat consulte le registre des visites; lorsqu'il constate (malheureusement trop fréquemment) que le docteur X est entré au greffe de la maison d'arrêt à 10 h 15 et qu'il en est ressorti à 10 h 32, il peut en déduire qu'entre les formalités d'entrée, le parcours obligé entre le greffe et le parloir, le passage de plusieurs grilles hermétiquement closes dans le sens de l'aller puis dans le sens du retour, l'expert a consacré en tout et pour tout environ cinq à sept minutes à son patient. Si cet expert premier parvient à émettre un rapport de dix ou quinze pages, celui-ci n'est pas seulement le produit de sa grande expérience professionnelle, il peut être également celui de son imagination ou de ce que tel ou tel interlocuteur – éventuellement le juge d'instruction, des policiers ou des membres du parquet avec lesquels il est régulièrement en contact – lui a transmis.

Dès lors, et dans un dossier comme celui d'Outreau le phénomène est particulièrement révélateur, l'expertise ne joue pas son rôle d'information du juge d'instruction et de garantie des droits du justiciable.

Le juge Burgaud a entassé les rapports dans son dossier, sans se préoccuper de leur qualité ou de leur impartialité. Il a simplement constaté qu'ils allaient tous dans le même sens: ils assuraient la crédibilité du message des enfants, confirmaient la perversité des époux Delay mais n'étaient guère éclairants sur la personnalité des autres personnes mises en examen.

Un barreau affaibli et impuissant

Un juge tout-puissant, un parquet qui le soutient sans hésitation, des experts qui confirment ses impressions : le juge d'instruction règne dans une forteresse inexpugnable. Il est certain d'avoir entre ses mains un dossier Dutroux à la française, une affaire de pédophilie aux multiples ramifications sans doute transfrontalières : ne lit-on pas que certaines personnes non encore interpellées résideraient (ou se seraient enfuies) en Belgique ?

Cela étant, les dix-huit personnes mises en examen par le juge Burgaud du mois de février au mois de septembre 2001 sont toutes assistées d'un avocat. Le devoir de celui que l'on appelle un « auxiliaire de justice » est de batailler ferme pour défendre les intérêts de son client lorsque ce dernier est à juste titre mis en examen et éventuellement placé en détention. Mais au plus fort, il doit livrer un combat de chaque instant pour démontrer l'innocence de celui qui est injustement accusé.

Plusieurs journalistes l'ont souligné avec une certaine méchanceté (que n'ont pas manqué de relayer les syndicats de magistrats interpellés sur l'affaire) : « Au barreau de Boulogne-sur-Mer, personne ne s'était bousculé non plus chez les avocats pour défendre la première vague des mis en examen. Un braqueur flamboyant, une tueuse diabolique, un terroriste émouvant, voilà de jolis cas, des causes valorisantes pour un ténor des assises. Mais une brochette de délinquants sexuels, détrempés à la bière, élevés à coups de ceinturons et qui haussent le son de la télé pour couvrir les bruits des disputes, qui en voudraient ? Pour arranger encore le tableau, aucun n'avait de sou vaillant – sauf peut-être Roselyne Godard, la boulangère dont le mari était garagiste – et la plupart avaient demandé l'aide judiciaire. Bref, un dossier peu glorieux à traîner des mois en perdant de l'argent[16]. »

On ne peut critiquer la défaillance des magistrats dans ce dossier sans insister sur la responsabilité des avocats. En effet, le juge Burgaud pourrait facilement répondre aux critiques qui lui sont adressées que chacun des prévenus bénéficiait de l'assistance payante ou gracieuse (dans le cadre de la commission d'office) d'un avocat. En conséquence, le droit – à un procès équitable – a été parfaitement respecté. Ce n'est pas de sa faute ou de son fait si ces avocats ont estimé qu'ils ne devaient pas pousser la confrontation avec le magistrat instructeur. Ils ont parfois renoncé à saisir la chambre de l'instruction pour contester telle ou telle décision aberrante du juge, ou pour lui demander de réaliser des démarches qu'il refusait d'effectuer spontanément. Était-ce par déférence vis-à-vis du magistrat, par manque de moyens financiers dans le cadre de la gestion du dossier, ou encore par lassitude devant la position monolithique de la cour d'appel ? Ceux qui ont adopté cette tactique du recours systématique en ont rapidement apprécié les limites. L'abbé Wiel saisira à plus de cent reprises la chambre de l'instruction de la cour d'appel de Douai sans pour autant voir reconnaître ses droits. Il devra attendre le deuxième arrêt, celui de la cour d'assises d'appel de Paris, pour obtenir enfin un acquittement. Il faut donc reconnaître que le barreau n'a pas été particulièrement brillant dans cette affaire, et l'on peut sans doute reprocher à certains avocats d'avoir privilégié une défense de connivence à la défense de rupture préconisée dans certaines affaires, avec l'évocation de moyens mettant en cause l'institution elle-même.

Certes, le magistrat s'est montré dédaigneux à l'égard de la profession. Il a tardé à délivrer les copies de procédure, nécessaires à la défense pour prendre connaissance de la totalité du dossier. Il n'était peut-être pas aisé de délivrer dans le même temps une vingtaine de copies d'un dossier aussi volumineux à l'ensemble des conseils intervenant dans cette affaire, mais on pouvait imaginer d'autres méthodes de communication, telle la mise à disposition d'une copie, sous le contrôle du greffe. Il n'est pas admissible que des avocats aient dû attendre plus d'un an, à savoir le mois de mars 2002, pour obtenir les copies qu'ils demandaient, que l'on ait remis à certains d'entre eux des dossiers incomplets, etc.

Alors il est possible aujourd'hui de critiquer leur action en indiquant qu'ils auraient dû se donner les moyens de consulter eux-mêmes un dossier faisant plusieurs tomes. Dans les cabinets, qui disposent non seulement d'un certain nombre de collaborateurs mais également des moyens financiers nécessaires, les avocats se rendent auprès du magistrat, demandent que leur soit produit le dossier puis, à l'aide de leur magnétophone, prennent des notes sur ce dossier. Cela leur permet par la suite de ne solliciter que la délivrance des procès-verbaux essentiels. Ils peuvent éventuellement contrôler l'exactitude de leurs notes à l'occasion d'une seconde visite et se servir ainsi du matériel qu'ils ont eux-mêmes constitué pour pallier les défaillances de l'institution judiciaire. Mais il faut reconnaître que la mise en œuvre de tels procédés est impossible dans des dossiers où l'avocat travaille sous le régime de la commission d'office. La charge financière est beaucoup trop importante pour cette profession libérale, quels que soient les enjeux pour le client. Tous les juges d'instruction le savent. Ils sont parfaitement informés des difficultés que les avocats rencontrent au quotidien dans des procédures aussi lourdes. Ils peuvent en jouer à loisir contre l'intérêt des mis en examen. C'est précisément ce qui s'est passé dans cette affaire. La violation astucieuse des droits de la défense devient alors un moyen d'instruction comme un autre.

On ne peut reprocher à tous les avocats intervenus dans ce dossier d'avoir été négligents. On a compté plus de deux cent soixante appels d'ordonnances du juge d'instruction, déférés devant la chambre de l'instruction de la cour d'appel de Douai. En effet, lorsqu'un mis en examen se montre mécontent de la décision d'un juge d'instruction, qu'il s'agisse d'un refus de mise en liberté ou du refus du magistrat de suivre une demande d'expertise complémentaire ou encore de recherche de preuves, il peut saisir de ce refus la chambre de l'instruction qui examine le dossier, seule apte à prendre une décision contraire à celle du magistrat instructeur. Inutile de préciser que dans la tradition française, il est rare de voir les trois magistrats adopter une position contraire à celle de leur collègue. Le phénomène est tellement rarissime qu'on appelle les chambres de l'instruction (comme autrefois les chambres d'accusation qui exerçaient les mêmes fonctions) des «chambres de confirmation». À Outreau comme ailleurs, cette règle sera appliquée, implacablement.

Le salut dans le corporatisme

En quelque trois années, deux cent soixante arrêts ont été rendus par la cour d'appel de Douai, dont la quasi-totalité confirmait les décisions du juge Burgaud. À cette occasion, soixante-trois ou soixante-cinq magistrats du siège et onze magistrats de la cour d'appel ont statué. Aucun n'a déjugé le magistrat de Boulogne-sur-Mer. Cela conduit naturellement à une autre réflexion sur la responsabilité des différents intervenants à l'acte de juger (experts, avocats, greffiers, etc.) dans ce dossier.

Il est incontestable que le juge Burgaud a totalement pollué le climat de cette instruction pour l'ensemble des raisons exposées ci-dessus. Mais il convient de souligner (afin d'en tirer évidemment les leçons par la suite) qu'il a été suivi non seulement par l'ensemble des magistrats de sa juridiction, qu'ils relèvent du siège ou du parquet, mais aussi par l'ensemble des magistrats de la cour d'appel de Douai.

Dans le cadre du tribunal de grande instance de Boulogne-sur-Mer, d'autres magistrats ont en effet été conduits à statuer sur des demandes de mise en liberté, tel le juge des libertés, magistrat du siège. Plusieurs magistrats du parquet étaient présents aux audiences au cours desquelles ces demandes étaient évoquées. Ils ont suivi le déroulement du dossier. Ils ont tous soutenu le juge d'instruction. Lorsque Daniel Legrand – qui sera innocenté par la cour d'assises – a signé des aveux circonstanciés, après avoir imaginé des infractions graves qu'il n'avait pas commises et dont bien entendu le juge Burgaud ne trouva jamais la moindre preuve, son dossier a été examiné par un membre du ministère public avec, on peut en être certain, beaucoup de soin et de conscience professionnelle. Comment un homme (ou une femme) dont le rôle principal est de rechercher la preuve a-il pu accepter de requérir l'enfermement de Daniel Legrand alors même qu'aucun élément n'existait dans ce dossier?

Pourquoi, lorsque François Mourmand, ferrailleur de son état, se suicide en prison, les membres du parquet n'ont-ils pas un doute, un retour de conscience ! Certes, toutes les personnes qui se suicident en détention ne sont pas forcément innocentes, mais un acte d'une telle gravité nécessite de toute évidence un réexamen approfondi. Il en est de même lors du suicide du compagnon de Karine Duchochois. Cet homme avait simplement partagé la vie de la jeune femme quand elle habitait dans la Tour du Renard. Déprimé, profondément impressionné par l'interpellation de sa compagne en avril 2001, il se tire une balle dans la tête le 6 novembre de la même année.

Il semblerait que l'humanisme ait totalement abandonné les différents magistrats qui ont statué dans cette affaire. Ils se sont entièrement reposés sur la conviction d'un collègue âgé de 30 ans, dont c'était la première expérience judiciaire.

Pour rappeler l'ambiance qui a entouré ce dossier dès ses débuts, il est également nécessaire d'évoquer le rôle des médias. À l'instar du juge, les médias locaux puis les quotidiens nationaux ont cru eux aussi tenir une affaire Dutroux « à la française ». Des « envoyés spéciaux » se sont donc rendus sur place pour examiner le développement de l'affaire, voire le soutenir ou soutenir l'attention du lecteur.

Les magistrats devraient pouvoir s'exonérer de la pression médiatique, laquelle s'exerce de deux façons. La première, très classique, résulte du poids que les médias donnent à un événement. Les magistrats concernés croient entendre la voix du peuple à travers les journaux écrits ou télévisés. Parfois, le peuple crie vengeance. D'autres jours, il récuse le laxisme et souhaite le renforcement des sanctions. Le juge peut être sensible à ces voix car il fait partie de cette même société.

La seconde influence est plus pernicieuse et ne dépend que de la personnalité du magistrat. Il n'entend plus le peuple mais se soucie de sa propre réputation, de sa carrière, de son *ego*. Il prend plaisir à lire son nom à la une des journaux, à voir son portrait dans les hebdomadaires. Il se prête alors aux interviews, aux enquêtes plus ou moins spontanées. On verra par la suite que la revendication principale de ceux qui prônent aujourd'hui une modification radicale du fonctionnement de la magistrature réside justement dans le fait de n'accepter comme responsable de tels dossiers que des hommes ou des femmes capables d'occulter totalement le rôle des médias, que ceux-ci appellent au lynchage ou à la libération de la personne inculpée. De toute évidence, le juge Burgaud n'était pas de ceux-là.

Mais pour tenter d'être le plus impartial possible dans le commentaire de cette difficile affaire, il convient de rappeler que de nombreux médias avaient dès les premiers jours stigmatisé sans discernement l'ensemble des inculpés d'Outreau en utilisant des mots et des images d'une rare violence.

Rappelons pour mémoire quelques extraits de *France-Soir* du 19 novembre 2001, qui publiait : « Enfer pédophile dans le Nord : vingt-quatre enfants étaient livrés par leurs parents à un réseau de prostitution. Un huissier de justice et un prêtre seraient impliqués. On parle de ramification en Belgique et dans le milieu médical. Le dossier risque fort de connaître de nouveaux développements... » Plusieurs journaux établissent un parallèle avec l'affaire Dutroux, si proche dans les mémoires. Dans *Le Point*, on écrit : « Depuis plusieurs mois, la rumeur courait dans la ville. On décrivait l'horreur, évoquant l'existence d'un réseau pédophile, chuchotant des noms de notables “compromis, mais intouchables”. Le week-end dernier, la vérité a éclaté. Six notables ont été incarcérés pour viols et agressions sexuelles aggravées. Ces dernières arrestations ne seraient que la partie visible de l'iceberg [...]. D'autres notables, à commencer par un médecin, sont cités dans un dossier déjà épais de cent cinquante pages. Par ailleurs, des investigations sont conduites en Belgique sur d'éventuelles ramifications. C'est la rencontre dans l'horreur de deux mondes, l'un miséreux, oisif et sans instruction, rongé par l'alcool, l'autre beaucoup plus aisé et avide apparemment de déviances. »

Les excuses de la République

Stupéfiée par le déroulement de l'audience d'assises, comprenant (avec retard) les conséquences de ses emportements, la presse tente de se rattraper. *France-Soir* du 25 juin 2004 déplore à la une « le gâchis » ; *Le Parisien* s'étonne le même jour que sept acquittements soient requis par un parquet qui a toujours soutenu le juge d'instruction. Face au verdict, pour la première fois dans l'histoire de la justice française, un ministre en exercice reconnaît publiquement la défaillance de l'institution. Il exprime ses regrets, sa compassion envers les personnes injustement accusées et acquittées. Il lance immédiatement le processus d'indemnisation et confie à Jean-Olivier Viout, procureur général de Grenoble, une mission d'évaluation pour comprendre ce qui s'est passé à Outreau. Il envisage que, dans des affaires de cette nature, puisse se produire « une cosaisine de plusieurs juges d'instruction, laquelle pourrait être de droit et non plus facultative ». Enfin, dans sa critique, il vise non seulement le juge Burgaud mais également le président du tribunal de grande instance, qui n'a pas su encadrer son juge d'instruction.

Quant à la réaction des magistrats, elle est naturellement corporatiste. Les syndicats refusent d'évoquer le problème de fond posé dans cette affaire, à savoir l'incompétence de l'un de leurs confrères par rapport à une situation donnée. Ils se lancent dans une diatribe accusant pêle-mêle la population, les policiers et, bien entendu, le ministre de la Justice, qui a osé intervenir dans ce débat. Une fois n'est pas coutume, l'ensemble des organisations se situe sur le même registre. Dominique Barella, président de l'USM[17], prononce le *credo* commun : « Nos collègues sont désemparés, entre le discours général sécuritaire, les lois nouvelles et les policiers qui hurlent à chaque remise en liberté qu'ils jugent injustifiée ! Les juges sont honnêtes, mais ce ne sont pas des héros ! Quand ils libèrent des gens suspectés de pédophilie, on leur renvoie le scandale des risques de récidive ! Et maintenant le garde des Sceaux en rajoute dans l'affolement. C'est très dangereux. »

La vive contestation de la corporation aura au moins eu une conséquence pour le principal intéressé de cette odyssée judiciaire : non seulement Fabrice Burgaud échappe sur l'instant à toute procédure disciplinaire, mais il bénéficie en outre de ce que l'on doit considérer comme une promotion. Il est nommé substitut au parquet antiterroriste de Paris. Cette situation est parfaitement caractéristique des habitudes de l'administration française : l'administration judiciaire ne déroge pas à cet usage hexagonal malsain.

Sur dix-sept personnes mises en examen – la dix-huitième s'étant suicidée au cours de l'instruction –, quatre ayant reconnu les faits sont condamnées à de lourdes peines, et six sont condamnées à des peines plus légères ; les sept autres seront acquittées. L'affaire est déférée à la cour d'assises d'appel et l'affaire d'Outreau connaît enfin son épilogue le 1er décembre 2005 : les six derniers innocents sont acquittés par la cour d'assises d'Appel de Paris après sept longues heures de délibéré.

Cette décision donne lieu à de grandes scènes de repentance. Les quotidiens du Nord de la France qui avaient vilipendé les « monstres de la Tour du Renard » au cours de l'année 2001 se répandent, qui en excuses, qui en exclamations indignées devant l'ampleur de l'erreur judiciaire. Télévisions et journaux participent à ce concert. Sans doute pour la première fois en deux cents ans dans l'histoire controversée des rapports entre justice et médias, des individus injustement cloués au pilori bénéficient d'une totale réhabilitation. L'excès d'opprobre et d'indignité dont ils avaient fait l'objet est racheté – si tant est que l'on puisse racheter de telles épreuves – par ce repentir actif. Les hebdomadaires à grand tirage font l'acquisition de reportages. L'abbé Weil bénéficie d'un portrait en dernière page de *Libération.* La commission parlementaire qui, sous la direction d'André Vallini et de Philippe Houillon, va disséquer les causes de ce désastre leur donnera à nouveau l'occasion de s'exprimer et de stigmatiser en direct les dysfonctionnements du monde judiciaire et l'outrecuidance d'un juge d'instruction.

Les accusés d'Outreau sont parvenus à obtenir les excuses que ni le procureur impérial ni le garde des Sceaux de Napoléon III n'avaient présentées à Rosalie Doise après l'arrêt de la Cour de cassation. Le temps a passé et, aujourd'hui, le ministre doit respecter les obligations de transparence (relative), anticiper les actions de repentance (active) et surtout ne pas rater son plan média. Hier, seul Victor Hugo appelait les Français à contribuer à la collecte en faveur de « la femme Doise » injustement accusée. Pascal Clément, succédant à Dominique Perben, présenta solennellement « les excuses de l'institution judiciaire ». Il annonça la saisine de l'Inspection générale des services judiciaires, qui doit rechercher si des fautes, des insuffisances professionnelles sont à l'origine de cette situation, indiquant que tous les maillons de la chaîne judiciaire seront examinés.

Et les autres ?

Lorsqu'un magistrat commet une faute de cette importance, il serait évidemment nécessaire de reprendre l'ensemble des dossiers de son cabinet afin de s'assurer qu'elle est unique, ce qui est – l'expérience le démontre – rarement le cas. Pour Fabrice Burgaud, on a ainsi appris (six ans plus tard) qu'il avait mis en examen pour assassinat un dénommé Saïd Rahili[18], qui a subi pendant cinq ans l'avanie de la procédure pénale, et pendant dix-huit mois celle de la détention préventive. Alors certes, la totalité de la procédure n'a pas été suivie par le juge Burgaud, l'une de ses collègues, Déborah Bohée, en étant chargée. Mais ce qui choque lorsque l'on prend connaissance de ce type d'information, c'est l'existence de la règle : les mêmes causes produisent les mêmes effets ; les mêmes comportements impliquent les mêmes erreurs (judiciaires) ; la même insuffisance de la hiérarchie technique (la chambre de l'instruction) et de la hiérarchie directe (la direction du tribunal de Boulogne-sur-Mer) produisent également les mêmes catastrophes humaines. En l'occurrence, un jeune homme de 19 ans arrêté la veille de son bac voit sa jeunesse basculer en un instant, qui est celui de la confrontation avec le juge Burgaud. Quant au parquet, dont certains, dans le cadre des discussions préparatoires à la réforme de la procédure et le passage à l'accusatoire, dénoncent l'interventionnisme à tous crins et la dangerosité, il a été particulièrement inexistant...

CHAPITRE III

En guise d'hommage à trois Irlandais oubliés

Dans l'affaire dite des « disparues de l'Yonne », « l'homme le plus puissant de France » sommeille paisiblement pendant que les jeunes femmes sont massacrées par Émile Louis. Chez ses collègues du siège et du parquet, la nonchalance, le détachement le disputent à la franche indifférence. Une partie civile virulente, disposant de véritables moyens d'investigation sous le contrôle d'un juge arbitre des diligences, aurait de toute évidence été plus efficace que l'ensemble de l'appareil d'État, gendarmerie comprise. D'ailleurs, au final, c'est la partie civile qui a permis le réveil de l'action judiciaire.

Dans l'affaire d'Outreau, le phénomène est différent, mais il aboutit aux mêmes conclusions. Cette fois-ci, le juge d'instruction met en œuvre toute sa puissance. Il en use, il en abuse. Il met à mal les libertés des citoyens dans des conditions qui n'inquiètent ni ses collègues du siège ni ses supérieurs de la chambre de l'instruction. Quant au parquet, il assiste à ces opérations désordonnées tel un spectateur passif, trop content de voir un juge enquêter furieusement à charge en dépit de la disposition récente de la loi Guigou de 2000. Cette fameuse disposition qui contraint théoriquement le magistrat instructeur à travailler à charge et à décharge, cette petite adjonction au texte de 1810 qu'il aura fallu attendre cent quatre-vingt-dix ans n'était pas en vogue dans les juridictions du Nord de la France. De son côté l'avocat, supposé être le contrepoids de la balance judiciaire, n'est ni d'une grande force ni d'une grande utilité. Il ne peut résister à ce déferlement. Les grands débats de procédure, qui restent aujourd'hui l'ultime arme de l'avocat, n'ont pas été efficaces. Dans ces deux cas, la procédure inquisitoriale aboutit à la négation du concept même de justice.

Qu'on nous permette un petit retour en arrière sur un dossier oublié : un cas de figure différent qui, cependant, aboutit aussi à un déni de justice, à l'enfermement pendant neuf mois de trois innocents dans une totale confusion procédurale. Cet exemple est choisi au sein d'une autre sphère, qui n'est pas celle du meurtre de droit commun ou du crime sexuel, mais du terrorisme. Quelle que soit la matière, lorsque le juge d'instruction se trompe, lorsqu'il est incapable de déceler le faux du vrai, de distinguer les faux indices des vraies intrigues, il bafoue les libertés et le droit.

La vision classique du fonctionnement judiciaire hexagonal impose à l'imagination un juge d'instruction maître d'une procédure nécessairement inquisitoriale, qui examine avec une compétence renforcée par l'expérience les documents fournis par l'accusation. Il ne peut se tromper ou être trompé. Le serait-il d'ailleurs que l'avocat, par sa force de conviction et ses moyens de persuasion (?) le remettrait dans la bonne voie. Mais d'ailleurs, le juge peut-il se fourvoyer lorsqu'il traite un dossier constitué par des équipes de gendarmes d'une haute qualité technique ? C'est la question que pose l'affaire des Irlandais de Vincennes, dans laquelle il est finalement prouvé que la procédure inquisitoriale peut être bistournée dès le premier instant sans que le juge d'instruction en prenne conscience et sans que l'avocat, en dépit de ses gesticulations, puisse empêcher l'incarcération durable de ses clients.

Les mousquetaires de Mitterrand

Ce dossier s'ouvre pendant la première année de la longue présidence de François Mitterrand, à un moment où le nouveau pouvoir socialiste, imprégné de la philosophie des droits de l'homme, se devait de modifier le fonctionnement de la justice. Un avocat est garde des Sceaux : il vient d'obtenir brillamment l'abolition de la peine de mort en ralliant à la cause qu'il défendait depuis des années des membres éminents de l'opposition politique au socialisme triomphant, dont le futur président Jacques Chirac. Mais ni les discours ni la présence de Robert Badinter dans le gouvernement de Pierre Mauroy n'ont préservé de neuf mois de détention arbitraire ceux que l'on appellera désormais les Irlandais de Vincennes.

Le début de l'année 1982 est gravement perturbé par plusieurs attentats de nature terroriste attribués au réseau Carlos : une bombe explose dans le train Paris-Toulouse et, le 9 août, le restaurant Goldenberg, rue des Rosiers à Paris, est attaqué à la grenade et mitraillé par plusieurs personnes qui prennent la fuite en laissant derrière eux six morts et vingt-deux blessés. François Mitterrand est totalement désemparé face à cette montée de la violence. Quelque temps auparavant, il a ordonné une vaste libération de prisonniers, dont certains accusés d'opérations de nature terroriste. Il se trouve dans une situation de porte-à-faux, obligé de réagir rapidement. À défaut, il court le risque d'être qualifié de laxiste ou d'incompétent au regard de la recrudescence des actes terroristes.

Il vient de décider de la mise en place d'un groupe de gendarmes, issus du GIGN, qui sera désormais chargé de sa protection personnelle. Cette unité est aux ordres du chef d'escadron Prouteau, ancien commandant de ces militaires d'élite, désormais placés sous la direction du capitaine Barril. Les deux hommes se sentent investis d'une mission sacrée : la protection du Président, dans un cadre totalement extraordinaire du droit commun. En effet, même du temps du général de Gaulle, aux heures les plus sombres de la guerre d'Algérie, l'Élysée ne s'était jamais doté d'un corps militaro-policier soumis directement à l'autorité du chef de l'État, sans rapport avec la hiérarchie militaire classique[19].

Par un concours de circonstances que l'on considère sur le moment accidentel – et dont on saura plus tard qu'il était non seulement suspect mais encore totalement organisé –, le capitaine Barril obtient d'un « informateur » un renseignement permettant de « loger » trois dangereux terroristes appartenant à une mouvance terroriste irlandaise. Ils seraient cachés dans un appartement au cœur de Vincennes. Avant l'obtention de ce « tuyau », la piste proche-orientale était privilégiée dans le dossier de la fusillade Goldenberg. Mais le 29 août, c'est au domicile supposé des Irlandais, 82, rue Diderot à Vincennes, que se déroule une perquisition musclée qui permet à la gendarmerie d'arrêter trois suspects, de saisir des armes, des explosifs et des faux papiers.

La réussite de l'opération est immédiatement annoncée par un communiqué spécial de l'Élysée, et trois hommes considérés comme dangereux, membres ou proches du Parti socialiste républicain irlandais (Irish Republican Socialist Party, IRSP), sont arrêtés. Il s'agit de Michael Plunkett, Mary Reid et Stephen King. Plunkett n'est pas un inconnu des services de police, tant en France qu'en Irlande. Âgé de 31 ans, il est le cofondateur de l'IRSP et en assume la présidence, étant précisé que les deux premiers dirigeants ont été tués par les services spéciaux britanniques dans les années précédentes. Il a déjà été inculpé par un tribunal de Dublin pour détention d'explosifs, puis libéré sous caution. Il s'est alors réfugié en France, où il vit sous l'identité de Mac Cabe[20]. Mary Reid est rédactrice en chef du journal de ce parti. Stephen King semble moins impliqué dans la lutte politique contre la Grande-Bretagne. Les trois Irlandais sont immédiatement déférés et mis en examen par le juge d'instruction Person – qui sera pendant quelques semaines en charge du dossier – puis placés en détention, chacun à l'isolement et dans un établissement différent.

L'avocat choisi par les Irlandais est Antoine Comte, membre du barreau de Paris, proche des milieux de gauche, ayant eu par le passé des relations avec l'IRSP. Rapidement, il est convaincu que ses clients n'ont absolument aucun lien avec les événements qui viennent de se produire en France, et que le dossier ouvert contre eux est artificiel. Les Irlandais reconnaissent leur clandestinité, leurs activités en Irlande, la détention d'un pistolet, mais ils nient farouchement avoir été en possession d'autres armes ou d'explosifs. Ils accusent la gendarmerie d'avoir monté un dossier et d'avoir en outre violé les règles de la procédure dans le cadre de la perquisition effectuée à leur domicile. Avant qu'il puisse s'investir, le juge Person est remplacé par le juge Alain Verleene, qui débute l'instruction.

Le juge d'instruction comprend tout, mais ne dévoile pas le pot aux roses

Il existe deux lectures possibles du dossier des Irlandais : soit le juge n'a rien compris, et ce constat est désolant ; soit il a tout compris, et il a été complice de ce montage indigne. Dès lors, on est rassuré en ce qui concerne le niveau technique et intellectuel de l'intéressé, mais confondu devant tant de duplicité. Mais quoi qu'il en soit, la procédure inquisitoire à la française empêche la manifestation de la vérité dans un bref délai et permet la violation des droits fondamentaux. Et l'avocat se révèle incapable d'inverser la tendance.

La première lecture amène à considérer que la procédure inquisitoire française s'est déroulée certes lentement, mais dans de parfaites conditions. Le juge d'instruction a été pendant neuf mois désorienté par les erreurs et les falsifications que commirent les gendarmes, lesquelles seront – tardivement mais totalement – démontrées[21]. Il n'a pas tenu compte de la campagne de presse menée par Edwy Plenel dans le journal *Le Monde*, où il s'acharnait à démontrer que les Irlandais sont les boucs émissaires d'un exécutif socialiste en plein désarroi.

Cette première lecture ne donne pas une image particulièrement reluisante du système inquisitoire à la française, et de ce fameux équilibre que permettrait d'établir la répartition des compétences entre le parquet et la police d'un côté, le nécessaire juge d'instruction au centre et, bien entendu, l'avocat de l'autre côté. Dans le cadre de cette première interprétation, les neuf mois de prison sont effectués à tort, et la faute en revient tant à la gendarmerie, qui a monté de toutes pièces ce dossier, qu'au juge, qui n'a pas su éventer ce montage, et à l'avocat des prévenus, qui n'a pas été particulièrement efficace.

Et que faisait Robert Badinter?

Il existe une seconde lecture de la même affaire. Elle mêle les influences et les attentes politiques de l'exécutif à la passivité complaisante du magistrat. Le président de la République a besoin d'une réponse judiciaire et, bien entendu, médiatique à la succession des attentats: l'arrestation des Irlandais, qui fait la une de la presse nationale pendant plusieurs semaines, est parfaitement opportune. Le Premier ministre, le ministre de la Défense (Charles Hernu, chef de la gendarmerie) et le ministre de la Justice sont sur la même longueur d'onde. La mise en examen des Irlandais prouve à la France que le pouvoir exécutif (socialiste) n'est pas laxiste et que sa police est efficace.

Le juge Verleene doit sa nomination dans ce dossier autant à son talent (naissant, car il est relativement jeune dans la fonction) qu'à son appartenance au Syndicat de la magistrature (SM). Au cours des années Mitterrand, l'appartenance au Syndicat est un signe fort de connivence avec le pouvoir socialiste. Il est probable que le ministère de la Justice, qui suivait cette affaire sensible, ait demandé au président du tribunal de Paris la désignation d'un magistrat instructeur à la fois compétent et idéologiquement proche du nouveau pouvoir.

Cela ne signifiait pas pour autant que le juge désigné allait devancer l'ensemble des *desiderata* de la chancellerie. On peut même penser que dans la seconde phase du dossier, lorsqu'il fallut faire le point sur l'ensemble des trucages de la procédure, Alain Verleene dut décevoir en partie sa hiérarchie, l'Élysée et Matignon. Cela étant, lors de la première phase de l'affaire impliquant la détention provisoire des Irlandais, l'objectif était de déterminer l'efficacité de la procédure inquisitoire dans un tel contexte.

Force est de reconnaître qu'Alain Verleene ne voit pas immédiatement les fautes de la gendarmerie, la falsification de la perquisition, le dépôt par les gendarmes d'armes, d'explosifs et de munitions d'autres provenances. Il dispose cependant d'indices susceptibles de l'alerter : les planches photographiques ne sont pas complètes ou les photos inutilisables, ce qui est anormal dans un dossier de cette nature. Les numéros des armes saisies n'ont pas été relevés et ne figurent pas sur les planches photographiques, ce qui empêche de remonter à la source, c'est-à-dire de vérifier chez le constructeur à qui le lot initial était destiné après la fabrication. Enfin, l'attentat antisémite de la rue des Rosiers orientait naturellement vers une piste proche-orientale, certainement pas vers des terroristes Irlandais plus ou moins retraités.

Le juge instruit essentiellement à charge, et les charges dont il dispose sont constituées par des armes, des explosifs et également des faux papiers recueillis par la gendarmerie lors de la perquisition. Face aux procès-verbaux de saisies mais surtout à l'atmosphère de l'époque, les dénégations des Irlandais ne pèsent pas lourd. Certes, le juge subit les interventions incessantes de l'avocat. Mais que valent-elles dans ce contexte ?

Antoine Comte[22] expose dans son ouvrage la tactique employée pour défendre ses clients : il n'est pas certain que face à une telle adversité, elle ait été la meilleure. L'avocat multiplie les démarches personnelles auprès du magistrat pour souligner les nullités qui affectent la procédure, et en particulier la perquisition. Mais il ne dépose pas de conclusions écrites visant ces irrégularités. Il préfère laisser le juge d'instruction « découvrir ces irrégularités sans laisser des traces écrites de mon point de vue ». Il indique que de toute évidence, le juge préférait « la seconde formule qui avait l'énorme avantage pour moi de ne pas me laisser seul à découvert »... En fait cet avocat aux convictions profondément ancrées à gauche n'imagine pas qu'une injustice puisse être manigancée sous le régime mitterrandien.

Sa démarche prouve rapidement son inefficacité. Certes, d'autres exemples (dont plus tard celui d'Outreau) attestent que dans le même système inquisitorial, l'accumulation des conclusions et des démarches officielles réalisées en faveur d'un inculpé n'est pas nécessairement plus productive. Mais quelle naïveté que cet espoir incongru en ces démarches de pure connivence ! Lorsque le juge d'instruction entretient une connivence avec un avocat, la raison est en général à rechercher dans l'utilité qu'elle peut revêtir pour lui, non pour le prévenu. Le magistrat n'a que faire des rêves de l'avocat : il est en position de force, il peut user de cette position en toute simplicité, sans craindre le moindre retour offensif. Le débat pénal est un conflit de logiques, un affrontement à armes inégales où la défense, qui est en position d'infériorité, doit trouver les moyens de rétablir un certain équilibre. À cette fin, certains avocats recherchent le point de rupture avec l'institution. D'autres placent leurs espoirs et, partant, ceux de leurs clients, dans une relation personnelle avec le pouvoir exécutif (censé pouvoir contrôler l'autorité judiciaire) et ne voient le salut qu'à travers les interventions du garde des Sceaux (via le parquet). Ce présupposé tactique, courant dans les années 1980, n'est pas une garantie de succès, loin de là. Cela ne grandit pas le statut du conseil. Le juge d'instruction instruit à charge et à son rythme, en n'ayant que faire des préoccupations morales de l'avocat de ses clients.

L'avocat des Irlandais s'est lourdement mépris sur les vertus de l'exécutif socialiste. Il a escompté un résultat de ses relations, réelles ou imaginaires, de ses amitiés ou encore des pressions politiques qu'il pensait exercer pour obtenir la reconnaissance de l'innocence de ses clients. Il explique avoir rencontré à plusieurs reprises Louis Joinet, l'homme qui, pour le compte du président Mitterrand, réorganisa l'ensemble de la magistrature. De même, il s'entretint avec Paule Dayan, conseillère technique à l'Élysée, chargée des affaires de justice. Bien entendu, il prit à plusieurs reprises contact avec Robert Badinter, ministre de la Justice : ce dernier lui fit répondre que « la procédure était irréprochable[23] ». Jamais Robert Badinter ne fit un geste pour s'impliquer dans un dossier dont il ne pouvait ignorer, après quelques semaines, le caractère sulfureux. Curieusement, dans l'important volume qu'il consacre à la biographie du défenseur de Patrick Henry, Paul Cassia[24] ne traite qu'en quelques lignes cette affaire majeure du septennat Mitterrand – laquelle en annonçait d'ailleurs une autre, celle des écoutes illégales. Le biographe semble frappé de ce mal français qui veut que l'auteur d'un sujet ne puisse l'aborder dans une partialité favorable et qu'il se doive de laisser dans l'ombre les questions qui irritent. En l'occurrence, deux violations majeures des droits (l'incarcération des Irlandais et le vaste programme d'écoutes du président de la République) vont débuter en 1982, alors qu'un avocat particulièrement sourcilleux quant aux libertés est non seulement garde des Sceaux, mais également un ami proche du chef de l'État. Interrogé par son biographe, l'ancien ministre et ancien président du Conseil constitutionnel édulcore son propos en précisant que dès qu'il apprit les irrégularités de procédure, en février 1983, il fit « aussitôt donner par le directeur des affaires criminelles au procureur général et au procureur Bouchery des instructions de demander la nullité des procès-verbaux dressés à l'origine. La mise en liberté des Irlandais intervint, la justice reprit son cours, ou plutôt s'inversa. Nous avions grâce au magistrat instructeur et à la rigueur morale du procureur Bouchery évité le pire. Je n'en conçus pas moins une amertume durable d'avoir vu la justice ainsi manipulée[25] ».

En fait, quelques mois après l'arrestation des Irlandais, ni la voie politique directe, ni les jeux d'influence de leur avocat auprès du juge d'instruction ou du parquet, ni la seule présence de Robert Badinter au ministère ne donnent le moindre résultat. Ils sont toujours en détention sur la base d'une procédure totalement irrégulière.

La libération des Irlandais

Début 1983, les Irlandais sont détenus depuis six mois et le juge d'instruction n'a pas encore saisi l'ampleur de la manœuvre et l'ensemble de ses implications. C'est cependant à cet instant qu'il décide de la mise en liberté de Mary Reid. Le parquet de Paris s'oppose à cette libération : la chambre d'accusation saisie de ce dossier approuve les réquisitions du parquet et maintient Mary Reid en détention. Dans les semaines qui suivent, la guérilla lancée par les médias, et en particulier *Le Monde*, s'intensifie. De son côté, la cellule antiterroriste de l'Élysée, dirigée par le commandant Prouteau, multiplie les efforts pour maintenir les Irlandais en détention et sauver « sa procédure ». Mais fin avril 1983, le résultat est bien tangible : la procédure inquisitoire n'a pas conduit le juge d'instruction à s'interroger sur la pertinence des preuves qui lui ont été produites en août 1982. L'avocat est inefficace. Ses clients restent en prison.

En mai 1983, l'un des gendarmes intervenus lors de la perquisition du 28 août 1982 est arrêté pour une affaire d'abus de confiance et incarcéré. À ce moment, il décide d'évoquer les conditions dans lesquelles la perquisition a été réalisée au 82 de la rue Diderot. Il était à l'époque photographe à la section de recherche de la brigade de gendarmerie de Vincennes : il explique la façon dont les gendarmes ont organisé l'opération.

Il dénonce les faits par la voie hiérarchique, qui passe donc par son chef de corps, aboutit au procureur général contrôlant les OPJ[26] et enfin à monsieur Arpaillange, procureur général de la Cour de cassation. Les aveux de l'ex-gendarme Caudan entraînent l'écroulement de l'ensemble du montage effectué par la cellule antiterroriste de l'Élysée. Évidemment, Antoine Comte demande la mise en liberté des trois Irlandais toujours en détention : ils sortent enfin des prisons où ils sont respectivement détenus.

L'instruction du juge Verleene se poursuit, mais d'une manière totalement différente : elle intègre au fur et à mesure les explications données par le gendarme Caudan, qui précise, par exemple, que les photographies qu'il a réalisées au domicile des Irlandais ont été par la suite retirées du dossier car il avait pris soin de montrer le numéro des armes et que cela permettait de retracer leur histoire. Compte tenu du fait qu'elles avaient été apportées sur place et qu'elles n'étaient pas détenues par les Irlandais, il est évident qu'on aurait ainsi pu remonter la piste et déceler la supercherie.

CHAPITRE IV

Une visite effrayante : la galerie des portraits

Le palais de justice de Paris, situé sur l'île de la Cité, abrite plusieurs dizaines de portraits de magistrats, qui ont pour fonction d'agrémenter les sobres salles d'audience ou les couloirs trop sombres. Les peintres ayant figé pour la postérité le visage de ces magistrats, présidents de chambre ou parquetier, connus ou totalement oubliés, n'avaient pas tous le talent de Nicolas de Largillière. La pose est toujours solennelle, le sourire aussi rare que le cheveu (sauf pour ceux qui portent encore la perruque poudrée) et la Légion d'honneur (cravate de commandeur ou plaque de grand officier) très apparente. De buste ou en pied, le tableau doit impressionner la postérité. Il constitue une sorte de rappel à l'ordre pour le justiciable égaré dans ce dédale à la recherche de sa salle d'audience : profane de la chose judiciaire qui passe en ces lieux de souffrance, sache que si ta cause est mauvaise, il est préférable que tu fuies avant l'ouverture des débats !

Aujourd'hui, seuls les premiers présidents de cour ont encore droit aux portraits officiels – souvent de simples photographies. Les visages sont plus amènes, on peut y voir l'ébauche d'un sourire... Mais laissons là cette élite de la magistrature pour visiter, dans des galeries plus communes, quelques portraits plus communs.

Les dérapages magistraux, incontrôlés par l'institution judiciaire

Il existe dans ce pays une vieille règle applicable à l'ensemble de la fonction publique. Elle impose aux fonctionnaires une réserve dans l'exercice de leurs attributions. Ils ne peuvent s'exprimer librement dans les gazettes ou sur les ondes, ils ne doivent pas critiquer le gouvernement ou leur hiérarchie. Ils sont soumis au devoir ou à l'obligation de réserve. Le système est assez logique : le gouvernement est issu des urnes et soumis au contrôle populaire. L'Administration est son moyen d'action privilégié, et critiquer le gouvernement dans ses choix ou son action reviendrait à critiquer le peuple souverain et à admettre un débat de nature politique au sein même de la fonction publique[27].

Le Conseil d'État, juridiction de contrôle des sanctions disciplinaires prises à l'encontre des agents de l'État, y compris les magistrats, veille au respect de cette règle[28]. Il admet que le magistrat syndiqué, exprimant publiquement la position de son organisation en qualité de responsable, puisse déroger à cette obligation[29]. En revanche, il considère que le fait, pour un magistrat, de donner, au cours d'une émission de radio ou de télévision, son opinion sur une affaire dont il a été saisi constitue un manquement à l'obligation de réserve[30]. Mais la jurisprudence en la matière est presque aussi rare que celle qui concerne la violation par un juge du secret de l'instruction.

Il est d'ailleurs rarissime qu'un magistrat viole les obligations de réserve, de dignité et de bienséance qu'impose le statut. Rarissime, mais possible. En 1980, le juge Bidalou, affecté au tribunal d'instance de Hayange, déjà connu de l'ensemble du monde judiciaire en raison de ses décisions originales, prenait une série d'initiatives qui devaient le conduire à la révocation. Du haut de son siège présidial... de première instance, il n'hésita pas à interpeller le gouvernement sur le bien-fondé de sa politique. Saisi de la demande d'un organisme financier concernant le paiement du solde débiteur du compte d'un client, il fit citer à la barre le Premier ministre de l'époque, en l'occurrence Raymond Barre. Il considérait en effet que la situation de chômage dans laquelle se trouvait le défendeur rendait nécessaire une explication directe de Matignon sur la politique gouvernementale suivie en cette matière. Pour ce magistrat, la cause de la défaillance du débiteur résidait essentiellement dans les choix économiques d'un gouvernement, lesquels occasionnaient pauvreté et chômage.

Le même magistrat, toujours attaché au tribunal d'instance d'Hayange, n'hésita pas, quelque temps plus tard, à commenter directement, dans une interview accordée à RTL, l'une des affaires dont il était encore saisi en qualité de juge d'instance. Cette fois-ci, le ministre s'adressa au Conseil supérieur de la magistrature (CSM), qui considéra qu'en exprimant publiquement son opinion sur une affaire qu'il traitait, le magistrat avait manqué à son obligation de réserve. Le Conseil d'État jugea que son attitude constituait un manquement aux devoirs de son état, à l'honneur, à la délicatesse ou à la dignité et relevait de la faute disciplinaire[31]. Il valida donc la sanction décidée par le ministre qui, sur proposition du CSM, avait prononcé la révocation de ce magistrat sans suspension des droits à pension.

Ce cas est déjà ancien, et la personnalité du juge Bidalou fort controversée. Aujourd'hui, pour qu'un magistrat soit poursuivi et sanctionné en raison d'une opinion ou d'une attitude juridictionnelle déviante, il faut au moins qu'il dérive vers le calembour lepéniste[32] ! Lorsqu'un juge écrit dans une gazette syndicale un article sur les mœurs judiciaires et vise l'un de ses collègues de manière effectivement infâme, alors la machine se met en branle et, quelques années plus tard, le Conseil d'État valide la mesure de mise à la retraite d'office[33]. Mais quelle est la portée d'une telle mesure lorsque l'on sait que le magistrat en question avait atteint la limite d'âge, qu'il avait été maintenu en activité par mesure spéciale et qu'à l'heure de la décision, il pêchait à la ligne en toute quiétude grâce aux pensions servies par le contribuable ? Seule la sanction de privation de pension aurait été efficace et significative. Mettre à la retraite d'office un magistrat déjà écarté du circuit judiciaire en raison de son âge n'est pas à la hauteur de l'affront fait à la morale et au droit.

L'ordonnance de 1958 portant loi organique relative au statut de la magistrature ne définit pas la faute disciplinaire. Elle indique seulement que peuvent être sanctionnés les manquements du magistrat « aux devoirs de son état, à l'honneur, à la délicatesse et à la dignité ». Dès lors, le fait pour un magistrat de publier un ouvrage consacré à l'une des affaires qu'il a traitées en plein milieu du procès qui doit en juger, et ce afin d'obtenir une publicité et un profit optimum, constitue-t-il un manquement à l'honneur, à la délicatesse ou à la dignité, voire à ces trois vertus à la fois ?

Il serait bien entendu fastidieux, mais certes pas inutile, d'établir cette liste des juges indignes de leur fonction, et de la tenir à jour, tribunal par tribunal, cour d'appel par cour d'appel. Ils sont pour la plupart inconnus du grand public, ne se révèlent qu'aux yeux des avocats qui les pratiquent quotidiennement. Mais le site officiel du Conseil supérieur de la magistrature qui depuis peu fait état des sanctions prononcées ne manque pas d'inquiéter : et ce sont les mêmes qui peuvent décider de votre liberté ?

L'*annus horribilis*

Au mois de mai 2003, le Conseil d'État doit examiner le cas de l'ancien procureur d'Auxerre, Daniel Stilinovic. Suite aux invraisemblables errements de l'affaire dite des « disparues de l'Yonne », ce magistrat a été mis à la retraite d'office en 2002. Mais dans ses conclusions, le commissaire du gouvernement estime quant à lui que ce procureur n'est pas responsable de la grave faillite de l'institution, et qu'il doit être lavé de ces soupçons. Pour une fois que le CSM ose conseiller la fermeté à l'égard d'un magistrat, il se serait trompé de cible[34] ! Ce nouveau désaveu est particulièrement significatif dans ces temps de surcharge disciplinaire.

Pendant cette seule période des mois d'avril et de mai 2003, le Conseil supérieur examine également le cas de l'ancien procureur-adjoint du parquet de Bobigny (incarcéré), suit la situation de l'ancien président du tribunal de grande instance de Digne, Hugues Vérita (révoqué et renvoyé en correctionnelle pour avoir reçu de l'argent afin d'arranger des procédures de faillite), prend connaissance des dossiers toulousains, et enfin, comble de l'affliction, écarte de la fonction parquetière l'un de ses anciens membres ! Comment rester serein dans une telle ambiance ?

L'année 2004 marque une soudaine recrudescence de la sévérité du Conseil supérieur de la magistrature dans le cadre de l'exercice de son pouvoir disciplinaire. Cette aggravation des sanctions est-elle la conséquence directe des événements ponctuant la chronique judiciaire depuis les années 2002-2003 ? Est-ce un coup de semonce à l'égard d'un certain nombre de juges qui prennent de toute évidence de grandes libertés avec la loi et les règles relatives aux « obligations d'intégrité, de dignité et de loyauté qui s'imposent à tout magistrat, notamment à ceux qui, par leur âge et leur expérience, se doivent d'être des références tant pour leurs collègues plus jeunes que pour l'opinion publique[35] » ? Il est vrai qu'en cette année 2004, le Conseil supérieur a statué sur des cas laissant le moindre justiciable totalement pantois.

Il doit traiter deux cas particulièrement sensibles, lesquels ont défrayé la chronique et inquiété l'ensemble du milieu judiciaire. Bien qu'il se garde de citer le nom du juge d'instruction poursuivi disciplinairement et celui de la juridiction où il a pu sévir, il n'est pas trop difficile pour ceux qui connaissent ces situations de reconnaître et l'individu concerné, et la juridiction. Dans le premier de ces cas, le Conseil examine les sept principaux griefs reprochés à ce magistrat. Tout d'abord, il vise la fréquentation d'une personnalité décrite comme dangereuse, aux antécédents inquiétants, au train de vie dispendieux, aux activités mal définies et aux ressources d'origine inconnue. Puis il lui reproche d'avoir entretenu avec cet individu des liens personnels afin de lui prodiguer conseil et assistance dans une affaire civile. Il critique aussi le fait d'avoir maintenu des liens avec un maire mis en examen dans une affaire pénale particulièrement importante et d'avoir, en outre, voulu intervenir comme juge d'instruction pour suivre un dossier impliquant cet élu. Ce reproche de connivence avec des prévenus est d'ailleurs réitéré à deux reprises au moins.

Mais ce magistrat ne s'est pas limité à ces quelques broutilles. Il a sollicité un avocat pour que celui-ci intervienne auprès du ministre afin de lui obtenir une nomination à un poste qu'il estimait plus approprié à ses talents. Le Conseil s'indigne d'« un tel abandon par le juge de sa propre indépendance », abandon contraire à la dignité. De même, il stigmatise le fait, pour un juge d'instruction, de recevoir des mis en examen sans respecter les règles procédurales garantissant la transparence des actes. En l'occurrence, le magistrat instructeur avait fait extraire de la maison d'arrêt deux prévenus pour les recevoir séparément, sans leurs avocats respectifs, et sans dresser de procès-verbal... tout en ordonnant la libération, le lendemain de cette rencontre, de l'un des deux. Enfin, toujours dans le cadre d'une instruction, il est reproché à ce magistrat d'avoir reçu un élu impliqué dans une affaire sans respecter les règles de la procédure d'instruction et d'avoir prononcé très rapidement un non-lieu.

Cette fois-ci, le Conseil supérieur se montre particulièrement rigoureux. Il constate les violations graves et répétées aux obligations de prudence, de diligence, de neutralité, de loyauté et de rigueur professionnelle, toutes contraires à l'honneur et à la considération. Ces manquements portent atteinte à l'autorité de la justice et prouvent que le magistrat a perdu les repères éthiques indispensables à l'exercice de ses fonctions en même temps que tout crédit juridictionnel à l'égard des auxiliaires de justice et du justiciable. La formation disciplinaire prononce la mise à la retraite d'office.

De l'instruction au parquet, les mêmes défaillances

Dans le cadre de l'action disciplinaire relative aux magistrats du parquet, la procédure est quelque peu différente. En effet, le Conseil supérieur se borne alors à rendre un avis qui est transmis au ministre, lequel décide en dernier ressort. Bien entendu, dans ce cas comme dans le cas de décisions directes concernant les juges du siège, le magistrat concerné peut saisir le Conseil d'État.

Au cours de cette année 2004, le Conseil supérieur est dans l'obligation de sévir de façon exemplaire. Les cas évoqués, concernant tant des magistrats du parquet que des magistrats du siège, sont à la fois consternants et inquiétants. Ils sont révélateurs de l'échec d'un système de sélection, de promotion et, globalement, d'autogestion du corps consécutif à la réforme constitutionnelle de 1993.

En 2003, une enquête de gendarmerie concernant un forum Internet de discussion à caractère pédophile aboutit non pas sur, mais dans le bureau d'un avocat général près de la cour d'appel de Versailles, Michel Joubrel. Après les hésitations d'usage, les policiers placent le magistrat en garde à vue ; il est mis en examen en mai 2003 pour « diffusion, fixation, enregistrement ou transmission d'images ou de fichiers à caractère pornographique représentant des mineurs au moyen de réseau de télécommunications, détention de ces images ou représentation et recel ». Lors des perquisitions effectuées à son domicile et dans son bureau, la police découvre sur les disques durs de ses ordinateurs « un nombre considérable de photographies pornographiques de jeunes garçons et notamment d'enfants de moins de 10 ans subissant des atteintes sexuelles[36] ».

Dans le monde judiciaire, le choc est considérable. En effet, ce magistrat, classé troisième à la sortie de l'École nationale de la magistrature, outre une carrière en juridiction qui l'a conduit à ces hautes fonctions, a également fait un passage à l'administration centrale. Très impliqué dans le syndicalisme professionnel, il est membre de l'Union syndicale des magistrats, dont il assure la présidence de 1988 à 1992. Puis, poursuivant cette voie royale, il devient membre du Conseil supérieur de la magistrature en 1998.

Si la vie professionnelle et associative de Michel Joubrel semble exemplaire, il n'en est pas de même de sa vie familiale. Lors de l'audience du CSM, ses avocats évoquent une «épouse suicidaire et dépressive» et dressent un tableau affligeant de son existence. Ils tentent de rassurer la juridiction disciplinaire en se fondant sur le rapport de l'expert psychiatre et en indiquant que le sujet «n'a pas de tendance pédophile» et que le passage à l'acte n'est pas à craindre... Jean-Yves Liénard[37], l'un des grands pénalistes français, que l'on rencontre davantage dans les cours d'assises pour des affaires de braquages de banques que dans les audiences de contentieux disciplinaires, a été appelé à la rescousse pour tenter d'influencer un auditoire totalement offusqué par les faits. L'avis du Conseil supérieur est à la fois laconique et péremptoire. Certes, il évoque «une scolarité remarquée à l'École nationale de la magistrature [...], une brillante carrière à l'administration centrale du ministère de la Justice où [ce magistrat] a pris une part active au développement du bureau des études et de la programmation dont il devient le chef en 1990 ; [...] et [le fait] qu'il ait été l'un des artisans les plus compétents de l'informatisation des juridictions».

Mais le Conseil supérieur constate que la révélation des graves défaillances de ce magistrat a été la cause d'un profond désarroi dans la magistrature, qui a ainsi été rendue témoin du dérèglement moral de l'un de ses membres les plus en vue. Il note qu'aucune anomalie mentale n'a été révélée chez ce magistrat (il fait ainsi référence aux analyses psychiatriques) et déplore que l'image, très largement positive, que Michel Joubrel donnait de la fonction, en particulier par ses activités syndicales, n'ait pas constitué le frein que l'on était en droit d'attendre de la part d'une personnalité connue et très largement médiatisée. Le Conseil supérieur sanctionne en l'écartant définitivement de toute responsabilité judiciaire et prononce sa mise à la retraite d'office.

En pratiquant l'analyse récapitulative de ce dossier, dans la perspective de notre étude, plusieurs éléments sont alarmants. D'une part, la qualité intellectuelle d'un élève magistrat ou d'un magistrat en exercice ne garantit aucunement son état de santé psychologique ou psychiatrique. D'où la nécessité, sur laquelle on reviendra, d'instaurer des contrôles dès la candidature puis au cours de la carrière. Deuxième élément : la vie personnelle et familiale d'un magistrat peut être désastreuse et donc facteur de déséquilibre, comme cela semble avoir été le cas pour Michel Joubrel ou pour Patrick Keil. À ce niveau également, et n'en déplaise aux thuriféraires de l'indépendance forcenée, des enquêtes approfondies de personnalité dépassant l'entretien annuel d'évaluation sont également indispensables. Il ne faut jamais oublier, lorsque l'on étudie ce type de comportement, que la société, l'État, confient à ces citoyens français un pouvoir extraordinaire, celui de placer en détention l'un de leurs semblables. L'exigence de santé psychique et physique, de sérénité personnelle et professionnelle, de sécurité financière[38] doit donc être totale, et les contrôles normalisés et admis par les impétrants. Comment concevoir qu'en dépit du dossier accablant présenté par la partie poursuivante au sein de l'instance disciplinaire, Michel Joubrel ait encore osé, par l'intermédiaire de ses conseils, plaider l'indulgence !

Troisième facteur qui doit inciter à la surveillance la plus stricte : les conséquences professionnelles de cette situation. Sur combien de dossiers ce magistrat atteint de telles déviances a-t-il pu se pencher ? Ce parquetier qui gérait à son niveau – tribunal puis cour d'appel – ce que l'on appelle l'opportunité des poursuites, et pouvait donc décider de ne pas poursuivre un crime ou un délit révélé, n'a-t-il pas été influencé, à un moment ou à un autre de sa carrière, par ses penchants ? N'a-t-il pas été tenté de classer sans suite une procédure mettant en cause des trafiquants d'images ? Ou, au contraire, ne s'est-il pas montré particulièrement virulent à leur égard, réaction psychologique classique de celui qui veut manifester sa différence à l'égard de ses semblables dans des situations qu'il sait réprouvées par le corps social ? Et s'il avait été conduit à siéger dans la formation disciplinaire du CSM ayant évoqué les défaillances des magistrats du tribunal de grande instance d'Auxerre, quels auraient été les ressorts de son vote ?

Après une telle affaire, on ne peut que feuilleter d'un œil blasé l'avis rendu le 5 décembre 2003 dans une affaire qui concernait le premier substitut du procureur de la République du tribunal de grande instance de Bobigny. Là encore, il semblerait que ce soit dans le cadre d'une enquête pénale ayant trait à un grand dossier financier, en l'occurrence le dossier dit du Sentier, que ce magistrat ait été remarqué. Il est mis en examen le 11 février 2003 pour blanchiment aggravé, recel de fonds et valeurs provenant d'abus de biens sociaux et de banqueroute par détournement d'actifs, trafic d'influence et corruption passive. Il est placé en détention le 9 octobre 2003.

Le Conseil supérieur, qui de toute évidence ne parvient pas à se convaincre de ses propres motivations, constate que le magistrat a entretenu pendant près de dix ans des relations amicales avec des personnes impliquées dans un vaste trafic de blanchiment, et qu'il a, outre des versements en liquide, reçu de leur part différents présents de grande valeur. L'une de ses filles a été embauchée par une société contrôlée par un de ses amis. Mais surtout, le Conseil supérieur remarque que ce membre du ministère public a établi personnellement un réquisitoire définitif dans une affaire où ses connaissances étaient poursuivies pour faux, usage de faux, abus de biens sociaux... et qu'il a requis un non-lieu partiel. Par ailleurs, il est intervenu à plusieurs reprises en faveur d'un repris de justice afin d'obtenir une dispense d'inscription de condamnation au casier judiciaire B2... Le Conseil supérieur décide d'écarter définitivement ce magistrat de l'exercice de toute fonction judiciaire par la sanction la plus lourde que prévoit le statut de la magistrature, à savoir la révocation... mais il lui maintient son droit à pension en raison de ses charges familiales.

L'année 2004, comme je l'ai dit, est véritablement une année infernale pour la justice française. En mars, devant la dix-septième chambre du tribunal de grande instance de Paris, s'ouvre le procès du substitut Albert Lévy pour violation du secret professionnel. Le parquetier du tribunal de Toulon est soupçonné par le Front national (partie civile) d'avoir fourni à un journaliste des pièces concernant un dossier de sa juridiction, relatif à l'attribution du marché des cantines scolaires de la ville de Toulon du temps où Jean-Marie Le Chevallier en était le maire[39]. Albert Lévy nie les faits, mais il a été mis en examen en septembre 1998 ; le dossier vient à l'audience six ans plus tard[40]. Dans l'intervalle, la juge d'instruction chargée de ce dossier, Marie-Paule Moracchini, a été violemment mise en cause par le Syndicat de la magistrature, qui critique son instruction et qualifie son attitude d'« acharnement ». Car on n'est pas tendre entre magistrats, lorsque la corporation est en cause et que des positions syndicales sont menacées. En l'occurrence, dans l'affaire Lévy, le SM a pesé de tout son poids jusqu'à l'instance de l'audience, où le parquetier de Toulon a finalement été relaxé. Le syndicalisme est-il compatible avec un fonctionnement judiciaire régulé ? Au contraire, n'est-il pas nuisible à celui-ci en raison d'une expression incontestablement politique qui fait légitimement craindre au justiciable une excessive partialité du juge ? En tout état de cause, l'étalage sur la place publique de ces différends, de ces conflits catégoriels et d'influence n'est pas de nature à rassurer le citoyen quant à la sérénité de l'institution. Cela avait déjà été le cas lorsque Anne Crenier, présidente du Syndicat de la magistrature à la fin des années 1990, avait été mise en examen suite à un article où elle mettait en cause pour «partialité», sa collègue Marie-Paule Moracchini[41].

2004 encore: le procureur de la République du tribunal de grande instance de Bayonne assiste à un colloque sur l'éthique et la déontologie dans la magistrature en Allemagne. Il «emprunte» la carte bancaire d'une consœur pour se payer quelques fantaisies tarifées dans une maison spécialisée où exerce entre autres une hôtesse roumaine. Ce n'est pas la prestation elle-même qui lui sera reprochée – bien qu'un esprit taquin qui réaliserait une analyse exégétique des textes pourrait soutenir avec quelques chances de succès que cela constitue une «atteinte aux devoirs de loyauté et de rigueur»; mais sans aller jusqu'à de telles extrémités, il reste le problème de la carte bleue...

Le procureur nie les faits, le ministre saisit pour avis le Conseil supérieur de la magistrature, et la cour d'appel de Colmar condamne le magistrat à dix-huit mois de prison et 5000 euros d'amendes. Mais quel rapport avec les problèmes de l'instruction, pourrait-on nous demander? Il y en a un. Tous les avocats qui ont la malchance de soutenir des plaintes pénales devant le tribunal de Bayonne subissent les inconséquences de ce hiérarque du ministère public. En effet, dans ce cas également, les frasques privées dissimulent une réalité professionnelle affligeante. Le procureur n'était pas un magistrat performant, bien au contraire. L'Inspection générale des services judiciaires, envoyée sur place par la ministre de la Justice, constate que 1345 dossiers sont en attente, et qu'une vingtaine de plaintes dirigées contre des notaires ou des huissiers ne sont pas instruites. Certaines procédures, diligentées dans les années 2000-2001, sur des faits simples et parfaitement caractérisés par les services de police, n'ont jamais été «réglées» par le parquet. Certes, les délinquants et leurs conseils ne se plaignent pas. Mais les parties civiles, victimes de coups et blessures ou d'escroqueries, d'abus de confiance, autant d'infractions qui ont pu gravement leur nuire, sont furieuses. Et ce d'autant plus que l'ensemble des magistrats du tribunal tentent, par esprit de corps, de limiter les effets de ces défaillances. Les juges d'instruction freinent leurs diligences, sachant que le parquet ne pourra pas suivre. Dès lors, les procédures sont enterrées, les prescriptions menacent les victimes. Mais l'ex-procureur a encore le ressort nécessaire pour maintenir ses contestations et demander sa réintégration[42].

Plus récemment, en juillet 2009, c'est l'évolution de la situation personnelle du juge d'instruction Patrick Keil qui fait la une de la presse. S'il n'a pas laissé un souvenir impérissable, il a cependant eu son heure de gloire dans les années 1999-2000, alors qu'en fonction à Lille, il inculpait Richard Virenque et ses collègues de l'équipe Festina. Depuis lors, l'Administration elle-même s'est rendu compte du comportement anormal de ce magistrat, qui a cependant été maintenu dans le corps, et rattaché... au parquet. Mis en détention, il a comparu devant le Conseil supérieur de la magistrature, pour s'expliquer sur plusieurs aspects de sa carrière, au cours de laquelle il aurait, entre autres, fourni des renseignements à des individus sur le déroulement d'un dossier judiciaire d'escroquerie à la Sécurité sociale au bénéfice d'un chirurgien-dentiste impliqué[43]... Cette dérive pose la question du contrôle régulier de la situation psychologique et physique des magistrats (en l'occurrence des juges d'instruction) et de leur aptitude à exercer leurs fonctions au fil du temps. Car ce type de responsabilité use l'esprit et le corps. Il est certain que le stress subi, la charge de travail, les menaces qui risquent d'émaner de la part de certains malfrats inculpés peuvent finir par entamer la santé du magistrat. Il n'est alors plus capable d'affronter ses responsabilités et est menacé par la dérive. Il est indispensable qu'un tiers puisse intervenir à ce moment-là pour déceler les failles et proposer à l'autorité hiérarchique les solutions afin d'éviter la faute qui se produira nécessairement au détriment des justiciables et de l'image de l'institution.

Aucune profession, quelle qu'elle soit, ne peut assurer que ses membres sont indemnes de tout soupçon et qu'ils échapperont de manière certaine, radicale et définitive, à toute tentation en raison d'on ne sait quel vœu, serment ou vocation extraordinaire. Des avocats aussi sont impliqués dans des affaires peu reluisantes et sont à ce titre justement condamnés. Mais la moralité, l'intégrité d'un magistrat doivent être – plus encore que celle d'un fonctionnaire d'autorité, qu'il s'agisse d'un administrateur civil, d'un officier supérieur ou, pour reprendre l'exemple des professions judiciaires, d'un avocat ou d'un expert – parfaitement irréprochables. En effet, on ne peut admettre que celui qui a le pouvoir de décider de la privation de liberté d'un individu soit soumis à des déviances et puisse y céder.

Là encore, les mesures qui seront préconisées – de l'examen médical et psychologique du magistrat en fonction jusqu'à l'éventuelle enquête policière – semblent absolument indispensables, même si elles se heurtent à une résistance de la corporation.

CHAPITRE V

L'hypertrophie du moi

Il fut une époque où les juges s'interdisaient d'exprimer leurs sentiments ou de narrer leurs expériences, qu'ils concernent l'exercice de leur fonction, leur position sur le pouvoir exécutif, législatif ou encore sur les auxiliaires de justice. Anthelme Brillat-Savarin, par exemple, se plaisait à faire part de ses méditations de gastronome sans jamais nous donner un avis sur son emploi de conseiller à la Cour de cassation[44]. Quant à Alexis de Tocqueville, qui fut juge à Versailles, il intervint davantage dans le domaine de la science politique que dans celui de la critique partisane.

Il y a cent ans déjà, après l'affaire de Panamá

Quatre-vingts ans après la publication du code de procédure criminelle, un procureur général, en l'occurrence Quesnay de Beaurepaire, fut le premier à écrire un témoignage personnel particulièrement documenté et circonstancié sur les raisons qui le conduisirent à requérir[45] contre Ferdinand de Lesseps et ses comparses dans l'affaire du canal de Panamá. Pendant ce temps, Maurice Barrès fulminait contre *Leurs figures*, à savoir celles des gouvernants et de la représentation parlementaire qu'il accusait de s'être enrichis sans scrupule dans le cadre de ce dossier. Quesnay de Beaurepaire était ainsi le premier à rompre avec une tradition de discrétion, sinon de silence total, que les magistrats estimaient consubstantielle à leur fonction. Mal lui en prit d'ailleurs : il finit piteusement, dans la rue, abandonné de tous et renié par ses anciens collègues.

Dans les années 1960-1970, Casamayor, haut magistrat, ancien membre du tribunal de Nuremberg, multiplie les écrits sur la justice sans pour autant violer l'obligation de réserve ou blesser la susceptibilité des justiciables... et de sa hiérarchie. Vers la même époque, le Syndicat de la magistrature commence à publier régulièrement, outre sa revue, quelques ouvrages dont *Au nom du peuple français...* en 1974, puis *Justice sous influence* en 1981. En 1978, Michel Jeol, magistrat proche du Parti socialiste, décrit sa vision de la nécessaire réforme de la justice et du statut des magistrats. Durant la décennie suivante, les magistrats sont encore discrets, mais on sent poindre chez quelques juges d'instruction l'envie de s'exprimer publiquement. Jean-Paul Jean, vice-président, puis secrétaire général du Syndicat de la magistrature jusqu'en décembre 1986, devenu ensuite conseiller technique dans un cabinet ministériel, publie *À vous de juger* en 1988. Claude Grellier, vice-président de la dix-septième chambre correctionnelle au tribunal de grande instance de Paris et son collègue du parquet Philippe Bilger décrivent en 1990 *Le Besoin de justice.*

À la même époque, la pression de l'exécutif socialiste sur la magistrature pour empêcher qu'éclate l'affaire du Carrefour du développement[46] et limiter ses effets (nécessairement dévastateurs) dans l'opinion va produire un effet inattendu. Certes, en avril 1990, la commission d'instruction de la Haute Cour de justice prononce un non-lieu en faveur de Christian Nucci, le ministre délégué par lequel le scandale est arrivé ; mais cette décision, qui contrarie autant les magistrats que la droite française (étant précisé que les autres personnes concernées, du chef de cabinet Yves Chalier aux porteurs de valises, sont quant à elles renvoyées devant les juridictions pénales), semble libérer la parole des juges, et en particulier celle des juges d'instruction. Pendant les quinze années suivantes, cette soif inextinguible d'autojustification va noircir des milliers de pages. Elle atteindra un sommet avec les performances d'une maîtresse du genre, Eva Joly, pour des raisons qui, de toute évidence, n'ont rien à voir avec notre sujet.

Les premières années de la décennie 1990 voient l'envolée de la littérature en provenance directe de la justice. Didier Gallot, juge d'instruction vendéen, critique *Les Fossoyeurs de la justice* dès 1991. La même année, Yves Lemoine, ancien juge d'instruction[47], membre du Syndicat de la magistrature, s'associe à Frédéric Nguyen pour dénoncer (tardivement) le fonctionnement de son organisation. Ils critiquent tous deux l'investissement du monde judiciaire depuis 1981 par les caciques de cette organisation, avec la bénédiction du président de la République et la naïve collaboration de ministres de la Justice successifs. Avec *Le Livre noir du Syndicat de la magistrature* d'une main et *L'Annuaire de la magistrature* de l'autre, il est désormais possible de mieux comprendre le fonctionnement de l'appareil judiciaire sur les vingt années suivantes. Yves Lemoine reprendra la plume pour évoquer le *Complot des juges* en février 1993. Il réitère en 1995 avec Frédéric Nguyen, lui aussi secrétaire général du Syndicat, en écrivant à quatre mains *Tristes justices*.

La manie des juges d'instruction

Georges Fenech, lui aussi juge d'instruction, est président de l'Association professionnelle des magistrats (APM), dont les opinions politiques sont radicalement à l'opposé de celles du Syndicat de la magistrature. Contrairement à ce que pensent les justiciables, le juge français, et en particulier le juge d'instruction, n'est pas politiquement neutre. Il nous sera rétorqué qu'il est naturel qu'un homme ait des opinions, et que même les gendarmes ont le droit de vote ! Certes, mais ils conservent leurs opinions politiques sous leur képi, et ne distribuent pas d'une main des tracts en faveur de Nicolas Sarkozy ou de Ségolène Royal pendant que de l'autre, ils rédigent votre procès-verbal pour excès de vitesse. Aux yeux du justiciable, leur engagement syndical et l'aspect politique de leurs revendications pourraient éclairer une décision d'une lueur suspecte. Ce raisonnement est d'ailleurs généralement admis lorsque les magistrats s'affichent à l'extrême droite, mais il l'est beaucoup moins lorsqu'ils s'engagent à gauche ou à l'extrême gauche et qu'ils font preuve par exemple, hors de la sphère pénale qui nous préoccupe, d'une inimitié radicale pour le monde de l'entreprise.

Du syndicalisme ou de la politique à l'expression vindicative, voire outrancière, d'une conviction dans le cadre de leurs fonctions, il n'y a parfois qu'un pas que de nombreux magistrats n'ont pas hésité à franchir au cours de ces dernières années. Cette évolution de carrière est souvent précédée de ces fameux écrits que nous avons déjà dénoncés dans ces lignes. À ce niveau, Thierry Jean-Pierre a ouvert la voie, Georges Fenech l'y a suivi, et Eva Joly l'a empruntée sans vergogne à toute allure, écrasant sur son passage tout ce qui pouvait la contrarier, du devoir de réserve à cette obligation de convenance à laquelle elle semble tant attachée pour elle-même.

Thierry Jean-Pierre, le juge de l'affaire Urba, est l'homme qui osa défier le pouvoir exécutif socialiste et l'organisation judiciaire mitterrandienne, celui qui saisit les fameux cahiers Delcroix[48]. Juge d'instruction au tribunal de grande instance du Mans, il s'est attaqué aux sociétés de conseil qui assuraient le financement du Parti socialiste, les sociétés Urbatechnic et Gracco, en prélevant des commissions importantes sur les marchés publics, en particulier dans le secteur du BTP. À l'image de ses collègues de l'instruction, Jean-Pierre est manichéen : il y a d'un côté les bons et de l'autre les méchants. Cette classification concerne tant les justiciables que ses collègues du siège ou du parquet. Parmi les bons figurent ses amis l'inspecteur Antoine Gaudino et le polémiste Jean Montaldo, grands pourfendeurs du mitterrandisme, auxquels s'ajoutent bien entendu les journalistes qui le couvrent d'éloges. Car le juge Jean-Pierre est sans doute le premier à être parvenu à instrumentaliser les médias dans une procédure d'instruction. En se présentant comme la victime du pouvoir, il mobilise l'attention des journaux et des radios. Il a naturellement raison de chercher des éléments de preuve qu'on veut lui dissimuler puisque « le pouvoir » cherche à l'en empêcher. Quant aux médias, leur cœur penche souvent du côté de l'opposition, et ils savent que le combat du bon juge, contrarié dans ses investigations et naturellement menacé par « le pouvoir », est toujours bien vu des lecteurs. Pour traquer les financiers occultes du PS, le juge va totalement négliger la fameuse obligation de réserve et se moquer du secret de l'instruction, ravalé au rang des « secrets de polichinelle ». Il fait mine de se demander comment l'un de ses procès-verbaux peut se retrouver dans *Le Figaro* en oubliant que précédemment, il décrit avec émotion l'accueil chaleureux qu'il a reçu du quotidien. Il tente d'excuser cette fâcheuse situation en évoquant le fait que Pierre Arpaillange et Henri Nallet[49] s'en sont affranchis en permettant qu'une instruction criminelle soit filmée. De 1990 à 1995, Jean-Pierre écrit presque un livre par an... à tel point que l'on peut se demander où il trouvait encore le temps pour travailler ses dossiers[50].

Les articles de presse consacrés au juge Jean-Pierre mais aussi ses ouvrages permettent de se convaincre d'un point essentiel : le juge était fasciné, obnubilé par les médias. Le fait que Franz-Olivier Giesbert semble attentif à sa personne le ravissait, l'intérêt des radios et des télévisions pour ses dossiers le comblait d'aise. Dans un premier temps, il les a instrumentalisés. Par la suite, il a poursuivi une relation de séduction-utilisation qui ne se faisait pas au seul avantage des procédures qu'il conduisait mais essentiellement à son avantage personnel : en 1994, il fut élu député européen sur les listes de Philippe de Villiers, puis réélu en 1999 sur la lise RPR.

Les juges d'instruction qui sont victimes de ce syndrome quittent rapidement le monde de la normalité pour planer dans un espace de rêve, celui d'une carrière politique ou administrative n'ayant plus rien à voir avec le monde judiciaire. Ce qui a été exact pour Jean-Pierre le sera également, comme on l'a déjà noté, pour Georges Fenech et surtout pour Eva Joly. D'autres sont sans doute en attente...

Restons à droite de l'échiquier politique avec Georges Fenech, actuel président de la Miviludes[51]. Depuis la publication en 1997 de *Main basse sur la justice : les années noires, de Mitterrand à aujourd'hui,* il n'a jamais caché ses convictions, mais a prudemment attendu la disparition de l'ancien président pour écrire. Il a publié plusieurs autres ouvrages dont *Tolérance zéro : en finir avec la criminalité et les violences urbaines* en 2001 et *Un juge en colère* en 2005, où il prône la fin du juge d'instruction. Élu pendant un mandat à l'Assemblée nationale, il se débat quelques années dans le procès de l'Angolagate pour des raisons périphériques. Pierre Falcone, le marchand d'armes qui est l'un des principaux inculpés, lui aurait versé une somme de 15000 euros afin de financer la revue professionnelle de son association de magistrats. Georges Fenech proteste de son innocence : l'affaire est en cours de jugement. L'image, toujours l'image : le problème réside précisément dans cette recherche du reflet dans l'objectif de la caméra. Il ne semble plus possible désormais qu'un juge d'instruction instruise puis vive en dehors du halo des projecteurs : les remarques qui sont faites sur ces divas de la rubrique judiciaire valent d'ailleurs, à un moindre degré, pour nombre de leurs collègues, moins connus, de Paris ou de province. Si l'on veut exister en tant que juge d'instruction, il faut désormais être connu et reconnu... par les médias. Mais gare au brutal retour de projecteur, à la moindre défaillance.

Avant de s'intéresser à la maîtresse du genre, passons rapidement en revue quelques autres exemples, afin de démontrer que la tendance est lourde, surtout lorsqu'on la rapporte au nombre de livres que peuvent écrire les avocats..., au nombre respectif de membres dans chacun des corps et à la charge de travail – écrasante – de ces métiers. Citons pêle-mêle, sans distinction de talent ou d'opportunité, quelques-unes de ces publications, les ouvrages de Valéry Turcey, dirigeant (presque) inamovible de l'Union syndicale des magistrats pendant de longues années, des juges Bouvier et Vogelweith. D'autres magistrats limitent leur analyse à l'expérience qu'ils ont vécue directement sur un ou plusieurs dossiers particulièrement sensibles. Jean-Michel Lambert, juge d'instruction dans l'affaire dite Grégory, publia *Le Petit Juge* où il contait au lecteur ses tracas et ses inquiétudes dans des conditions ne pouvant effectivement que faire douter le justiciable de l'opportunité de désigner un tel homme à un tel poste.

Le mal se répand

Les magistrats instructeurs ne sont d'ailleurs pas les seuls à en appeler au justiciable pour qu'il comprenne mieux les difficultés et l'ingratitude de leur fonction. Dès 1992, plusieurs juges confient leurs états d'âme à Laurent Greilsamer et Daniel Schneidermann en critiquant allègrement l'institution judiciaire, sans la moindre considération pour cette fameuse obligation de réserve qui semble être la survivance formelle d'un temps révolu. Dans un nouveau volume publié dix ans plus tard[52], Marie-Odile Bertella-Geffroy, Édith Boizette, Eva Joly bien sûr, Armand Riberolles, Jean-Pierre Zanoto, Gilbert Azibert, Jean-Pierre Dintilhac, Jean-Claude Marin, Éric de Montgolfier, Jean de Maillard, Claude Nocquet, Valéry Turcey se confient aux micros compatissants des auteurs.

En cette même année 2002, Éric Halphen, magistrat instructeur à Créteil, se lance lui aussi dans l'écriture. Sa personnalité ne laisse pas indifférent car son nom a déjà défrayé, bien malgré lui, la chronique judiciaire dans l'affaire Schuller-Maréchal, sur laquelle planait l'ombre de Charles Pasqua – le sulfureux Didier Schuller avait été «exfiltré» de France en bénéficiant de documents administratifs de complaisance au moment où les caciques du RPR craignaient qu'il fasse, en pleine préparation des présidentielles de 1995, des déclarations fracassantes sur le financement de ces mêmes campagnes !

Le juge Halphen a des convictions de gauche et dès sa nomination à Créteil, il va pouvoir, à Paris et contre le RPR, jouer le jeu que, quelques années plus tôt, Thierry Jean-Pierre avait joué contre le Parti socialiste. Les éminences changent, la tactique reste la même : endosser le rôle du David judiciaire contre le Goliath étatico-politique, du bon magistrat contre les méchants politiciens, et emmener avec soi les médias.

Les années 1990 ont été favorables à Jean-Pierre, dans les temps de la Mitterrandie finissante. Les années 1995 sont lumineuses pour Éric Halphen, dans cette atmosphère de transition agressive entre Édouard Balladur, candidat à la présidence et Premier ministre, et Jacques Chirac, éternel challenger. C'est cette ambiance que le juge veut faire partager au lecteur, tout en insistant sur ses problèmes personnels, ses angoisses et ses doutes – et en égratignant bien entendu ses adversaires.

Après quelques vérités pesamment affirmées («on parle toujours des erreurs judiciaires à propos des innocents en prison ou inculpés, à tort, en oubliant qu'il existe aussi, parmi ces erreurs, celles relative à des coupables qui ne seront jamais condamnés[53]»), l'auteur attaque le vif du sujet et décrit son enquête concernant les sociétés mises en cause dans les affaires dites «de la mairie de Paris» – non sans distiller quelques remarques acides sur les auxiliaires de justice, car il ne faut pas oublier que ce genre d'exercice sert également à régler des comptes en assurant pleinement la part du travail corporatiste. Ainsi apprend-on que «lorsqu'il n'y a pas trop d'avocats dans les dossiers, certains actes peuvent rester totalement secrets[54]», ce qui sous-entend clairement que les avocats ont pour habitude, sinon pour vocation, de violer le secret de l'instruction. Mais cela ne suffit pas : le juge d'instruction veut démontrer que le barreau parisien passe son temps à tenter de négocier des avantages pour ses clients en dénonçant des tiers ou en échangeant des informations contre des concessions des magistrats[55], pratiques auxquelles se refuse bien entendu l'incorruptible de Créteil.

Mais il n'a pas terminé sa charge contre l'avocature. Le règlement de comptes se poursuit. Éric Halphen accuse les avocats de dérober des pièces essentielles dans les dossiers d'instruction[56], de « se muer en quasi-complices », de défendre « des trafiquants de drogue [...] en acceptant des sommes pas forcément officielles », quand ils ne sont pas « payés en nature. Si la cliente et jolie [...][57] ».

Voilà donc exprimée de façon claire et nette l'opinion d'un juge d'instruction sur son métier et sur les auxiliaires de justice qu'il côtoie : voleurs, profiteurs d'argent sale, trafiquants d'information, un brin proxénètes à l'occasion, et bien entendu radicalement incompétents, mis à part pour égorger financièrement leurs clients. Le juge d'instruction, fort de son expérience à Créteil et ailleurs, précise en effet que les avocats « pendant l'audition, se bornent à griffonner quelques notes, sans jamais poser la moindre question sur le fond de l'affaire. Ils en sont bien incapables, les pauvres, ignorants qu'ils sont de la direction que prend le dossier ». Pour conclure, l'auteur précise que « l'avocat est guidé dans ces affaires uniquement par le souci de sa propre renommée et non par celui de la défense de son client[58] ».

Il faut cependant reconnaître que par souci d'une fausse neutralité, le juge Halphen prend soin d'éborgner un peu ses collègues, en l'occurrence ses supérieurs de la chambre de l'instruction – qui était alors la chambre d'accusation. Il insiste sur le fait que l'on se trompe en pensant que ces magistrats plus anciens et plus expérimentés que les juges d'instruction seraient plus performants : « C'est parfois vrai. Mais malheureusement, c'est aussi souvent l'inverse. J'ai rencontré beaucoup de membres des chambres d'accusation qui n'avaient pas une grande compétence[59].» Et notre bon juge, devenant grand réformateur de l'institution, propose donc pour les présidents de chambre d'accusation (les conseillers assesseurs sont sans doute moins nuisibles à ses yeux) un passage obligé à un poste d'instruction.

Après cette première publication, Éric Halphen tentera de bénéficier de la notoriété acquise pour se lancer en politique, au côté de Jean-Pierre Chevènement. Il n'obtiendra pas le succès escompté, tentera de récidiver[60] mais demandera finalement une réintégration dans la magistrature, ce qui lui sera accordé en dépit des écrits. La dame Justice est bonne fille, et pas rancunière pour un liard.

La maîtresse et la maîtrise du genre

Eva Joly a imité la méthode Jean-Pierre, avec un succès notoirement supérieur au sien et un mépris souverain des règles applicables – mais jusqu'alors faiblement appliquées – aux professions judiciaires : elle s'assied magistralement sur la fameuse obligation de réserve. Comme Thierry Jean-Pierre avait harponné Urba et Gracco, comme Éric Halphen avait ramené dans ses filets les époux Tiberi et quelques autres notables de la Chiraquie, Eva Joly s'est assurée de belles prises au rang desquels l'état-major de l'entreprise Elf de la grande époque et un président (en exercice) du Conseil constitutionnel. Avait-elle, dès l'instant de sa nomination en qualité de juge d'instruction, une ambition qui dépassait le simple espace de la fonction judiciaire pour aboutir un jour à la fonction politique ? Lorsque l'on reprend son parcours et ses écrits, que l'on analyse ses postures et ses relations avec les médias, cela semble aujourd'hui évident.

Le 20 juin 1996, *L'Express*[61] titre : « Elf Aquitaine, l'irrésistible instruction du juge Eva Joly » et développe en plusieurs pages ses appréciations sur l'affaire. Le juge pose fièrement, la tête appuyée contre l'index gauche, sur fond d'immeuble haussmannien[62]. La même année *L'Expansion*, journal économique qui n'est pas spécialisé dans le monde judiciaire, lui consacre un long article[63]. *L'Express* du 29 janvier 1998 titre encore sur « l'affaire Dumas » avec une photo de l'ancien ministre des Affaires étrangères en première page[64]. Si en couverture, on peut voir l'œil inquiet du suspect, la photographie qui est en tête de l'article montre Eva Joly en présence de l'ancien ministre avec la légende suivante : « Roland Dumas et la juge Eva Joly, après les perquisitions de l'ancien ministre des Affaires étrangères le 27 janvier au 19, quai de Bourbon à Paris. » L'article titre sur « une perquisition spectaculaire chez le président du Conseil constitutionnel », évoquant une affaire d'État qui fait peur.

Le texte évoque un certain nombre de faits précis dont on peut déjà se demander comment les journalistes en ont eu connaissance... à moins d'imaginer, bien entendu, que l'avocat de Roland Dumas soit parvenu entre le 27 janvier, date de sa mise en examen, et le 29 janvier, date de la parution de l'hebdomadaire, à faire le tour des déjà très nombreuses pages de ce dossier.

À partir de ce moment, aucun des journaux quotidiens nationaux ne va lâcher le président du Conseil constitutionnel. *L'Express* titre à nouveau, le 12 mars 1998 : « Enquête sur l'argent de Dumas[65] ». En dépit de son attachement au fidèle de François Mitterrand, *Le Nouvel Observateur* ne souhaite pas être en reste. La même semaine, la page de couverture n'évoque que dans un triangle situé en bas à droite l'affaire Dumas et les comptes extraordinaires de la maison Elf, mais il consacre cependant plusieurs pages à l'événement[66].

Le même hebdomadaire fait sa une du 10 septembre 1998 sur les « juges qui font trembler les puissants », qu'ils soient « inquisiteurs » ou « Robin des Bois ». Les portraits de couverture représentent les juges Halphen, Vichnievsky, Joly bien entendu (au milieu de la page, en meilleure position), Jean-Pierre et Van Ruymbeke. Si l'interview principale est consacrée à Éric de Montgolfier – procureur qui venait de requérir et d'obtenir la condamnation de Bernard Tapie –, un article est dédié spécifiquement à Eva Joly. Agathe Logeart la situe dans la lignée des Henri Pascal, Patrice de Charrette (le premier à avoir décidé de l'incarcération d'un patron d'entreprise après l'accident du travail mortel d'un salarié). Bien entendu, Agathe Logeart oublie de préciser que le meurtrier de Brigitte Dewèvre n'a jamais été retrouvé et que le patron incarcéré a bénéficié d'une mise hors de cause. Ce même mois, et la même semaine, *Le Point* titre sur « ces juges qui font la loi[67] » avec les portraits d'Eva Joly et de sa collègue Laurence Vichnievsky.

Parallèlement – et cela ne manque pas de saveur au rappel de ces faits –, la même Eva Joly dénonce à Laurent Greilsamer et Daniel Schneidermann les individus qui brillent dans les dîners en ville, qui tiennent des conférences de presse « au cours desquelles les journalistes ne montrent aucune curiosité, ne posent aucune question un tant soit peu gênante ».

Dans leur ouvrage consacré à l'histoire du *Monde*[68], Pierre Péan et Philippe Cohen notaient que certaines personnes de la société civile, dont la célèbre juge d'instruction, bénéficiaient de la part du « quotidien référent » d'un traitement de faveur. Ils soulignaient non seulement le nombre d'articles impressionnant évoquant les diligences de ce magistrat dans différents dossiers, mais également le fait qu'à cette époque, *Le Monde* ne consacrait que trois ou quatre pages par an à la présentation d'un personnage de la société française. Il s'agissait en l'occurrence d'une page entière avec photographie travaillée du sujet, etc. Pierre Péan se demandait si cette faveur n'était pas en relation avec la révélation par Eva Joly d'informations privilégiées, de scoops en direct, en quelque sorte. Le juge a farouchement nié les faits et elle a attaqué le journaliste, sans pour autant venir l'affronter à l'audience. Mais le représentant du journal, que le président de la juridiction interrogeait sur ce point précis, se montra très gêné au moment d'expliquer le traitement de faveur dont avait bénéficié Eva Joly, au regard des quelque six mille juges en exercice au même moment.

Le règlement de comptes

La méthode utilisée par Eva Joly dans le traitement spécifique du «cas Roland Dumas» est démontrée par le nombre d'articles de presse publiés entre novembre 1997 et le jugement du tribunal correctionnel rendu le 30 mai 2001. Roland Dumas a fait l'objet de la une du journal *Le Monde* à cinquante-deux reprises. Dans le même quotidien, l'intéressé compte lui-même plus de cent dix articles consacrés à sa personne. Il n'a pas poussé au-delà le recensement – dans l'ensemble de la presse, quotidienne et hebdomadaire, et dans les médias télévisés – des allusions, photographies et analyses le concernant.

Plusieurs questions restent sans réponse : comment expliquer que, dès le 8 mars 1998, *Le Monde* annonce la mise en examen de Roland Dumas, qui ne sera effective que vingt-trois jours plus tard ! Pourquoi parvient-il à annoncer, le 29 avril 1998, la perquisition au domicile de Roland Dumas en indiquant que «les deux juges d'instruction de l'affaire Elf devaient se rendre mercredi au domicile du président du Conseil constitutionnel[69]». Roland Dumas aura encore droit à la une du quotidien à six reprises, entre le 29 avril et le 19 juin, puis à nouveau le 9 septembre, le 10 novembre et le 23 mars 1999. Les 3 et 4 août 2000, *Le Monde* affirme détenir trois documents essentiels à l'enquête qui contredisent la version de Roland Dumas dans l'affaire des vedettes de Taïwan, etc.

En juin 2000, Eva Joly publie un premier ouvrage[70] où elle expose sa biographie, ses premiers émois de juge d'instruction et les difficultés de la lutte contre la délinquance financière. Le livre ne présente pas d'intérêt particulier, et il est à ranger aux côtés des multiples témoignages de magistrats qui éprouvent, à un moment de leur vie, le besoin irrésistible de parler d'eux et de faire parler d'eux. C'est le deuxième, publié en juin 2003, qui tourne au règlement de comptes. Certes, les victimes de cette ire brutale sont les mêmes que celles de messieurs Jean-Pierre et Halphen : les hommes politiques, les avocats et leurs collègues du siège ou du parquet. Ce qui tranche, c'est le ton, l'agressivité, la poursuite de querelles que l'on dit déclenchées par mégarde mais sur lesquelles on revient.

Il en est ainsi du rôle de l'avocat. Eva Joly écrit que « 15 % du chiffre d'affaires de la criminalité va aux avocats[71] ». Elle insiste sur le propos tout en soulignant qu'il s'agit d'un raccourci malheureux et s'étonne de la tempête déclenchée, de la réaction des avocats, de la citation directe engagée à son encontre, en riposte, dans le cadre d'une procédure.

Bien entendu, la violation du secret de l'instruction ne doit rien aux rapports particuliers qui peuvent exister entre certains juges (d'instruction) et la presse. En revanche, « chacun s'accorde, en privé, sur le fait que la violation du secret de l'instruction est parfois une pratique policière ou politique – une fuite opportune au plus haut niveau de la hiérarchie, mais toujours le fruit de l'association entre un journaliste et un avocat du dossier[72] ». Et le juge d'expliquer que « les journalistes ouvrent leur micro au moment opportun à l'avocat complice, ou relaient les arguments qui servent son client. Cette médiatisation est tout bénéfice pour le conseil : elle favorise sa stratégie, elle entretient sa renommée et, indirectement le train de vie de son cabinet[73] ». Rien à voir bien entendu avec ce que peuvent faire certains magistrats instructeurs, dans la discrétion voire le silence le plus total ; rien à voir avec le fait que ce sont toujours les mêmes magistrats (Joly, Halphen, par exemple) qui se trouvent à la une de l'actualité et dont les dossiers sont épluchés par les médias – alors même que d'autres magistrats qui mènent des instructions aussi complexes (voire davantage) impliquant des individus bien moins recommandables, ne disent pas un mot, ne se plaignent ni des menaces ni des pressions, supposées ou réelles, pesant sur eux. Simplement ils ne parlent pas, ni aux journalistes ni aux avocats, et dans ces mêmes dossiers les fameux « bavards » se taisent, tout aussi simplement. Ils n'apparaissent éventuellement dans la presse que le jour de l'audience de la cour d'assises ou du tribunal correctionnel.

Ainsi, lorsque Eva Joly écrit que «la justice à l'heure des médias est démunie[74]», on ne peut que sursauter. Surtout lorsqu'elle ajoute que «ce sont eux [les magistrats] les boucs émissaires des «instructions spectacle»... La contradiction est frappante. Il est impossible d'ouvrir une brochure spécialisée sans tomber sur le petit paragraphe rituel concernant *"les révélations inopportunes et scandaleuses orchestrées par certains magistrats qui, peu habitués à être sous le feu des projecteurs, ont cédé à la vedettisation*[75]*"*. C'est ahurissant mais c'est ainsi[76]».

De l'instruction-spectacle à la politique

Aujourd'hui, la boucle est bouclée, les choses sont parfaitement claires. Il y a deux sortes de juges d'instruction. Tout d'abord, ceux que nous venons de décrire. Leur hypertrophie du moi, leur comportement narcissique les poussent à des conduites extraverties, à toutes les frasques médiatiques, à toutes les provocations, au risque de se mettre en opposition avec l'ensemble du monde judiciaire. Cette situation, qu'ils sont prompts à instrumentaliser à l'envers pour engager un véritable processus de victimisation lorsqu'ils sont contestés sur ce terrain, les rassure quant à leur état et à leur raison d'être. Mais ils ont parfois la chance de voir éclore une seconde carrière, franchement politique cette fois-ci. Ce fut le cas de Thierry Jean-Pierre, c'est aussi, en ces années 2000, celui d'Eva Joly, qui vient de réussir son *come-back* politique à l'occasion des élections européennes de 2009. Cela la conduit désormais à parrainer son ancienne collègue Laurence Vichnievsky pour que celle-ci se présente aux élections régionales en Provence-Alpes-Côte d'Azur. Car cette tendance extrêmement fâcheuse et totalement décrédibilisante pour la magistrature d'instruction s'est répandue. À droite, on voit Alain Marsaud, Georges Fenech et même Jean-Louis Bruguière se laisser également tenter par une candidature et la perspective d'une élection. Et si l'échec est au rendez-vous, en dépit des renvois d'ascenseur du monde médiatique, ce n'est pas grave : il suffit de ranger la banderole dans le placard et de reprendre benoîtement la fonction de juge, puisque désormais le ministère semble admettre ce type de comportement. Évidemment, la sérénité des débats judicaires et la confiance du justiciable dans le juge ne gagnent pas au change, bien au contraire. Lorsque Jean-Louis Bruguière se présente aux élections législatives de 2007 dans le Lot-et-Garonne, son initiative bénéficie d'une couverture médiatique nationale. Son adversaire socialiste demande au préfet de saisir le tribunal administratif en raison de ce qu'il considère être comme une inéligibilité résultant de la fonction exercée par le magistrat (juge antiterroriste à compétence nationale). Au journaliste[77] qui lui demande si « l'impartialité que l'on attend d'un juge est compatible avec un engagement public », le constitutionnaliste Didier Maus élude le débat : « Les magistrats sont comme tout le monde : ils ont des convictions. Certains les font connaître, d'autres pas. L'impartialité d'un individu, cela n'existe pas. En revanche, l'institution doit l'être. » Cette réponse n'est pas admissible et le cas de Jean-Louis Bruguière (qui n'a finalement pas remporté le siège), comme celui d'Eva Joly ou de Laurence Vichnievsky, ne peut être réglé de cette façon. Le magistrat, s'il n'est pas impartial, doit donner au citoyen la certitude que l'institution à laquelle il appartient l'est totalement. L'expression publique d'une conviction politique va à l'encontre de cette nécessité, comme d'ailleurs l'expression syndicale, qui confine à l'expression politique. Il est donc nécessaire d'interdire aux magistrats de se présenter à une élection, sauf à démissionner définitivement de la fonction. Car le retour à « l'impartialité » de l'institution après la totale partialité d'une confrontation élective est évidemment invraisemblable. Ainsi, mesdames et messieurs Joly et Vichniewski, Halphen et Bruguière, lorsqu'ils font ce choix, ne devraient pas pouvoir revenir en arrière.

Certains magistrats – qui, de toute évidence, ne constituent pas la majorité du corps – déplorent ce processus et en subissent naturellement les conséquences. Ils voient aujourd'hui leur carrière et leur fonction mises en cause par les justiciables et le pouvoir politique. Il existe des hommes et des femmes comme Renaud Van Ruymbeke qui tentent toujours d'échapper aux médias, conservent avec les avocats des rapports professionnels cordiaux ou courtois ne dérivant jamais vers le copinage. Ils évitent les grandes fâcheries et n'ont pas besoin d'ostentatoires démonstrations d'amitié ou de soutien. Ils peuvent faire aussi face à l'inimité d'un avocat ou d'un justiciable, mais l'ensemble de leur carrière et la régularité de leur caractère et de leur comportement leur conservent l'estime de tous.

Les seconds sont cependant et naturellement victimes des excès des premiers. Ils ont subi la défense corporatiste du juge Burgaud, comme le contrecoup de l'extrême médiatisation de leur collègue. Cette fois-ci, Eva Joly avait raison de soutenir, dans son livre, que son instruction et sa méthode marquaient la fin d'une époque. Mais à la différence de ce qu'elle prétend implicitement, cette fin n'a rien à voir avec la nature de ses dossiers ; en revanche, elle est en relation directe avec son attitude. Elle a contribué à placer le juge d'instruction sous les feux de la rampe en pensant que cela modifierait son statut, en ferait un homme ou une femme publique donc plus fort, inattaquable, une sorte de justicier dont la cuirasse serait constituée par les couches successives de papier journal accumulés.

Mais les *sunlights* ont également mis en lumière les failles et les faiblesses de ces juges, et cela, les plus extravertis d'entre eux ne l'avaient pas imaginé. Les lumières des projecteurs ont montré le juge liberticide, celui dont l'arrogance et la suffisance s'accompagnaient non seulement de l'échec, mais également de la privation de liberté et de la mort. L'eczéma de Loïk Le Floch-Prigent, les bravades d'Alfred Sirven et les dénégations maladroites d'André Tarallo, les trois principaux inculpés du procès Elf, n'ont pas ému les Français. La surmédiatisation de l'affaire les a irrités, sans les indigner concernant le sort des prévenus. Même Roland Dumas, finalement mis hors de cause par les juridictions, n'appelait pas la compassion. L'affaire d'Outreau a bénéficié du même traitement que l'affaire Elf ou l'affaire Tiberi. Mais la mort de François Mourmand et le supplice des innocents d'Outreau effraient, inquiètent, terrifient. Les justiciables français ont peu de chance de se retrouver accusés de différentes turpitudes liées à leur façon de diriger une grande société internationale. En revanche, ils connaissent tous un boulanger ou un chauffeur de taxi, un prêtre ou un ouvrier métallurgiste. Et ils ont compris que les insuffisances d'un juge pouvaient les conduire eux-mêmes en prison sans la moindre raison, comme elle a conduit, à Outreau, une dizaine de personnes derrière les barreaux et devant la cour d'assises. Pour rien.

En dépit de ses livres, des dizaines d'articles consacrés à sa personne et de son élection, l'image du juge Eva Joly est déjà en train de s'estomper. Celle de Fabrice Burgaud, en revanche, risque de ronger, jour après jour, le lien de confiance déjà ténu qui subsistait entre le système pénal inquisitoire et le justiciable ou, plus globalement, le citoyen.

DEUXIÈME PARTIE

Un juge inutile

CHAPITRE I

1230-2010 : de vieilles méthodes

Aussi étonnant que cela puisse paraître, les juges d'instruction français, tels qu'ils sont mis en situation par le code d'instruction criminelle de 1810 et existent encore à ce jour, ont un lien de filiation directe avec les inquisiteurs médiévaux. Non seulement ils ont hérité du système procédural élaboré en ces années de crise, mais en outre, ces modernes épigones utilisent des méthodes similaires dans leur principe.

Une création spécifique pour parer un danger essentiel

L'Inquisition est une organisation judiciaire inventée par l'Église catholique afin de retrouver, d'arrêter, d'emprisonner et de juger les hérétiques dans différentes régions de France. En effet, au début du XIIIe siècle, le pouvoir séculier, c'est-à-dire le pouvoir royal, accepte de lancer des mouvements de répression violents contre les hérétiques. Mais ces actions ne permettent pas le démantèlement systématique des réseaux hérétiques. Or la papauté veut éradiquer ces groupes, qui menacent l'Église de l'intérieur. Pour atteindre un tel but, il ne suffit pas de réprimer, il faut connaître les ramifications de ces organisations secrètes (les béguins au nord et, bien entendu, les fameux cathares au sud) ou pour le moins discrètes. Il est dès lors nécessaire de faire agir des magistrats spécialisés, qui n'en référeront qu'au pape et non au clergé local, dont la fidélité à la haute hiérarchie de l'Église est parfois douteuse. Ces hommes choisis parmi des prélats communs, sans formation juridique particulière pour la plupart, vont mettre en route la machine répressive la plus efficace de la période médiévale. Pour ce faire, ils s'appuieront sur un corpus procédural qu'ils créeront au fur et à mesure de leurs besoins et qui deviendra la règle de l'Inquisition. L'un de ces juges inquisiteurs, Bernard Gui, synthétisera ces éléments dans un ouvrage intitulé *Practica Inquisitionis Heretice Pravitatis,* qui servira longtemps d'ouvrage de référence.

Ce premier projet répressif de dimension nationale (qui a connu des extensions en Allemagne, en Espagne ou en Italie) repose sur l'idée que la foi catholique est un élément indissociable de la personne, une caractéristique aussi forte que l'appartenance à un fief seigneurial ou le statut de sujet du roi de France. L'Église catholique ne peut donc admettre que des individus tentent de se soustraire à cette norme et elle entend imposer le respect de celle-ci par la force, ce que légitime une procédure spécifique. En 1231, le pape Grégoire IX instaure ces juges spécifiques qui, pendant un siècle, pourchasseront l'hérésie en France.

Pour débusquer l'hérétique, tout indice est important. Il est souvent révélé par la violation apparente de la norme comportementale catholique et la norme sociale qu'elle impose : le discours, le comportement économique, familial, sexuel ou associatif de l'individu devient le signe apparent de l'hérésie et autorise l'ouverture des poursuites. Les premiers juges inquisiteurs ne sont ni des juristes hors pair ni des fanatiques religieux. Ces fonctionnaires de l'Église catholique doivent traquer l'hérétique, recueillir les preuves et faire justice au profit du Saint-Siège. Pour rétablir l'ordre catholique troublé par l'hérésie, le coupable doit être conduit soit à la rémission par l'aveu, qui peut entraîner le pardon, soit au châtiment, qui sera naturellement exemplaire (prison à vie ou bûcher) et devra être porté, par des cérémonies spectaculaires, à la connaissance de toute la population pour son édification. Les personnes concernées sont rarement des paysans pauvres et illettrés ; ce sont en fait les bourgeois, les intellectuels, des membres du clergé et parfois quelques nobles qui sont recherchés. La nécessité de les punir et de rendre publiques leur incrimination et leur punition est d'autant plus nécessaire que leur position sociale, leur rôle dans la cité sont importants.

La procédure de l'Inquisition comprend trois phases essentielles : l'accusation, la dénonciation et l'inquisition elle-même, selon une séquence implacable. Pour l'accusateur et le juge, le grand avantage de ce système procédural réside dans la suppression de toute garantie envers l'accusé qui est, dès le premier instant, considéré comme coupable. Il ne peut recourir au service d'un avocat et doit se défendre lui-même. La procédure atteint son paroxysme lorsque le juge inquisiteur, intervenant dans une ville où certains habitants sont soupçonnés d'hérésie, parvient à décréter la suspicion générale : dès lors, tous les habitants sont considérés comme coupables, par principe et par préalable ! Chacun, quelles que soient sa situation ou ses convictions, qu'il ait été ou non dénoncé, est cité à comparaître devant l'inquisiteur. Il est obligé d'abjurer l'hérésie après avoir été soumis à un interrogatoire vigoureux.

Faute d'aveux, la procédure repose en effet sur leur extorsion. Mais le questionnement de l'accusé ne suffit pas forcément à le confondre. Dès lors, l'inquisiteur utilise souvent la fraude comme procédé d'instruction, en installant par exemple dans l'entourage du suspect quelques « moutons » qui rapportent ses propos puis deviennent les témoins à charge. Tout geôlier qui peut surprendre des confidences est entendu.

Le présumé coupable ne s'effondre pas toujours suite à une simple dénonciation. Il est alors nécessaire de passer à la contrainte des corps, d'utiliser la détention dans des geôles infâmes, de recourir à la privation de nourriture. L'un des moyens les plus communs pour faire avouer les suspects d'hérésie est de les jeter dans des culs-de-basse-fosse et de les y affamer. Les inquisiteurs constatent alors avec satisfaction qu'ils sont beaucoup moins vaillants et qu'ils répondent plus spontanément aux interrogations après une longue durée de jeûne. Évidemment, si la privation de nourriture ne suffit pas, on peut recourir aux méthodes plus «classiques» telles que le chevalet ou l'estrapade[78].

La privation de conseil

Ainsi, pendant l'ensemble de ce processus judiciaire, l'accusé est privé de conseil. Certes, la procédure ecclésiastique prévoit l'assistance d'un avocat, et même, en cas d'indigence de la personne concernée, d'un avocat gratuit. Mais Innocent III intègre dans le droit canonique une disposition permettant de contourner cette disposition. Dans les cas d'hérésie déclarée ou de fauteur d'hérésie, il est interdit aux avocats de prêter secours aux accusés et de plaider pour eux devant les tribunaux ! Et lorsqu'un avocat se risque à intervenir pour un accusé, Bernard Gui le considère lui-même comme un fauteur d'hérésie, ce qui semble logique puisqu'en défendant l'hérétique, il concourt à la propagation de l'hérésie. Il est rapidement reconnu qu'un avocat d'hérétique doit être suspendu de ses fonctions et noté d'infamie à perpétuité[79]. Le tribunal de l'Inquisition peut convoquer l'avocat, le forcer à communiquer tous les documents qu'il possède sur son client et à trahir le secret professionnel[80]. Le résultat est vite atteint : pas un avocat ne se risque à intervenir devant cette juridiction.

De leur côté, les notaires, qui sont les serviles assistants de l'inquisiteur, doivent attester par écrit du déroulement des débats. Ils pourraient rédiger un acte de défense essentiel pour l'accusé : la protestation légale contre l'accusation d'hérésie. Mais dès lors, ils participeraient ainsi à la contestation de la procédure, et ils refusent de s'impliquer ainsi dans la défense. La seule chance qu'il reste donc à l'accusé, privé de défense et de défenseur, est de récuser les témoins à charge, d'engager ainsi la « disqualification » du témoin. Mais pour agir ainsi, encore faudrait-il que l'accusé connaisse les témoins. Or la procédure est totalement secrète et il ne sait pas qui ils sont. Il n'a par conséquent aucune chance sérieuse d'échapper au verdict du tribunal de l'Inquisition.

Les origines de la procédure pénale française sont très fortement inspirées de la procédure inquisitoriale, et les textes qui rassemblent ces principes et fondent le droit pénal de la Renaissance y font expressément référence. L'ordonnance du mois d'août 1536 précise dans son article 11 : « Quant aux prisonniers chargés de crimes principaux et publics, ils ne se défendront jamais par ministère d'avocat ni autre conseil. » Celle d'avril 1539 mentionne dans son article 162 qu'« en matière criminelle ne seront parties[81] aucunement ouïes par conseil, ni ministère d'aucune personne ». Enfin le texte du 9 juillet 1570 indique dans son article 14 : « Ne seront jamais admis de parler par conseil ni servir d'écritures, si ce n'est pour certaines évidentes considérations (eu égard à la matière), les juges trouvent ainsi se devoir faire, abolissant toutes usances contraires comme choses empêchant la voie et chemin d'expédition de justice [...]. »

L'ordonnance royale de 1670 modifie le fonctionnement de la justice pénale et institue un lieutenant criminel doté de pouvoirs particulièrement importants, tel celui de poursuivre les crimes – ce terme étant entendu dans un sens très large comme l'ensemble des infractions d'une certaine importance, dont celles qui entraînent la mort de la victime. On distingue à l'époque ce qui est appelé le « petit criminel » du « grand criminel ». Le premier est jugé lors des audiences tenues par le lieutenant criminel, assisté seulement d'un avocat du roi. Les affaires importantes sont jugées devant le lieutenant statuant en chambre criminelle, en présence de cinq juges lorsque la sentence est sujette à l'appel, et de sept lorsqu'elle ne l'est pas.

La phase préparatoire au jugement, totalement maîtrisée par le lieutenant criminel, comporte trois séquences : l'information, l'interrogatoire, au cours duquel le magistrat peut encore recourir à la question, et enfin le procès.

Sous le régime de l'ordonnance de 1670, la procédure pénale (que l'on appelle couramment procédure criminelle, le terme « justice criminelle » étant à cette époque synonyme de justice pénale) débute par une information. On distingue alors l'information d'office, laquelle concerne les crimes instruits à la requête du procureur du roi sans qu'il y ait de dénonciation, les informations à la clameur publique, faites suite à un flagrant délit dénoncé par la notoriété publique, et l'information par addition, qui vient s'ajouter à une première information après présentation d'une requête dans laquelle le procureur du roi expose le fait nouveau et les nouvelles preuves survenues après la fin de l'information précédente.

Cet acte judiciaire contient les dépositions des témoins concernant le crime commis. Il est réalisé par un commissaire sur la permission d'informer accordée par un juge, sur la requête qui lui est présentée par le procureur du roi, ou sans la permission de ce juge lorsque le criminel a été pris en flagrant délit. L'acte d'information est le fondement même du procès pénal.

Les juristes du XVIIIe siècle qui commentent cette ordonnance après un siècle d'application, tel Claude-Joseph de Ferrière, « doyen des docteurs-régens de la faculté des droits de Paris et ancien avocat en Parlement[82] », notent que le juge doit « informer autant à charge qu'à décharge de l'accusé pourvu que ce soit dans le même acte, c'est-à-dire par les mêmes informations qui se font contre l'accusé ». Le juge peut entendre secrètement et séparément des témoins, dont les dépositions sont écrites de la main du greffier, signées par le juge, le greffier et le témoin lui-même.

L'article 9 du titre VI de l'ordonnance de 1670 prévoit déjà que chaque page de l'information doit être cotée et signée par le juge pour éviter « l'enlèvement de quelques feuillets qui pourraient contenir des dépositions essentielles à l'affaire ». Les témoins doivent signer la déposition, ou déclarer qu'ils ne peuvent la signer – il faut alors qu'on leur en fasse lecture et qu'ils aient déclaré persister ; il s'agit d'une formalité essentielle dans le cadre de l'information sous le régime de cette ordonnance. Lorsque l'information est terminée, le commissaire qui l'a réalisée doit l'envoyer au juge après y avoir apposé les scellés. Le lieutenant criminel reçoit ensuite les documents : il peut alors procéder à la seconde phase de la procédure, l'interrogatoire, phase que l'on peut rapprocher aujourd'hui de l'instruction. Il est réalisé soit en chambre du conseil, soit dans la prison où se trouve le prévenu.

À aucun moment il n'est mentionné qu'à ce stade de la procédure, l'accusé puisse être accompagné d'un avocat. La seule précision qui mentionne les droits de la défense se limite au délai qui sépare l'arrestation du délinquant du début de l'interrogatoire : il ne peut dépasser vingt-quatre heures après son emprisonnement. La raison n'est pas spécifiquement liée à la protection des libertés, mais à la volonté d'éviter que la personne interpellée « ait le loisir de méditer les ruses et les subtilités pour celer ou déguiser la vérité ».

La souffrance, élément constitutif de la procédure inquisitoire modernisée

L'interrogatoire débute rituellement par le serment, la déclinaison des noms, prénoms, profession, lieu de résidence, puis le juge aborde les faits résultant de l'information. Il peut présenter à l'accusé les pièces saisies sur le lieu du crime. L'accusé « doit répondre sur-le-champ aux interrogatoires du juge sans demander délai pour ses réponses ; il doit répondre par sa bouche, de quelque qualité et condition qu'il soit, sans ministère de conseil, n'en pouvant avoir aucun[83] ».

À son terme, l'interrogatoire est lu à l'accusé, et s'il y a plusieurs séances, cette lecture est faite à la fin de chacune d'entre elles ; toutes les pages doivent être cotées et paraphées. Si l'accusé ne veut pas signer, cela est mentionné sur le procès-verbal sous peine de nullité de celui-ci[84].

L'interrogatoire peut se dérouler aimablement, en chambre du conseil, ou de façon moins confortable dans les geôles, ou encore dans la salle réservée à la pratique de la question. De 1670 à 1789, la question, c'est-à-dire la torture, subsiste encore comme moyen fondamental de l'interrogatoire (c'est-à-dire de l'instruction) pour obtenir la preuve suprême, l'aveu.

Dans son dictionnaire de droit, Claude-Joseph de Ferrière explique que la torture est un moyen dont les juges se servent pour tirer des accusés la vérité sur les crimes méritant peine de mort : il s'agit soit de leur faire avouer ceux dont ils ne sont qu'à demi convaincus par des indices et des preuves non complètes, soit, dans le cas où ils en sont en revanche pleinement convaincus, de les obliger à dénoncer leurs complices. À cette date, la question est déjà abolie en Angleterre et y est regardée « comme dangereuse et capable de faire périr un innocent d'une complexion délicate et sauver un coupable robuste[85] ».

À cette époque encore, les techniques employées pour pratiquer la question dépendent des usages locaux : on utilise l'eau, le supplice des brodequins ou encore on chauffe la plante des pieds. Le jugement de condamnation à la question doit être dressé, signé immédiatement et signifié à l'accusé[86].

L'article 8 du titre XX de l'ordonnance de 1670 dispose que l'accusé sera interrogé après avoir prêté serment, avant qu'il soit appliqué à la question, et qu'il signera son interrogatoire. À défaut, il sera fait mention de son refus. La question est donnée en présence de commissaires qui remplissent le procès-verbal de l'état de la question, c'est-à-dire de l'évolution des tortures auxquelles est soumis l'individu, et les réponses, confessions, dénégations et variations obtenues à chaque étape de l'interrogatoire. Ce dispositif est ainsi ordonné « afin d'en tirer de nouveaux indices, tant à charge qu'à la décharge de l'accusé ».

Le commissaire peut varier l'intensité des douleurs infligées à l'accusé questionné. Lorsque la séance de torture est terminée, celui-ci est interrogé sur les déclarations et sur les faits qu'il a confessés ou déniés.

Il existe encore, sous le régime du texte de 1670, deux sortes de questions : la question préparatoire qui se donne au criminel prévenu de crime encourant la peine de mort. Il faut effectivement que cette dernière soit encourue car à défaut, les souffrances résultant de la pratique de la question seraient plus féroces que la peine elle-même. Ainsi la question ne peut se donner pour des délits auxquels il n'échoit qu'une peine pécuniaire telle que « le bannissement ou la fustigation ». Il faut que le crime soit déjà établi par une preuve évidente comme la découverte du cadavre de la personne assassinée. Dernière condition : il faut qu'il y ait des « preuves considérables » contre l'accusé, parce que la question ne s'ordonne que pour « un supplément de la pleine preuve pour la fortifier et la confirmer davantage ». Par exemple en matière de meurtre, si l'accusé a été vu sortir de la maison où le corps a été trouvé, ayant son épée nue et sanglante, marchand à grands pas et s'enfuyant, il pourra être questionné.

La pratique de la question a un avantage : « L'accusé ayant souffert de la question sans rien avouer, doit être renvoyé absous avec dépens et dommages et intérêts. À moins bien entendu que les juges qui l'ont condamné à la question n'aient considéré que nonobstant la torture, les preuves subsisteront pleinement et dans ce cas ils peuvent condamner l'accusé à toutes sortes de peines pécuniaires et afflictives, excepté celle de mort, à laquelle l'accusé qui a souffert à la question, sans rien avouer, ne peut être condamné[87]. »

Revenant sur l'exemple de l'Angleterre qui, à cette époque, a déjà aboli ces tortures, le rédacteur de ce traité qui fait référence explique que « la question est un dangereux moyen pour parvenir à la connaissance de la vérité : c'est pourquoi les juges ne doivent pas y avoir recours sans y faire réflexion. Rien n'est plus incertain, ni plus équivoque. Il y a des coupables qui ont assez de fermeté pour cacher un crime véritable au fort de la question. D'autres innocents, à qui la force des tourments a fait avouer les crimes dont ils n'étaient pas coupables. La véhémence de la douleur ou l'infirmité de la personne fait confesser à l'innocent ce qu'il n'a pas commis ; et l'obstination des autres, qui se trouvent robustes et plus assurés dans leur crime, leur fait tout dénier.[88] »

La question définitive est également un système de torture de même nature, mais réservé à un criminel pleinement convaincu d'avoir commis un crime méritant la peine de mort, qui a été condamné et à qui les juges veulent faire avouer le nom de ses complices. En conséquence, le jugement qui décide la condamnation à mort doit également ordonner la question définitive.

Voilà donc résumée la procédure inquisitoire telle qu'elle est codifiée en 1670. La question est appliquée avec une rigueur régressive jusqu'à la Révolution. Bien entendu, on ne trouve aucun mot sur les pouvoirs de l'avocat, son rôle éventuel lors de la phase préalable, non pas celle de l'information mais au moins celle de l'interrogatoire. Il est admis dans le procès pénal, mais sa présence n'est pas validée par le texte de l'ordonnance.

La Révolution ne change rien

La Révolution de 1789 ne bouleverse en rien la procédure pénale, et le décret de l'Assemblée constituante du 8 octobre et 3 novembre 1789 maintient l'ensemble du système. Il en restreint le caractère féroce, prévoit que deux notables doivent assister au déroulement de l'information, mais ne réduit pas sensiblement le pouvoir du juge. Les trente ans qui suivent marquent une véritable hésitation des régimes successifs –

Directoire, Consulat et Empire. Durant ces temps de troubles politiques et militaires, ils n'entendent pas modifier ce texte. L'esprit des Lumières ne parvient pas dans les palais et les bureaux de justice. En septembre 1791, la fonction d'instruction est cependant partagée entre deux personnes : le juge de paix et le directeur du jury, qui, quelques mois plus tard, se verra confier l'ensemble des compétences. Est-ce que l'erreur judiciaire commise dans l'affaire du courrier du Lyon, qui avait vu le juge de paix Daubenton conduire à l'échafaud Joseph Lesurques, innocenté quelques semaines plus tard, a compté dans la décision de l'Empereur ? Difficile de l'affirmer, la documentation manque à ce sujet. Mais la loi du 20 avril 1810, qui devient le code d'instruction criminelle, est à l'origine de la toute-puissance d'un homme, lequel devient la cheville ouvrière de la procédure pénale : le juge d'instruction. La question en moins, il récupère l'ensemble des pouvoirs du lieutenant criminel de l'Ancien Régime.

Le code de 1810 autorise une procédure secrète, menée par ce magistrat du siège, donc inamovible. Il n'instruit qu'à charge, use couramment de la délation, exclut l'avocat du colloque singulier qu'il entend maintenir avec l'inculpé, lequel avocat n'est d'ailleurs pas mentionné dans le code de 1810... à la différence du garde champêtre, dont les compétences et le pouvoir biens réels sont détaillés !

Un sénateur de Haute-Garonne, Ernest Constans[89], demeuré totalement inconnu pour ses autres mérites, va attacher son nom à la réforme du 8 décembre 1897, qui permet l'intrusion de l'avocat dans le cabinet du juge d'instruction. Le scandale de l'affaire de Panamá et les soucis rencontrés par de nombreux parlementaires à cette occasion, de même que les développements de l'affaire Dreyfus, ont sans doute beaucoup contribué à cette évolution législative essentielle. Il faudra encore attendre cent trois ans et Élisabeth Guigou pour voir apparaître une nouvelle réforme importante dans le cadre de la procédure inquisitoire...

Construire la présomption publique de culpabilité

La procédure de l'Inquisition reposait sur la destruction de l'individu. Pour que l'hérésie soit détruite, il était nécessaire que son « fauteur » le soit également. Cette destruction pouvait être physique (le bûcher), civile (l'individu était privé de ses droits, banni de la communauté) ; elle pouvait aussi être psychique ou morale : ayant avoué son forfait, il était pardonné et réintégrait la communauté des croyants, mais il devait alors renoncer totalement à ses anciennes convictions cathares.

L'image du bourgeois dans la cité médiévale, sa réputation, devaient être dégradées pour que l'autorité de l'Église soit pleinement rétablie. L'autodafé, cher à Bernard Gui, avait pour vocation d'exprimer cette autorité tout en assurant la destruction et en clôturant le processus judiciaire. Cette grande manifestation publique organisée par l'inquisiteur rassemblait les autorités civiles, religieuses, et l'ensemble des corps constitués de la ville (corporations, etc.). Le représentant du roi y était invité. Une gigantesque procession traversait la cité et se terminait par un rassemblement sur une grande place pour écouter le sermon d'un prédicateur et la lecture des sentences. Puis, solennellement, l'Église remettait les condamnés au roi, qui procédait à l'exécution de la sentence dans un autre lieu, et éventuellement un autre jour afin d'éviter de mêler la mort à la cérémonie de l'autodafé. Celle-ci devait rester religieuse et exprimer la victoire de l'Église. Quelques jours plus tard, on dressait le bûcher et le public était appelé à assister au spectacle de l'exécution.

Mais si la contrainte physique existe tout au long de la procédure, si elle participe du processus de destruction de l'individu, son caractère secret préserve celui-ci de ses conséquences, à l'extérieur du lieu d'enquête. Son image dans la cité, au sein de sa famille, n'est pas atteinte ; elle est même préservée jusqu'à ce que la sanction soit prononcée et que la cérémonie du prononcé de cette sanction et de son exécution soit organisée.

Les nouveautés des années 1990-2010

Dans la France de la cinquième République, en particulier depuis une vingtaine d'années, le processus de destruction physique et morale de l'accusé, du mis en examen ou même du suspect a été adapté à l'évolution de la société, aux moyens modernes de diffusion de l'information. En fait, sinon en droit (car la théorie juridique prévoit de préserver le secret de l'instruction), ce processus est initié dès les premiers instants de la procédure, quelles que soient les interdictions textuelles.

Lorsque l'on compare les textes de l'Inquisition, l'ordonnance de 1670 et ses traités d'application aux textes et pratiques actuels, on ne peut qu'être frappé par les parallèles qu'ils imposent et les paradoxes qu'ils révèlent. Pendant l'Inquisition et sous l'Ancien Régime, la procédure devait être aussi secrète que la punition devait être publique. Les complices du criminel devaient ignorer la situation, raison du secret. À la fin de l'Ancien régime, on pratiquait encore la question, mais elle était bien plus réglementée que durant l'Inquisition.

La pratique de la question disparaît avec l'Ancien Régime. À partir du XIXe siècle, l'enfermement provisoire est devenu la seule contrainte physique de la période de l'instruction. La procédure est toujours secrète, mais le procès lui-même et l'exécution de la peine doivent bénéficier d'une large publicité. Les bagnes font trembler, ceux de Cayenne ou de l'île du Diable restent particulièrement évocateurs. Des files de prisonniers, fers aux pieds, traversent les villages, et leur triste spectacle rappelle au passant que la justice de la République veille et sanctionne.

L'hérétique du Moyen Âge n'avait aucun moyen d'échapper à la vindicte de l'Inquisition ; le mis en examen d'aujourd'hui n'a aucun espoir d'échapper à l'estrapade médiatique. Selon les étapes de la procédure, il monte ou il descend. Les journalistes de connivence, forts de leurs informations et soucieux de leurs tirages, évitent que la tête heurte trop tôt le sol afin que le feuilleton se poursuive. Si le prévenu craque, s'il avoue de façon précoce ou s'il se suicide[90], le spectacle de la justice en action est brutalement interrompu. Il faut que, le temps du show judiciaire, il continue à se débattre, jusqu'à l'arrêt final.

Autres temps, autres mœurs ? Rien n'est moins certain. Certes, il n'existe plus ni chevalet ni potence dans les caves de la Conciergerie. Mais certains juges d'instruction de la fin du XXe siècle pratiquent la dégradation civile[91]. Selon leur lecture du code, la procédure d'instruction doit être publique et se dérouler au vu et au su de tout le monde. Elle doit être longue et nécessairement douloureuse pour le mis en examen. Quant à la peine, elle n'est plus qu'un élément mineur, une sorte de soulagement du justiciable et du public. Elle est prononcée au terme d'un délibéré nécessairement secret, après quelques jours de procès qui apparaissent presque discrets au regard du tintamarre procédural. Elle est exécutée dans le silence.

Les années 1990-2010 voient le summum de cette pratique inquisitoire. Il n'est plus nécessaire de mettre un individu en examen pour porter atteinte à son image et faire courir la rumeur, par médias écrits ou audiovisuels interposés ; une simple perquisition suffit, si elle est répercutée par les agences de presse. À partir de cet instant, peu importe que le fait dénoncé ne soit jamais établi : l'atteinte à la la réputation du suspect est irrémédiable. Mais le comportement du juge d'instruction est réputé irréprochable : il n'a pas obligatoirement violé le caractère secret de la procédure d'instruction pour inciter la presse à répercuter son intervention. Faut-il qu'il agisse nuitamment afin de protéger la présomption d'innocence ? Quant au journaliste, il fait simplement son travail... en attendant pendant plusieurs heures devant la porte de l'immeuble perquisitionné, prévenu par on ne sait quel « honorable correspondant ».

Dans le cadre de cette pratique devenue courante, tout doit être orchestré pour assurer la destruction de l'image de l'individu visé par une procédure, avec l'aide spontanée ou suscitée des médias. Plus les suspects sont des personnes connues, plus l'exercice est aisé. Ce procédé de l'humiliation publique est une sorte d'article non écrit du code de procédure pénale. Il fonctionne car les hommes (les femmes sont rarement concernées[92]) sont attachés à leur image : celle qu'ils se donnent à eux-mêmes, qu'ils montrent à leurs proches, à leur famille.

Le juge expose donc le corps du présumé délinquant à la vindicte de l'opinion, par médias interposés. Son image détruite, le citoyen n'a plus à attendre des heures dans le petit matin blême le montage de la «veuve» et le bruit sinistre du couteau glissant dans les rives pour se trouver au cœur de l'action judiciaire, et en l'occurrence de l'action punitive. À l'instant du journal télévisé, il peut suivre le cérémonial judiciaire de son fauteuil en dégustant sa pizza. L'humiliation, consubstantielle à la procédure chère à Bernard Gui, survit ainsi, par écran interposé, avec une grande différence : elle est antérieure à la condamnation.

Du bon usage de l'humiliation publique

La privation de liberté est toujours un drame pour ceux qui la vivent, quelle que soit l'importance de leur faute. La contrainte des corps avant tout jugement reste, depuis des siècles, l'apanage de la justice inquisitoriale française. Rares sont les juges d'instruction à ne pas user (voire abuser) de la détention provisoire. Ils ne l'avoueront jamais, mais ils savent parfaitement que cette pratique, renforcée par la contrainte morale (éloignement de la famille, angoisse de la faillite d'une entreprise et du sort des salariés, crainte de la peine occasionnée aux proches ou de l'atteinte à l'image que l'on pouvait avoir dans la société), est de nature à peser sur la personne détenue et à l'inciter à faire un certain nombre de confidences, fondées ou non. Alors, sous le couvert de la manifestation de la vérité, du non-renouvellement de l'infraction ou de la nécessaire restauration de l'ordre public (cocher la bonne case ![93]), l'individu est placé ou maintenu en détention. Lorsque le juge d'instruction souhaite «secouer le cocotier», qu'il s'agisse de l'individu suspecté ou de son entourage, il prend les mesures qu'il estime nécessaires (incarcération, placement sous contrôle judiciaire ou plus simplement perquisition), avec une large publicité, en agissant de telle façon que les médias soient informés ou que, pour le moins, ils répercutent l'événement en direct.

La méthode Courroye, inspirée des pratiques de Thierry Jean-Pierre et d'Eva Joly, le conduit ainsi à arrêter Jean-Guy Talamoni au moment de l'ouverture de l'assemblée de Corse, pour donner à son geste la plus large répercussion... au journal télévisé et en Corse. Il vise à discréditer à la fois l'individu à l'égard de ses relations et de sa famille, et l'homme politique au regard de ses électeurs. Il récidive à l'encontre de Pierre Bédier, maire de Mantes-la-Jolie, secrétaire d'État chargé des programmes immobiliers de la Justice du gouvernement Raffarin. Il fait perquisitionner le bureau de l'élu puis son domicile personnel au moment des fêtes de fin d'année, afin de détériorer l'ambiance familiale (atteinte à la personne privée), de semer parmi le personnel de la municipalité (répercussions sur l'administration dirigée par l'élu) et enfin de profiter d'un effet d'annonce lors de la trêve des confiseurs pendant laquelle en général rien d'intéressant ne se produit. Dans la foulée, Pierre Bédier est mis en examen et se trouve dans l'obligation de démissionner du gouvernement[94].

L'exemple de l'affaire Dumas est particulièrement significatif. On aime ou on déteste cet ancien résistant, ministre, président de multiples associations et du Conseil constitutionnel, et enfin inculpé préféré de mesdames Joly et Vichnievsky. Mais il faut admettre que le traitement de son dossier a été exemplaire dans l'illustration de cette logique de la sanction avant la condamnation. La perquisition de son domicile est retransmise en léger différé par les médias. Le public retiendra l'image du cinquième personnage de l'État encadré par les deux juges. Il retiendra également le montant exceptionnel de sa caution : 5 millions de francs, soit 762 245 euros. Cela ne vise pas à assurer sa représentation devant la justice française, mais à démontrer au public la richesse suspecte de l'ancien ministre tout en le couvrant du soupçon d'infamie en laissant suspecter qu'il pourrait avoir le désir d'échapper à la justice de son pays... alors qu'il est lui-même président d'une juridiction.

Le juge Courroye[95] suit la même logique lorsqu'il décide un contrôle judiciaire disproportionné à la réalité de l'infraction supposée concernant Patrick Poivre d'Arvor, inculpé dans l'affaire Michel Noir. Le juge veut alors marquer chacune des personnes impliquées du sceau de l'infamie, avant même que le juge du tribunal correctionnel se prononce.

La détention provisoire est aussi conçue, dans certains cas, non comme le moyen d'écarter un individu notoirement nuisible de la société en l'empêchant de réitérer une infraction et de troubler l'ordre public, mais comme un moyen de pression sur le mis en examen ou sur son entourage. Lorsque le même Philippe Courroye décide d'incarcérer Michel Roussin, proche collaborateur de Jacques Chirac à la mairie de Paris, ou encore Jean-Christophe Mitterrand, il marque publiquement le délinquant présumé. Dans le dossier Falcone, qui concerne une vente irrégulière d'armes en provenance de l'URSS à l'Angola, il met en examen et place en détention le principal protagoniste, Pierre Falcone, mais également le fils de l'ancien président de la République Jean-Christophe Mitterrand pour « complicité de commerce d'armes illicite, trafic d'influence par une personne investie d'une mission de service public, recel d'abus de bien sociaux, recel d'abus de confiance et trafic d'influences[96] ».

Il s'agit donc bien d'une méthode, en l'occurrence redoutable. Le suspect mis en examen dans ces conditions ne retrouvera jamais son état citoyen antérieur. Dans le regard des autres, même s'il bénéficie au terme des opérations judiciaires d'un non-lieu[97] ou d'une relaxe, il restera celui qui a été dans le collimateur du juge Untel et de la justice. Inutile d'espérer que les médias usent autant de papier ou de pellicule pour informer les lecteurs et téléspectateurs de la relaxe de la personne concernée à hauteur des moyens mis en œuvre pour les informer de sa supposée indignité. Même relaxée, elle n'aura pas échappé à la punition infligée par le magistrat instructeur.

Dans cette analyse de la situation, il faut tenir compte de la spécificité de la perception des Français, qui n'est pas identique à celle des Britanniques ou des Américains. Voilà des siècles que nos compatriotes ont intégré les spécificités de leur procédure pénale, et ils ne s'offusquent ni de l'arrestation en direct d'un ministre soupçonné de corruption ni de celle de Fourniret. Hier, les archers du roi les obligeaient à participer aux autodafés et au cérémonial de l'exécution publique (par le bûcher) des cathares. Aujourd'hui, ils assistent par habitude au spectacle judiciaire sans prendre conscience qu'ils admettent ainsi la réduction de leurs droits.

Cela ne signifie pas pour autant que la procédure accusatoire à l'anglo-saxonne évite le spectacle médiatico-judiciaire. L'affaire de meurtre[98] dans laquelle le joueur de football américain O.J. Simpson a été impliqué, et qui a duré de juin 1994 à octobre 1995, a, les derniers jours, été suivie par près de cent millions de téléspectateurs. Mais la pression médiatique ne débute pas avec le soupçon. En outre, la médiatisation de l'affaire peut bénéficier autant à l'inculpé (et ce fut le cas dans l'affaire Simpson, car elle lui permit de mobiliser à son profit la communauté noire américaine) qu'à l'accusation. En France, le système est toujours défavorable pour le mis en examen.

La délation et l'aveu ou la permanence des principes médiévaux

La justice de l'Inquisition ne pouvait fonctionner sans la délation : celle-ci reste, pour le juge d'instruction contemporain et le ministère public, une source intarissable d'informations. Dans ce pays, en dépit de souvenirs des années sombres, elle reste toujours le lâche recours des aigris et des déçus, l'arme de représailles des exclus (de l'entreprise, après un licenciement, du domicile conjugal ou de la garçonnière parisienne, de l'Administration suite au refus d'une promotion, d'un parti politique après une élection ratée, etc.). Du *Canard enchaîné* aux cellules fiscales du ministère des Finances en passant par le pôle financier du Palais de justice, ce sont des dizaines de lettres qui trahissent chaque jour des attitudes ou des manœuvres illicites ou amorales.

Ces lettres de délation, lorsqu'elles parviennent opportunément dans le bureau d'un parquetier désœuvré et peu regardant sur l'origine des informations, ou lorsqu'elles sont distribuées directement au juge d'instruction, servent dans le cadre de la procédure. Elles constituent un indice, qui peut justifier des mesures complémentaires comme des perquisitions. Parfois, le délateur, que l'on imagine illettré, se contente de fréquenter un bar où il évoque à voix haute des secrets immédiatement recueillis par un policier qui traîne opportunément à proximité[99]. Rentré au commissariat, l'agent demande à être entendu par un collègue qui rédige immédiatement un procès-verbal transmis au parquet ! Dans certains cas enfin, le délateur a le front de s'adresser directement au juge par voie téléphonique, ou de lui envoyer une cassette ! Les standards du vieux palais sont obsolètes, on ne peut distinguer l'origine de l'appel. Le greffier a juste le temps de prendre sur procès-verbal la déclaration du délateur, qui devient ainsi une pièce du dossier et peut servir de fondement à une nouvelle mesure d'instruction. La bonne vieille lettre (anonyme) tombe quelque peu en désuétude en raison des traces d'ADN qui pourraient rester sur le timbre ou l'enveloppe. Un postillon fâcheux et le corbeau est cuit... Vingt-cinq ans plus tard, l'ADN va peut-être permettre de mettre en cage l'oiseau de malheur qui harcelait la famille du petit Grégory et a échappé au juge d'instruction Lambert. Voilà donc quelques traits de notre procédure pénale ayant subsisté à travers le temps et dont usent à l'envi les magistrats les plus modernes.

Le juge d'instruction – comme les parquetiers – considère toujours l'aveu comme l'élément essentiel, la preuve absolue, dirimante. Il suffit que l'individu avoue, la procédure est terminée, le procès devient une formalité. Si l'on ne soumet plus la personne soupçonnée à la question, d'autres méthodes se révèlent tout aussi efficaces pour extorquer l'aveu sans aucune garantie de sa véracité. Il en est ainsi de la contrainte psychologique, le manque (de drogue), la peur (du gendarme ou de l'épouse acariâtre qui verrait d'un mauvais œil un passage au commissariat), la crainte de devoir reconnaître devant sa famille que l'on a été arrêté et placé en garde à vue. Autant de subtilités qui, maniées avec habileté par les enquêteurs (plus souvent que par le juge lui-même), suffisent parfois à obtenir des aveux absurdes, mais qui ont pour effet d'entraîner l'individu dans un processus digne de Kafka. Car la religion de l'aveu pèse encore sur le monde judiciaire et policier français à l'heure des recherches ADN : s'il a avoué, il est coupable, s'il est coupable, il n'est pas nécessaire de rechercher les preuves puisqu'il est déjà entre deux gendarmes !

En 2010, les écoles de police devraient enfin admettre que même en cas d'aveux, la recherche de la preuve est nécessaire. Elle peut permettre de prouver les faits, parfois contre ces mêmes aveux. Que l'arme ait été découverte dans la main du meurtrier présumé et que celui-ci reconnaisse qu'il a tiré ne dispense pas de la saisie régulière de l'arme, des analyses de celle-ci et des mains du tireur, de la recherche des trajectoires possibles de la balle par rapport à la position de la victime et du criminel, etc. Ce qui apparaît dans un premier temps inutile, en raison de l'évidence, devient nécessaire lorsque la personne se rétracte ou lorsque, plusieurs mois plus tard, des invraisemblances sont reconnues.

Mais actuellement, de nombreux dossiers pénaux sont traités selon ce principe de l'évidence et aboutissent à des échecs retentissants. Bien entendu, le juge ne s'embarrasse pas des lourdeurs d'un débat contradictoire avec les avocats de la défense ou de la partie civile pendant cette partie essentielle de l'instruction. Il est supposé avoir la connaissance et la sagesse nécessaires pour maîtriser l'ensemble des aspects d'un dossier. On connaît aujourd'hui les conséquences de ce présupposé, à Outreau ou ailleurs.

CHAPITRE II

Des méthodes dépassées par l'évolution des techniques

Les années 1990-2010 marquent une étape décisive dans l'histoire pénale. Auparavant, seules les recherches appliquées de Bertillon concernant la technique de la reconnaissance des empreintes digitales avaient permis à la science criminelle de réaliser de réels progrès. Dans les années 1960, Watson et Crick, prix Nobel 1962, découvrent la structure de l'ADN. Bien entendu, ces deux chercheurs n'avaient pas pour objectif d'aider la police à prouver la présence d'un individu précis sur les lieux d'un crime en examinant les particules corporelles laissées sur place ! Il faudra encore une trentaine d'années pour que cette découverte fondamentale soit appliquée à la criminalistique.

Désormais, la police et la gendarmerie, les services dépendant du procureur de la République, disposent de moyens puissants pour acquérir les preuves, les relever et les exploiter. Ils deviennent les acteurs essentiels de la procédure pénale dans la phase de l'enquête et de l'établissement du dossier d'accusation. Le juge d'instruction se borne à classer et à coter les pièces, et à bavarder avec l'avocat du mis en examen, qui apparaît quant à lui totalement désarmé, incapable de contester ou de renverser les preuves accumulées par l'autorité de poursuite dans le cadre d'une enquête préliminaire.

Faire disparaître le doute

Télécommunications, surveillance électronique, chimie biologique : voilà les trois techniques qui, en moins de vingt ans, ont révolutionné le système d'acquisition de la preuve en matière pénale et modifié totalement le déroulement de la procédure en permettant l'élimination du doute, allié principal de tous les avocats dans les mauvaises causes, les dossiers bâclés et les plaidoiries mal préparées : « Les choses ne sont pas claires, la preuve formelle de la présence de mon client sur les lieux de l'infraction n'est pas rapportée, vous prononcerez une relaxe au bénéfice du doute. » Et en effet, il était de tradition – somme toute logique – que le doute bénéficie à l'accusé, au mis en examen. Au nom de ce doute, des milliers de personnes ont bénéficié soit d'une mise hors de cause radicale, soit de l'indulgence des juridictions qui statuaient sur leur sort. Lorsqu'il existait un doute modéré, le tribunal ne relaxait pas toujours, mais il était alors enclin à une grande modération. Aujourd'hui, les nouveaux moyens scientifiques permettent d'éradiquer le doute : ils empêchent l'avocat pénaliste d'œuvrer dans un registre qui lui était coutumier.

Les télécommunications

Le policier des années 1950 qui « planquait » des heures devant la demeure du suspect ou était obligé de le « filocher » au milieu des embouteillages, qui posait parfois subrepticement des « bretelles » non autorisées sur les lignes téléphoniques, est devenu à jamais un vieux cliché. Désormais, l'enquêteur peut voir, écouter, suivre à distance. Pour entendre, il lui suffit de solliciter une mise sur écoute dans le cadre d'un processus judiciaire. L'écoute peut être parfaitement légale, elle peut aussi être totalement illégale, et ce sans la moindre sanction, sauf incident. Concernant la fameuse affaire dite des « écoutes de l'Élysée », il aura fallu plus de quinze ans pour qu'un processus judiciaire soit déclenché à l'encontre des écouteurs (qui agissaient sous les ordres directs du président François Mitterrand), et plus de vingt ans pour que les exécutants soient (très modérément) condamnés.

Mais depuis le 11 Septembre, la nature et l'importance des écoutes a radicalement changé. Ce qui paraissait autrefois une atteinte intolérable à la vie privée devient une nécessité pour maintenir l'ordre public et la sécurité nationale. Dans le cadre des grandes actions de prévention contre le terrorisme telles qu'elles sont organisées depuis 2001, la police, la gendarmerie et l'armée peuvent recourir à des moyens très puissants tels ceux que fournit le fameux réseau Échelon.

Lorsque les Français ont appris l'existence d'un système d'écoutes planétaires, de nombreux analystes ont fait part de leur suspicion. Puis plusieurs enquêtes et un rapport parlementaire ont démontré la réalité de ce réseau d'écoutes internationales mis au point par les États-Unis et la Grande-Bretagne. Son objet initial était la pratique à grande échelle de la veille technologique, c'est-à-dire de l'espionnage industriel. Certains se sont légitimement émus de la puissance de ces techniques et de leur capacité d'intrusion dans la sphère privée, mais également du fait qu'un pays comme la France ou qu'un espace comme celui de l'Europe ne puissent mettre en œuvre des moyens aussi puissants et sophistiqués. Après l'attaque des Twin Towers, les Américains ont modifié le fonctionnement de leur système, désormais également dévolu à la lutte contre le terrorisme et, par conséquent, à des écoutes systématiques (dont le but est préventif) de différentes sources considérées comme potentiellement dangereuses dans le monde. Désormais, il n'existe plus de communications privées, qu'elles soient téléphoniques ou informatiques. Le risque d'écoute et de surveillance de ces deux moyens de communication est constant. Les États-Unis acceptent aujourd'hui de partager les renseignements de leur réseau avec d'autres États, tout en soulignant qu'il est devenu sous-dimensionné par rapport à l'explosion des télécommunications actuellement dans le monde (avec l'émergence du téléphone portable).

Cela étant, le jeu du chat et de la souris, qui illustre le rapport ancestral entre le policier et le délinquant, quels que soient les moyens techniques mis en œuvre, reste d'actualité. Le chat peut être un gros matou aux griffes acérées, vigilant, preste et agile. Il ne peut cependant surveiller les allées et venues de l'ensemble des rongeurs de la planète. En revanche, son système de traque de l'information lui permet d'intervenir à tous les niveaux. Cette efficacité oblige en particulier les réseaux dits al-Qaida à modifier eux-mêmes leurs méthodes de communication : ils évitent de recourir au téléphone portable, voire à Internet, pour échanger des informations.

Ainsi, dans le cadre d'une procédure pénale, le juge d'instruction et le ministère public peuvent maintenant avoir recours à l'ensemble de ces moyens de traque, pour établir la preuve dont ils ont besoin. De son côté, la défense qui souhaiterait rapporter la preuve contraire, démontrer un autre élément indispensable à la manifestation de la vérité, est bien entendu impuissante à recourir à de tels moyens, sauf acceptation de ceux qui en assurent le contrôle. Une étape essentielle a donc été franchie, qui neutralise, désarme, voire infantilise la défense. On n'a jamais pu parler de l'égalité des armes dans la procédure inquisitoire. À l'époque de Mesrine, l'avocat pouvait encore faire illusion ; c'est aujourd'hui impossible.

Le paradoxe aboutissant à cette situation est d'ailleurs singulier : ce sont des entreprises privées qui fournissent à l'État ces moyens pour confondre les suspects. À l'époque des PTT (Postes, télégraphes et téléphones), l'État était autorité de poursuite dans le procès pénal et il maîtrisait les télécommunications, pratiquant ainsi lui-même les interceptions. Aujourd'hui, ce sont les sociétés Bouygues Télécom, France Télécom ou SFR qui, sur réquisitions ou commissions rogatoires, fournissent les indications. La poursuite d'un suspect commence dans la quasi-totalité des cas par la connaissance de son numéro de portable. Il suffit ensuite de suivre l'évolution du signal à travers le maillage des antennes-relais. On remonte la piste, on détermine l'itinéraire suivi pour «monter au braquage», on détermine le temps de pause ou d'attente dans telle zone intermédiaire, avec l'arrivée des complices sur site, qui provoque naturellement un signal dans la même zone couverte par le même relais. Si ce signal est repéré dans le périmètre de l'infraction, le suspect peut difficilement expliquer qu'il était le même jour à Lyon ou à Marseille.

La surveillance

Après les télécommunications, l'imagerie électronique permet d'obtenir des photos des scènes de crime, avant ou pendant la perpétration du forfait. Les satellites sont désormais capables de suivre une voiture dont on pourra bientôt lire le numéro de la plaque d'immatriculation. Les caméras situées sur les grands axes routiers, dans les stations-service, les gares ou les centres commerciaux, dans les banques et dans certaines villes [100] assurent un contrôle au quotidien des allées et venues des citoyens, le plus souvent à leur insu. Les mille radars (leur nombre devrait être doublé) placés sur les routes de France sont autant de points pouvant à tout moment être mobilisés pour une surveillance n'ayant plus rien à voir avec la simple police de la route et les audaces de quelques conducteurs. Certes, le système de surveillance français n'atteint pas encore la performance du Closed-Circuit Television (CCTV) mis au point en Grande-Bretagne, où 2,7 millions de caméras peuvent suivre à chaque instant le déplacement des véhicules sur l'ensemble du territoire. Fondé sur un système électronique de reconnaissance des plaques automobiles [101], le CCTV devait simplement permettre, à l'origine, de déceler les véhicules non assurés ou impliqués dans des infractions. Comme le précise l'un des chefs de la police britannique : « Nul doute, l'ANPR représente le meilleur instrument d'enquête depuis l'analyse ADN [102]. » Aujourd'hui, il permet de traiter 35 millions de plaques d'immatriculation par jour, et sa capacité de traitement pourra atteindre 100 millions d'unités dans quelque temps. Ce système est à nos portes : il n'y a aucune raison qu'il ne franchisse pas la Manche !

Avec ces procédés, l'accusation dispose donc de moyens nouveaux, particulièrement performants, pour analyser la scène de crime de façon dynamique. Elle peut constater à distance la commission d'une infraction sans exposer des fonctionnaires, en évitant le risque et le coût financier – en heures de travail. Il lui suffit de s'assurer de la régularité de la mise en œuvre du processus technique et de respecter également les formes pour demander les bandes vidéo ou les supports contenant l'information nécessaire. Lorsque, plusieurs semaines plus tard, l'avocat de la défense sollicite la communication de telle ou telle autre bande enregistrée, il s'apercevra bien souvent que celle-ci n'a pas été conservée ou qu'elle a été détruite, le délai de conservation de ces supports étant souvent particulièrement bref. Là encore, l'usage massif des nouvelles technologies entraîne un déséquilibre entre la capacité du poursuivant à recueillir l'information et à la traiter, et les moyens réduits de celui qui doit assurer la défense de l'inculpé.

La chimie biologique

Informatique et électronique, télécommunications et surveillance, et enfin la chimie biologique : cette dernière innovation est sans doute la plus importante. Elle concerne directement l'homme et ce qui fait la particularité de chaque individu : le test ADN. Désormais, plus de doute lorsqu'un criminel a utilisé une voiture pour percuter la façade d'une bijouterie ou s'enfuir après un casse. Les cellules épithéliales qui restent sur le volant ou sur l'appuie-tête permettent de déterminer avec précision quel individu occupait la place du conducteur, celle du passager avant, ou était à l'arrière du véhicule. Le système Bertillon a régné pendant cent ans : s'il reste un élément de référence important, il est aujourd'hui objectivement dépassé par ces nouvelles technologies.

Les dispositions principales concernent les dispositifs de surveillance, qu'il s'agisse de la vidéosurveillance ou des communications électroniques, à savoir les communications téléphoniques et l'usage du réseau Internet. Dans la logique de ce que j'ai déjà exposé, le projet renforce notablement les pouvoirs de l'État, par l'intermédiaire du ministère de l'Intérieur en particulier, afin que celui-ci accentue, si besoin est, les dispositifs de surveillance.

Désormais, en cas de menace d'acte terroriste, le représentant de l'État dans le département et, à Paris, le préfet de police peuvent délivrer une autorisation provisoire d'installation d'un système de vidéosurveillance dans les lieux qu'ils jugent particulièrement propices à la détection des délinquants. Ces systèmes peuvent être placés dans les lieux et les établissements ouverts au public afin d'y assurer la sécurité des personnes et des biens, lorsque ces lieux et ces établissements sont particulièrement exposés à des actes de terrorisme. La commission départementale chargée de « surveiller les systèmes de vidéosurveillance » reste compétente pour intervenir, mais le plus souvent *a posteriori*.

Le code des postes et des communications électroniques habilite les agents des services de police et de gendarmerie à intervenir chez les professionnels des communications électroniques. Le texte nouveau permet une intervention en dehors de la commission rogatoire d'un juge d'instruction « afin de prévenir et de réprimer les actes de terrorisme ». Il simplifie notablement les procédures et facilite en conséquence les atteintes à la vie privée.

Seules les données techniques « relatives à l'identification des numéros d'abonnement ou de connexion à des services de communication électronique, au recensement de l'ensemble des numéros d'abonnement ou de connexion d'une personne désignée, aux données relatives à la localisation des équipements terminaux utilisés, ainsi qu'aux données techniques relatives aux communications à un abonné portant sur la liste des numéros appelés et appelants, la durée et la date des communications[103] »... peuvent faire l'objet de ces recherches !

L'avocat a le devoir de se demander quel organisme de contrôle pourrait intervenir dans l'hypothèse où il existerait une déviance du système légal et réglementaire ainsi mis en place. Il ne semble pas que la Commission nationale de contrôle des interceptions de sécurité (CNCIS) soit capable de réagir au regard du développement de tels moyens.

La loi intervient également dans le domaine de la constitution de fichiers électroniques « afin d'améliorer le contrôle aux frontières et de lutter contre l'immigration clandestine ». Dans ce cadre, le ministre de l'Intérieur est autorisé à procéder à la mise en œuvre de traitements automatisés de données à caractère personnel. Il peut relever les informations figurant sur les cartes de débarquement et d'embarquement des passagers de transporteurs aériens (et ce quelle que soit leur nationalité), collecter à partir de la bande de lecture optique les documents de voyage, la carte nationale d'identité et les visas des passagers. Il peut examiner les systèmes de réservation et de contrôle de départ lorsqu'ils sont détenus par ces mêmes transporteurs aériens, maritimes ou ferroviaires. Une fois l'ensemble de ces informations récolté, le ministère de l'Intérieur réalise une interconnexion avec le fichier des personnes recherchées et le Système d'information Schengen (SIS). Bien entendu, le transporteur aérien ne peut s'y opposer sous peine d'amende relativement lourde.

Lorsque j'ai rédigé, courant 2009, un article sur l'utilisation potentielle des mille radars automatiques développés sur le territoire national depuis ces derniers mois, j'ai noté des réactions négatives, liées à la nécessité de réduire la vitesse des véhicules et le nombre des accidents de la circulation, sans la moindre considération pour le risque que constitue le maillage radar français au regard de la liberté d'aller et venir. Non que cette liberté soit réduite, mais l'exercice de ce droit est évidemment atteint, puisque d'un droit total, on en vient aujourd'hui à l'exercice surveillé et contrôlé d'un droit. Il est toujours curieux de constater que les Français, parfois si susceptibles concernant leurs droits constitutionnels, acceptent de les voir potentiellement réduits. Mes interlocuteurs ne voyaient dans la mise en œuvre de ce gigantesque dispositif qu'une saine mesure afin de réduire le nombre d'accidents de la route. Cette technique a été acceptée spontanément par le corps social en raison de son prétexte officiel : la réduction des accidents de la circulation. Les plus farouches opposants à l'électronique de surveillance et au fichage de la population n'ont vu aucune contre-indication au tissage de ce gigantesque réseau de surveillance. Cela donne, là encore, une indication sur le niveau réel de vigilance de la société française et sur la relation sujet-objet (dans le cadre des procédures pénales) sur laquelle nous aurons l'occasion de revenir.

Il n'a pas fallu attendre bien longtemps pour avoir la confirmation des potentialités de ce système. Afin de permettre le rassemblement des preuves des infractions de vol et de recel de véhicules volés (pour le moment, on ne mentionne que ces infractions), les services de police et de gendarmerie peuvent mettre en œuvre « des dispositifs fixes ou mobiles de contrôle automatisé des données signalétiques des véhicules » prenant la photographie de leurs occupants partout sur le territoire, en particulier dans les zones frontalières, portuaires ou aéroportuaires ainsi que sur les grands axes de transit national ou international.

Il est désormais prouvé que les mille cinq cents radars répartis sur le territoire français permettent effectivement de piéger, en fonction des objectifs de la police judiciaire ou de la police administrative, les personnes circulant dans l'Hexagone. D'ailleurs, l'État s'est réservé la possibilité d'étendre l'utilisation de ce réseau « à titre temporaire, pour la préservation de l'ordre public, à l'occasion d'événements particuliers ou de grands rassemblements de personnes, par décision de l'autorité administrative ».

Et bien entendu, pour couronner le tout, les données récupérées dans le cadre de ces contrôles massifs peuvent faire l'objet de traitements automatisés, nonobstant le respect de la loi 78-17 du 6 janvier 1978 sur la protection des libertés : la boucle est bouclée, le tour est joué. Le dispositif répressif de l'État vient de s'adjoindre un nouvel instrument particulièrement redoutable. De même, l'article 8 du projet prévoit la possibilité, pour la police nationale et la gendarmerie, d'accéder au traitement automatisé du fichier national des immatriculations, des permis de conduire, des cartes d'identité, des passeports, au système informatisé de gestion des dossiers des ressortissants étrangers et des données à caractère personnel concernant l'entrée et le séjour des étrangers.

La spécialisation de la police et de la justice

Ces progrès technologiques essentiels ne seraient pas optimisés s'ils n'étaient pas exploités par des services dont le fonctionnement a, lui aussi, été radicalement modifié.

La période du pandore en godillots qui arpentait la campagne à la recherche d'un présumé coupable est révolue. Celle de l'inspecteur Borniche également. La police est désormais réorganisée, spécialisée, ses méthodes et ses moyens d'action renforcés. Depuis 2002, cette réorganisation s'est caractérisée à plusieurs niveaux, particulièrement en ce qui concerne la police judiciaire. Il en est de même de la gendarmerie. Ainsi, la direction centrale de la police judiciaire est maintenant composée de quatre offices principaux : l'OCLCO (Office central de lutte contre le crime organisé) qui remplace l'OCRB (Office central pour la répression du banditisme) et l'OCRTAEMS (Office central pour la répression du trafic des armes, des munitions, des produits explosifs et des matières sensibles), laquelle s'occupait de la répression du trafic d'armes. Les deux anciennes sous-directions des affaires criminelles et des affaires économiques et financières sont désormais réunies sous la même autorité. La direction nationale antiterroriste (DNAT), en dépit de la qualité des personnels qui y étaient affectés, n'a jamais pu trouver précisément sa place. Elle se considérait brimée en raison des liens étroits existant entre la section antiterroriste du parquet et la DST[104]. Elle était en outre découragée par les affrontements internes, cette guerre des polices latente, éventuelle aubaine pour un certain nombre de délinquants. Quant à la DST et aux Renseignements généraux, ils ont fusionné.

La réforme de la police judiciaire vise à renforcer la division antiterroriste, qui comptera désormais trois sections, l'une chargée de l'islam radical, l'autre de la lutte contre le séparatisme basque et la troisième, dite de logistique opérationnelle, principalement chargée des investigations financières. Cette réorganisation de la police a également concerné les unités opérationnelles. Au mois de mai 2002, Nicolas Sarkozy décide la création des GIR, les groupes d'intervention régionaux. Ils sont chargés de la répression de ce que l'on a coutume d'appeler l'économie souterraine, sous ses différentes formes. Il peut s'agir du travail clandestin, des trafics en tout genre et, plus spécifiquement, du trafic de stupéfiants.

Entre 2002 et 2004, les vingt-neuf GIR ont réalisé plus de 1000 opérations au cours desquelles 8000 personnes ont été placées en garde à vue et 2300 environ écrouées. Dans un tiers des cas, ils interviennent sur des trafics de stupéfiants. Mais ils concourent également à la répression des cambriolages, des vols, des recels, du trafic de voitures volées ou du travail clandestin. Ils associent des policiers, des gendarmes, des fonctionnaires des impôts et des douanes. Ils peuvent transmettre des informations aux inspections du travail, à l'Urssaf ou au fisc. Après deux ans d'activité, ils ont saisi un millier d'armes et véhicules, 2600 tonnes de cannabis et, surtout, 9,8 millions d'euros provenant de différents trafics.

À côté des GIR, la police nationale et la gendarmerie bénéficient toujours, pour différents types d'opérations, des groupements spécialisés créés il y a une vingtaine d'années, tels le GIGN (groupe d'intervention de la gendarmerie nationale) et le RAID. Certes, ces unités ne concourent pas aux opérations de police judiciaire classiques. Elles sont sollicitées pour l'arrestation de criminels dans le cadre de faits divers violents ou spectaculaires. On a par exemple vu le GIGN intervenir sur le

Pascale Paoli, navire de la Société nationale maritime Corse Méditerranée (SNCM) qui avait été dérouté par son équipage.

Une chose est donc certaine : au cours de ces dix dernières années, en particulier grâce à l'énergie et à l'insistance de Nicolas Sarkozy lorsqu'il était ministre de l'Intérieur, la France s'est dotée d'une police efficace, dont le potentiel est désormais indexé sur celui des autres pays européens. En ce qui concerne l'efficacité et le rendement des personnels, il y a sans doute encore des étapes à franchir. Mais il est incontestable que les moyens dont dispose l'État en matière de prévention, de répression des actes de délinquance, sont puissants et adaptés aux nouvelles formes de la criminalité. Bien entendu, l'appareil judiciaire – et en particulier le parquet mais aussi le juge d'instruction dans le cadre de la procédure pénale inquisitoire – bénéficie de ces nouveaux moyens. Face à eux, la défense est particulièrement désarmée, et ce d'autant plus que la justice pénale a elle aussi adapté ses structures et ses moyens.

La spécialisation de la magistrature a été voulue pour tenter de répondre au décalage existant – tant sur le plan des moyens techniques et physiques que sur les plans intellectuel et de la pratique répressive – entre les organes de la police, de la magistrature et, dans une bien moindre mesure, du barreau.

L'École nationale de magistrature a vocation à donner aux élèves magistrats une formation générale, même si certains d'entre eux, par goût, vont plus précisément étudier le droit pénal et la procédure pénale. Arrivé en juridiction, le magistrat affecté à tel ou tel poste, qu'il s'agisse du parquet ou du siège, se spécialise. Pendant toute une époque, la spécialisation était récusée par le magistrat, qui se voulait omnicompétent. Il souhaitait surtout ne pas perdre un atout dans le cadre d'une carrière, c'est-à-dire manquer un espoir de nomination à un poste important en raison d'une excessive spécialisation.

Aujourd'hui, c'est précisément le contraire qui est en train de se produire. Là encore, il ne s'agit pas de critiquer le phénomène en tant que tel, mais de démontrer que le renforcement et la modernisation de l'organisation d'État améliorent sa capacité répressive. Ainsi, les magistrats font de plus en plus carrière dans une seule des fonctions, le siège ou le parquet, c'est-à-dire la juridiction de jugement ou la poursuite.

Après avoir spécialisé ces magistrats, l'État tente également de spécialiser l'organisation des juridictions, qu'il s'agisse des parquets ou de la juridiction d'instruction, du moins dans les tribunaux importants. La section antiterroriste du parquet de Paris a été créée il y a plusieurs années ; elle examine l'ensemble des cas de même nature sur tout le territoire. Jean-Louis Bruguière[105], premier vice-président du tribunal de grande instance de Paris, est le juge emblématique de cette section. Pendant plus de vingt ans, il enquêta sur le terrorisme, qu'il s'agisse de l'agression contre le restaurant de la rue des Rosiers, en 1982, des attentats d'Action directe, de l'explosion du DC-10 d'UTA en 1989, des attentats islamistes algériens de 1995. Désormais, huit juges d'instruction spécialisés interviennent sur les dossiers terroristes, qu'il s'agisse du terrorisme corse, basque ou islamiste.

Partant de ce modèle, le ministère de la Justice a également créé des *pools* spécialisés en matière financière d'une part, en matière de santé publique d'autre part. En matière financière, mesdames Eva Joly et Vichnievsky se sont distinguées à Paris[106] ; Marie-Odile Bertella-Geffroy s'est quant à elle spécialisée en matière de santé publique et a instruit l'affaire du sang contaminé et de l'hormone de croissance.

CHAPITRE III

L'avocat, besogneux et inefficace

L'affaire d'Outreau a été une épreuve pour la magistrature française, mais elle l'a également été pour le barreau car elle a démontré son immense vacuité, sa crise de conscience et de croissance. Alors qu'il atteignait les quarante-cinq mille membres, le barreau s'est montré incapable d'assurer de façon efficace la défense des inculpés de la Tour du Renard. Face à un seul magistrat instructeur, l'avocature a dressé une quinzaine de professionnels qui n'ont pas empêché le naufrage judiciaire. Le barreau tente depuis d'échapper à la critique en multipliant, au stade de la cour d'assises puis devant la commission parlementaire, les dépositions médiatiques. Mais le justiciable peut s'interroger sur l'efficacité du rôle de l'avocat dans le processus pénal et se demander si celui-ci n'est pas simplement virtuel.

Cette analyse va faire bondir un certain nombre de confrères, à la fois fiers de leur profession et certains qu'ils sont indispensables à la préservation des droits des individus. Mais dans le monde policier et judiciaire actuel, l'intervention de l'avocat peut-elle restaurer l'équilibre de la balance ? Il ne peut empêcher le juge d'organiser une reconstitution, de procéder à une perquisition ou une saisie... si besoin est au sein de son cabinet, voire au sein de l'ordre des avocats le plus puissant de France, en l'occurrence celui de Paris !

Le silence et la passivité ordonnés par le code

Cette situation, je le répète, est dans la logique de l'histoire du droit pénal et du droit processuel français, issus de la procédure inquisitoriale médiévale, puisque, à l'origine, l'avocat était totalement exclu de l'ensemble de cette procédure et n'intervenait qu'au moment du procès pénal. Il faut attendre l'article 363 du code d'instruction criminelle pour voir apparaître le mot de «conseil» dans une formule particulièrement restrictive : il est dit que «l'accusé ni son conseil ne pourront plus plaider que le fait est faux, mais seulement qu'il n'est pas défendu ou qualifié de délit par la loi, qu'il ne mérite pas la peine dont le procureur général a requis l'application, ou qu'il n'emporte pas de dommages et intérêts pour la partie civile, ou enfin que celle-ci élève trop haut les dommages et intérêts qui lui sont dus[107]». Ce n'est qu'au terme d'une très longue évolution qui a duré près de deux siècles (la dernière réforme de procédure votée étant la loi dite Perben II) que l'avocat est parvenu à s'immiscer dans le déroulement de la procédure pénale. Le législateur a instillé de façon irrégulière, au gré des événements, des réformes législatives qui ont permis quelques avancées, sans jamais modifier les principes du fonctionnement de cette procédure.

Le code de procédure pénale[108] issu de la rédaction de 1958 a principalement eu pour fonction de redéfinir le rôle du juge d'instruction. Le chapitre premier est intitulé «Du juge d'instruction : juridiction d'instruction du premier degré». La construction du texte est édifiante : il ne concerne que les prérogatives du parquet et du juge d'instruction. Le rôle de l'avocat n'apparaît que de manière subsidiaire, au détour de quelques articles. Les dispositions qui font spécifiquement référence au conseil sont peu nombreuses et en général indirectes.

Ainsi l'article 80-1 expose que le juge d'instruction ne peut procéder à une mise en examen qu'après avoir préalablement entendu les observations de la personne concernée ou l'avoir mise en demeure de le faire, étant assistée d'un avocat. L'article 80-2 rappelle que ce même individu doit être informé qu'il a le droit de choisir un avocat ou de demander que l'on en désigne un d'office.

Le silence des textes concernant les prérogatives de l'avocat a naturellement pour pendant l'absence d'exigences précises quant à l'attitude du juge d'instruction dans le processus qu'il détermine et contrôle en totalité. Pendant plusieurs dizaines d'années, le code a ignoré l'existence même de l'avocat et durant près de deux cents ans, il n'a pas imposé au juge l'obligation d'instruire à charge et à décharge. Or il est nécessaire d'insister sur le fait que l'instruction à charge est naturelle pour le juge. Cette tendance est même renforcée lorsqu'il a auparavant été membre du parquet. En revanche, l'instruction à décharge est contraire à cette nature. L'idée même de récoler l'ensemble des éléments matériels trouvés sur la scène de crime, dont ceux allant dans un sens contraire à la logique de l'accusation, a pendant longtemps été considérée comme intempestive.

Il a fallu attendre la nouvelle rédaction de l'article 81, issue de la réforme du 15 juin 2000, pour que le juge d'instruction ait l'obligation légale d'instruire « à charge et à décharge ». Pendant cent quatre-vingt-dix ans, la procédure pénale n'avait pas mentionné cet impératif. Il était sous-entendu, mais de nombreux magistrats instructeurs parvenaient à s'exonérer d'une simple obligation morale, non écrite. Ils réalisaient simplement les actes nécessaires – selon leur seule appréciation – à la manifestation de la vérité. Ainsi, ils collectaient les éléments d'information, soit directement, soit grâce à l'assistance des policiers auxquels ils délivraient des commissions rogatoires. Une fois ces éléments recueillis, ils les vérifiaient, ils procédaient à des enquêtes sur la personnalité des personnes mises en examen, leur situation matérielle, etc., comme ils le faisaient sous l'empire du code d'instruction criminelle.

Le juge d'instruction qui négligeait cette obligation morale d'instruire à charge et à décharge, n'encourait aucune sanction. S'il s'égarait sur une piste fantaisiste dont il était seul persuadé de la pertinence, il avait la possibilité de mettre en œuvre tous les moyens que lui conférait le code pour tenter de faire coïncider ses présomptions avec les faits. Il pouvait occulter systématiquement les éléments contraires, bistourner la vérité des faits au profit de sa vérité judiciaire.

Dans la logique de ces vieux textes, l'avocat était perçu comme un personnage passif par excellence. On parle traditionnellement de la «magistrature assise», mais concernant l'avocat, il faut admettre qu'il était prévu par le législateur impérial qu'il soit non seulement assis mais encore mieux : endormi[109] ! Il assistait aux instructions mais n'avait pas le droit d'intervenir : interdiction de prendre la parole, d'interrompre le juge ou de rectifier une question malveillante ; impossibilité de demander une perquisition spécifique ou une expertise sur un point négligé par le juge !

Concernant le silence de l'avocat dans le cabinet d'instruction, il convient de préciser qu'il s'agit encore de la norme, car le débat n'est pas contradictoire. Le juge instruit et, au terme de l'entretien qu'il détermine et mène totalement, il donne la parole à l'avocat et au prévenu. Lorsque, pendant les audiences de la commission parlementaire, les innocents d'Outreau dénoncent le mutisme de leurs conseils, ils ne précisent pas si celui-ci était la conséquence d'une totale passivité, ou bien si le silence obligé conservé pendant l'interrogatoire était compensé par un flot de questions au terme de ce dernier.

Autre élément et non des moindres : l'avocat de la partie civile n'est pas nécessairement informé des démarches du magistrat instructeur alors qu'il peut être de son intérêt d'assister à certaines auditions (voire à toutes) pour faire prévaloir tel ou tel point que le juge, par inadvertance ou par calcul, laisse dans l'ombre.

Cent quatre-vingt-dix ans pour une réforme !

Certes, depuis une quinzaine d'années, la situation a quelque peu évolué. Désormais, l'avocat de la défense ou de la partie civile peut saisir le juge d'instruction d'une demande écrite et motivée demandant à ce qu'il procède à des diligences complémentaires. S'il n'entend pas y faire droit, il doit rendre une ordonnance motivée, au plus tard dans le délai de un mois à compter de la réception de la demande. On ne peut pas prétendre pour autant que cette réforme ait sensiblement modifié le fonctionnement de la procédure d'instruction, et surtout son caractère inquisitoire. Il existe toujours une disproportion flagrante entre les pouvoirs de l'avocat et ceux du parquet. Ainsi, l'article 82 mentionne bien que le procureur de la République peut quant à lui « requérir du magistrat instructeur tous actes lui paraissant utiles à la manifestation de la vérité et toute mesure de sûreté nécessaire. Il peut demander à assister à l'accomplissement des actes qu'il requiert[110] », possibilité qui, il convient de le rappeler à nouveau, n'est pas offerte à la partie civile.

On trouve ici une différence fondamentale entre les pouvoirs des parties au procès, qui devraient être placées sur le même plan. En effet, l'article 82 impose au juge d'instruction de suivre à la lettre les demandes faites par le parquet alors qu'il peut parfaitement dédaigner celles présentées par l'avocat du prévenu ou de la partie civile. Or on sait que le parquet va naturellement demander une instruction à charge puisqu'il est dans son rôle d'obtenir la mise en examen puis la condamnation de la personne qu'il poursuit. Il existe donc une différence notable de pouvoirs entre les deux intervenants au procès pénal : les substituts d'un côté, les avocats de l'autre. Le juge d'instruction devient l'allié obligé du parquet. La partie se joue à deux contre un et le code ne permet à aucun moment à l'avocat de la défense de remonter ce handicap.

Au-delà de ces textes, il faut attendre l'article 90-1 et les dispositions votées en juin 2000 pour retrouver un article concernant directement les prérogatives des avocats. Ainsi, le juge d'instruction avise tous les six mois la partie civile de l'état d'avancement de l'information, l'avis pouvant être donné par lettre simple adressée à la partie et à son avocat ou, à l'occasion de l'audition, à la partie civile [111]. Il faut encore passer plusieurs pages – et donc plusieurs articles – pour retrouver une disposition intéressant les droits de la défense. L'article 114 du code de procédure prévoit que les parties ne peuvent être entendues, interrogées ou confrontées, à moins qu'elles y renoncent expressément, qu'en présence de leurs avocats ou ces derniers dûment appelés.

Bien entendu, le juge a l'obligation, après la première comparution de la personne mise en examen, de mettre les dossiers à la disposition des avocats durant les jours ouvrables et « sous réserve des exigences du cabinet d'instruction ». Le délai fixé est de quatre jours ouvrables au plus tard avant chaque interrogatoire. Mais à l'épreuve de la réalité du fonctionnement des cabinets d'instruction, ces prescriptions restent purement formelles. On l'a constaté dans l'affaire d'Outreau, où les avocats n'ont pas pu consulter à loisir le dossier d'instruction. On a également vu comment le magistrat pouvait entraver le rôle de la défense en fournissant au dernier moment le dossier à l'avocat.

Six mille pages...

Ainsi, lorsque Eva Joly convoque pour la première fois Loïk Le Floch-Prigent et son avocat, Olivier Metzner, pour une audience de cabinet le 4 juillet 1996 à 14 heures, elle a en sa possession un dossier comportant déjà plusieurs milliers de pages. Il lui permet d'avoir une connaissance parfaite de cette affaire sur laquelle elle travaille depuis deux ans. Elle a de toute évidence l'intention de placer l'ancien patron d'Elf en détention puisqu'elle le lui annonce tout de go dès son entrée dans le bureau. Or l'avocat n'a pas connaissance du dossier et ne peut évidemment pas parcourir ces différents tomes en quelques instants. Pourtant, le code de procédure pénale est précis : l'avocat peut avoir accès au dossier pour préparer la défense de son client. Il est environ 15 heures et le débat contradictoire préalable à l'éventuelle décision de mise en détention doit avoir lieu à 18 h 30. Moins de quatre heures pour avaler six mille pages ! Dès cet instant, et quoi qu'en disent les chambres d'accusation ou d'instruction et la Cour de cassation, la violation des droits de la défense est patente [112]. Le juge d'instruction bénéficie d'un avantage important. Cette mise en détention, qui illustre parfaitement l'attitude de certains magistrats instructeurs, a inauguré une longue série de conflits et de querelles avec les membres du barreau de Paris en charge des intérêts de la défense des différentes personnalités mises en examen dans cette affaire.

L'article 120 tel qu'il a été modifié par les lois du 15 juin 2000 et du 9 mars 2004 précise les conditions des interrogatoires. Ceux-ci sont dirigés par le juge d'instruction qui détermine, lors des interventions, et peut y mettre un terme lorsqu'il s'estime suffisamment informé. Il peut également s'opposer aux questions de nature à nuire au bon déroulement de l'information ou à la dignité de la personne. Les conclusions déposées par le procureur de la République ou les avocats des parties afin de demander acte d'un désaccord avec le juge d'instruction sur le contenu d'un procès-verbal sont versées au dossier. Il est intéressant de noter que ces deux dernières lois ont permis une progression sensible des droits de la défense : auparavant, le même article 120 se limitait à permettre à l'avocat de prendre la parole pour poser des questions après y avoir été autorisé par le juge d'instruction. Cette autorisation pouvait d'ailleurs être refusée ; dans ce cas, l'avocat avait pour seul recours de préciser, par voie de conclusions ou au bon vouloir du greffier ou du juge, au terme du procès-verbal, les questions qu'il aurait souhaité poser.

Bien entendu, la pratique du contre-interrogatoire, commune dans les pays anglo-saxons, est totalement interdite par ces textes. Certes, un juge d'instruction soucieux de la contradiction des débats peut accepter ce contre-interrogatoire réalisé soit par l'avocat du prévenu à l'égard d'un autre inculpé, soit par celui de la partie civile à l'égard d'un ou de plusieurs prévenus. Quelques-uns usent de ce procédé, se bornant à mettre en forme le contenu de la conversation après avoir éventuellement demandé des précisions. Mais en général, le juge craint trop de voir le déroulement de l'interrogatoire et, partant, celui de l'instruction lui échapper. C'est la raison pour laquelle il est rarissime qu'il adopte cette pratique. Dès lors, le juge qui s'égare peut rester sereinement dans sa fausse logique. Grâce à la rigueur des textes, il peut écarter les gêneurs, tous ceux qui tentent de lui indiquer qu'il est dans l'erreur. Fabrice Burgaud a ainsi pu résister tranquillement aux sollicitations de plusieurs dizaines d'avocats pendant près de trois ans.

Ce rôle «infiniment subsidiaire» de l'avocat pose aujourd'hui plus qu'hier la question de son efficacité dans la défense de son client. En effet, tant qu'il était possible de cerner par l'écrit, dans le cadre de procès-verbaux établis par le juge, certifiés par le greffier et plus ou moins vérifiés par la défense, les détails d'un crime ou d'un délit, l'avocat conservait un certain contrôle de la procédure. Certes, il n'influait pas sur son déroulement, mais il pouvait établir des constats, à des périodes données, de l'état de cette procédure et en tirer les conséquences sur le plan juridique. Ainsi, à chaque interrogatoire de son client, il avait la possibilité de prendre connaissance du dossier et de savoir, sous réserve des commissions rogatoires en cours, où en était l'instruction. Il pouvait également connaître avec précision les déclarations des autres prévenus, des témoins ou des différents intervenants. Tout ce qui dépassait le stade de l'écrit n'avait aucune valeur ; la moindre défaillance dans cet écrit entraînait parfois la nullité de tout ou partie de la procédure pénale, et la Cour de cassation veillait avec assez de rigueur au respect de ce formalisme.

La virtualité de la défense

Depuis une dizaine d'années, la situation a notablement évolué. Désormais, le juge d'instruction peut maîtriser des éléments qu'il n'est pas dans l'obligation de livrer à l'avocat. Sa seule obligation est de communiquer intégralement les éléments dont il entend directement faire usage dans le cadre de la procédure à l'encontre du mis en examen. Pour toutes les infractions entraînant des peines égales ou supérieures à deux ans de prison, le code de procédure permet au juge de prescrire l'interception, l'enregistrement et la transcription de correspondances émises par la voie des télécommunications. La décision d'interception est écrite, mais elle n'a pas caractère juridictionnel et elle n'est susceptible d'aucun recours. Elle peut être prise pour un maximum de quatre mois, mais peut être renouvelée dans les mêmes conditions de forme et de durée, c'est-à-dire sans aucun contrôle de qui que ce soit. L'article 100-5 dispose que par la suite le juge d'instruction, ou l'officier de police judiciaire commis par le juge, transcrit la correspondance utile à la manifestation de la vérité. Il en est alors dressé procès-verbal, et cette transcription est versée au dossier. Cela signifie, *a contrario*, que les correspondances considérées comme non utiles ne sont pas consignées et que par conséquent, on peut en ignorer totalement l'existence.

D'ailleurs, le juge communiquerait-il à l'avocat les dizaines de pages de comptes rendus, d'écoutes téléphoniques, les kilomètres de bandes vidéo concernant le repérage des lieux, les démarches préalables à l'interpellation de tel ou tel délinquant, que l'avocat n'aurait pas la capacité physique d'en prendre connaissance. J'ai pour habitude de demander régulièrement, dans les dossiers délicats où je « sens » une incohérence, le visionnement de bandes vidéo. Les images révèlent l'attitude de l'interrogateur, ses tentatives pour influencer le témoin par des postures, des gestes ou des sourires incitateurs qui n'apparaissent pas sur la transcription. Il en est de même des interruptions de transcription visant des passages de l'interrogatoire considérés comme négligeables par l'agent transcripteur. La démarche étant de droit, elle est toujours acceptée. Mais le parquet ne manque pas de laisser paraître son irritation en précisant que « si tous les avocats faisaient la même requête... » – sous-entendu, « on n'en finirait jamais » – et que de toute façon, il n'y a pas de raison de suspecter la transcription. Or précisément, il existe parfois de bonnes raisons de la suspecter.

Si une telle démarche devenait systématique, les cabinets spécialisés devraient embaucher de nombreux auxiliaires dont la vocation serait de contrôler dans le détail chacun des agissements du juge d'instruction. Il est évident qu'un nombre extrêmement limité de clients auraient les moyens financiers de payer les services de telles organisations. La vérification des bandes vidéo par la défense est donc effectivement exceptionnelle (de l'ordre de un pour mille). Dès lors, on est bien entré dans le temps et l'espace d'une défense virtuelle, qui gesticule en agitant frénétiquement son code et revendique la rigidité de l'écrit pour tenter de sauvegarder des droits. Mais ceux-ci peuvent être régulièrement bafoués sans même que les avocats aient connaissance de ces violations !

Aujourd'hui, l'inquisition joue l'électronique et l'informatique contre le papier, la bande vidéo contre les conclusions de nullité : la défense a définitivement perdu la bataille si elle ne peut disposer de nouveaux moyens d'action et négocier une transition vers une procédure pour partie accusatoire.

Depuis le vote de la loi Guigou de juin 2000, on assiste à l'inflation des pouvoirs confiés à la police judiciaire et, bien entendu, au parquet visant à exclure l'avocat du processus de défense pénale. De l'ordonnance pénale à la comparution sur reconnaissance préalable de culpabilité appelée depuis quelque temps le « plaider coupable », le rôle du parquet est évidemment prépondérant. Ainsi, le suspect est appelé à devenir un prévenu après deux ou trois jours de garde à vue avec une présence différée de l'avocat. Il se voit proposer une sanction par le procureur qui reçoit le dossier et peut, avec l'assistance de son conseil, engager une négociation sur le *quantum* de la peine. Encore faut-il que l'avocat ait eu le temps de consulter le dossier et d'apprécier la portée des preuves retenues contre son client, de déceler les failles de l'accusation. On est encore loin des scènes de genre popularisées par les feuilletons américains (devenus quotidiens depuis quelques années) où l'on voit des membres du barreau, forts de leurs droits, discuter d'égal à égal avec le représentant du bureau du procureur.

La personne poursuivie est-elle dans une situation conforme à ce que l'on appelle le respect de la présomption d'innocence et de l'égalité des chances[113] ? Quant au déséquilibre entre la partie poursuivante et la défense, il est bien entendu lourdement accentué par la loi qui entérine le caractère « virtuel » du rôle de l'avocat. Celui-ci arrive avec retard dans la procédure : les policiers et le parquet ont déjà connaissance depuis plusieurs jours de la totalité du dossier. En outre, il est face à un véritable dilemme : soit il accepte le processus du « plaider coupable », en admettant que son rôle soit réduit au minimum, et il engage un marchandage avec le parquet ; soit au contraire il conseille à son client d'aller au procès pénal, mais sans pouvoir lui garantir le niveau de la sanction finalement décidée. Dans cette hypothèse, il prend le risque de la voir accrue et d'être, bien entendu, critiqué par le condamné.

Enfin, cette réforme pose à nouveau la question de l'intérêt souvent mis en doute du procès public : on lui reproche d'être coûteux, tardif et chronophage. L'affaire d'Outreau a cependant prouvé qu'il était nécessaire à la manifestation de la vérité. La publicité des débats (c'est-à-dire le caractère public qui permet à chaque citoyen, qu'il s'agisse de la famille du prévenu ou du simple passant, d'assister à l'audience), leur caractère enfin contradictoire, est la garantie pour tous les citoyens que si, par malheur, ils sont un jour traduits devant un tribunal correctionnel où se jouera leur sort, leur innocence, même si elle a été méconnue jusque-là, peut éclater. Imaginons un instant que les crimes évoqués contre les accusés de la Tour du Renard aient été correctionnalisés – cette pratique était commune il y a quelques années pour éviter l'engorgement des cours d'assises. Dans cette hypothèse, en raison de l'opinion communément admise par les magistrats du tribunal de Boulogne-sur-Mer, il est clair que l'ensemble des prévenus auraient été condamnés. Seul le procès d'assises a permis l'éclosion de la vérité en redonnant la parole à la défense, qui a enfin pu exercer son rôle et passer du virtuel au réel. Le procès pénal reste au cœur de la construction de l'État de droit. Il constitue une garantie fondant une grande partie de la jurisprudence issue de la Cour européenne des droits de l'homme. Celle-ci risque de s'évaporer devant la loi Perben II, la pratique de l'ordonnance pénale et du plaider coupable.

La seule riposte : les effets de manche

À ce niveau de la réflexion, il est nécessaire de marquer une pause afin d'examiner le rapport de force. D'un côté, les forces de l'enquête : police, gendarmerie, parquet, avec les moyens que l'on a passés en revue. Au milieu, cinq cents à six cents juges d'instruction intervenant dans des conditions largement critiquées sur 4 % environ des affaires pénales. Du côté des avocats, « combien de divisions » ? Force est de reconnaître que le barreau français n'est pas en ordre de marche. Tout au plus peut-il lancer quelques chevau-légers dans des charges qui, pour être homériques, n'en sont pas moins inefficaces.

En effet, il n'est pas dans la tradition du barreau français de favoriser une spécialisation des cabinets, en particulier dans le domaine pénal, où *l'intuitu personae*, c'est-à-dire la relation directe et privilégiée entre l'avocat et le client potentiel, reste le facteur premier du choix du client. Même si l'avocat n'est pas par nature spécialiste du terrorisme ou s'il n'est pas rompu aux procédures pénales, la personne mise en examen aura tendance à le désigner parce qu'elle lui accorde sa confiance. Le phénomène n'est pas critiquable en soi car il provient de l'histoire même du barreau, et que cette confiance est l'élément essentiel du rapport avec l'auxiliaire de justice. Mais cette situation se heurte aujourd'hui à des limites d'efficacité évidente. Il faut être un spécialiste de la procédure pénale pour affronter les services de police renforcés et les magistrats spécialisés. On ne peut imaginer un cabinet classique renverser la tendance impulsée par le juge Bertella-Geoffroy dans l'affaire Buffalo Grill, qui a failli emporter cette société et l'ensemble de ses salariés.

Un certain nombre de cabinets, en particulier dans les grands barreaux à Paris, Lyon, Marseille, Bordeaux ou Versailles, se sont spécialisés en matière pénale. Mais cette spécialisation n'est pas en elle-même suffisante pour faire face à la situation actuelle, et en particulier à la révolution technologique qui s'est produite dans le domaine de la preuve. Que peut opposer l'avocat pénaliste chevronné aux résultats des enquêtes développées par la police et dont on vient de décrire les méthodes et les moyens ? Que peut-il apporter comme élément de contradiction au magistrat qui a déjà fondé sa conviction sur des centaines d'heures d'écoutes téléphoniques ou sur une analyse ADN bien ciblée ? Comment, avec quels moyens techniques ou financiers peut-il rechercher une preuve nouvelle pour contrer les démarches du parquet ? La réponse est claire : il est totalement désarmé.

Certes, l'avocat peut au moins saisir la chambre de l'instruction [114] suite au refus du juge d'instruction de réaliser telles démarches complémentaires. Mais l'affaire d'Outreau, parmi d'autres qui n'ont pas eu la même presse, a démontré de quelle façon ces chambres, organes de contrôle des juges d'instruction, traitaient les demandes des avocats contestant la position du juge ! Elles ont été systématiquement rejetées, faisant l'objet d'une suspicion d'inutilité qui confinait au mépris.

Il est nécessaire d'admettre que l'avocat est nu ! Il tente maladroitement de rassembler les lambeaux de sa robe noire et développe des discours parfois verbeux pour se cacher à lui-même son impuissance. Il rumine une hypothétique revanche, pendant les longues heures de silence qui lui sont imposées dans le cabinet du magistrat instructeur lequel, goguenard, se délecte de cette position de spectateur, à la fois subordonnée et muette.

La contre-enquête, préfiguration de la procédure accusatoire

Certes, il existe dans le système actuel quelques échappatoires, quelques méthodes permettant de contourner la lourdeur du système. Mais il faut pour cela disposer de moyens financiers qui ne sont pas à la portée de toutes les bourses. Car si la justice est gratuite (ou à peu près), le recours à l'assistance d'un avocat ne l'est pas, en principe. Une contre-enquête – menée en parallèle d'une instruction contestée en raison des présupposés du juge, ou insuffisante en raison de son manque d'empressement à réunir les preuves et du risque de dépérissement – peut se révéler nécessaire. Mais pour engager une telle action en parallèle de la procédure officielle, il faut disposer de sommes considérables. Il est nécessaire de faire appel à des enquêteurs privés (qui se sont vu reconnaître un statut et auxquels certaines facultés décernent même un diplôme spécifique) mais qu'il convient de payer. Le fonctionnaire de police ne mettra pas forcément en œuvre toutes les techniques nécessaires pour récupérer une preuve dans une affaire qui ne le passionne pas. Son attachement à retrouver le coupable pourra être modéré. Et puis il y a tellement de dossiers entassés sur son bureau, de chefs qui le pressent de faire du « résultat », du « chiffre ». Dès lors, il va au plus facile, et dédaigne les enquêtes trop longues, à l'issue incertaine. Le détective privé, quant à lui, est spécifiquement missionné pour une affaire précise : il s'acharne, il insiste ; cent fois il va revenir sur les lieux, s'il le faut, pour trouver le témoin. Et l'on sait que l'acharnement est souvent une garantie de succès. Il peut donc partir à la chasse de la preuve, réunir les témoignages, réaliser les mêmes prélèvements que les policiers et les faire analyser dans des laboratoires spécialisés, aux frais du client. S'il craint que sa parole soit mise en doute car ses constats n'ont pas spontanément la valeur de ceux d'un officier de police judiciaire, il peut demander l'intervention d'un huissier. Ses honoraires sont élevés mais ses constatations font foi. Bien entendu, celui qui développe une contre-enquête a également la possibilité recourir aux expertises et aux contre-expertises nécessaires si des éléments ont été négligés ou refusés par le juge. Dans une conjoncture économique difficile, où les magistrats rechignent à faire appel aux experts pour des raisons budgétaires, même dans les procédures d'importance, une expertise privée de nature balistique ou chimique réalisée par un spécialiste renommé sera toujours d'un grand secours. Elle apportera ou contestera une preuve. Elle obligera le juge d'instruction à réagir.

Mais quel coût, quelle énergie dépensée pour parvenir à un résultat satisfaisant, alors même que les simples dispositions du code de procédure et les finances de l'État auraient dû permettre une démarche identique ! En outre subsiste le risque de voir le magistrat dédaigner une enquête privée et non contradictoire, menée sous le contrôle de l'avocat de la défense ou de la partie civile. En effet, une telle réaction n'est pas dans la logique du caractère français, certes contestataire, mais d'une part fondamentalement loyaliste par rapport à l'institution, et d'autre part trop avare pour accepter, même face à un risque majeur, de consacrer une somme importante à la contestation de l'action d'un juge. Dès lors, seules des sociétés importantes peuvent avoir les moyens de contribuer dans de telles conditions à une procédure pénale ou de contrer un juge d'instruction partial, nonchalant ou négligent. On pense naturellement aux entreprises pétrolières ou pharmaceutiques, dans des contentieux financiers ou des affaires de contrefaçons de médicaments par exemple.

Le ministère public, dans le cadre de l'enquête, et éventuellement le juge d'instruction, s'il est rapidement désigné, ont l'initiative non seulement du relevé de tous les éléments de preuve se trouvant sur la scène d'une infraction, telles les empreintes génétiques, mais encore de leur exploitation. Dès cet instant, le premier de la procédure pénale, l'avocat, qu'il s'agisse de celui de la victime ou du prévenu si celui-ci est déjà interpellé, est impuissant. Une fois en possession de ces éléments, le poursuivant peut déterminer de façon certaine la participation d'un individu à une action criminelle. Le doute est définitivement éradiqué, et le rôle de l'avocat réduit à celui d'un spectateur impuissant ou presque, jusqu'aux plaidoiries.

Ces différents constats sont réalisés sans aucune amertume. Il est parfaitement naturel que la science, qui permet le progrès des technologies, soit également à l'origine d'évolutions radicales en matière criminalistique. Il ne s'agit pas de regretter à l'infini le temps béni des ténors du barreau, des Moro-Giafferi, Floriot ou Ambre.

En revanche, on doit déplorer le fait que dans la procédure française telle qu'elle existe actuellement, ces moyens soient à la seule disposition du poursuivant et que le poursuivi ne puisse exiger, avec des conditions raisonnables de succès, un certain nombre de diligences lui paraissant essentielles. Dans combien de dossiers a-t-on omis de relever les empreintes ou de réaliser des prélèvements tant il apparaissait que la culpabilité de la personne interpellée sur-le-champ ne faisait pas de doute ? Dans quels dossiers de meurtres a-t-on oublié, par exemple, de saisir les cartouches restant à l'intérieur des armes ! Certes, on peut retrouver une balle dans le corps de la victime et identifier l'arme du tireur. Mais si les armes utilisées ne sont pas vidées et les cartouches placées immédiatement sous scellés, comment déterminer le nombre de cartouches tirées ? Comment établir, si l'on ne dispose plus de ces munitions le jour où se pose le problème de preuve, qui les a manipulées et éventuellement placées dans l'arme ? Lors de l'affaire dite du

« petit Grégory », les investigations immédiates ont été menées de façon désordonnée et les éléments de preuve altérés, ce qui a lourdement pesé sur l'issue de l'instruction.

Cette constatation renforce ma conviction selon laquelle il est nécessaire que la procédure inquisitoire soit réformée et qu'on en vienne, dès la première heure de l'interpellation, à la mise en œuvre d'une procédure accusatoire où les deux parties (l'accusation et la défense) seront à égalité, au moins sur le terrain de la recherche de la preuve. Il est évident que la présence des avocats dans ce processus imposerait aux policiers et gendarmes une rigueur de comportement en raison même, dès ce premier instant, de l'obligation ainsi incarnée de rechercher et de fixer les éléments de preuve à charge ou à décharge. Un juge du siège contrôlerait les diligences effectuées, donnerait les autorisations, voire obligerait à accomplir un certain nombre d'actes que le parquet serait réticent à effectuer ou auxquels la défense s'opposerait.

CHAPITRE IV

L'avocat, critiqué et ligoté

De l'avocat complice (sous-entendu des truands et des délinquants financiers) à l'avocat proxénète (qui fait payer en nature la défense de sa cliente) en passant par l'avocat ronfleur cher au juge Thiel, chacun aura compris qu'au cours des vingt dernières années, l'un des enjeux de la magistrature d'instruction a été de réduire le rôle de la défense en continuant à exclure l'avocat des cabinets d'instruction (dans la vieille logique du code d'instruction criminelle et de son lointain ancêtre la *Practica Inquisitionis)* puis de le discréditer officiellement en attaquant sa réputation et son statut, et en dénonçant quelques personnalités qui se révélaient être les défenseurs acharnés d'une cause, qu'il s'agisse de celle d'Alfred Sirven ou d'Urba-Gracco.

Force est de reconnaître aujourd'hui que cette offensive, largement relayée par la chancellerie, a atteint son but. Désormais, les avocats sont, par exemple, rangés au rang des suspects *a priori* des opérations de blanchiment d'argent sale en provenance de tous les trafics et de toutes influences. Ils sont considérés comme les relais nécessaires de ces montages, au même rang que les banques, les officines financières et les experts-comptables, dont le rôle est contesté depuis le scandale Enron et dans le cadre de la crise financière actuelle. À la différence de la magistrature, et contrairement aux apparences, la profession d'avocat est incapable d'organiser rigoureusement une défense corporatiste. Elle ne supporte pas la comparaison avec les notaires concernant le *lobbying* auprès des assemblées. Forte de quarante-cinq mille personnes, elle est paradoxalement très faible en qui concerne son influence réelle sur les processus législatifs et réglementaires, et même sa propre réglementation. Cela peut s'expliquer par la dégradation de la situation économique des cabinets de proximité et des structures de moyenne importance. En outre, ses organes représentatifs sont incapables de définir une ligne politique à moyen terme. Le Conseil national des barreaux (CNB) et la Conférence des bâtonniers réinsèrent d'anciens bâtonniers ou d'anciens membres des conseils de l'Ordre dépassés face à la production législative, aux agressions de la chancellerie, et à l'activisme des autres auxiliaires de justice comme les huissiers et les notaires[115]. La profession d'avocat a donc échoué dans ses tentatives pour s'opposer aux initiatives inquisitoriales, aux écoutes et aux perquisitions qui touchent désormais ses cabinets, voire le bureau du bâtonnier, et bien entendu à la violation du secret professionnel. Ce qui ne la renforce pas l'affaiblit, et réduit encore les droits de la défense lesquels sont, comme il a été démontré, déjà bien réduits dans le système pénal actuel.

Les turpitudes du monde des affaires

Dès le début de l'affaire Elf, Eva Joly répand la thèse de l'avocat déviant, complice de toutes les turpitudes du monde des affaires. À cette époque, il importe de préciser que ses collègues de l'instruction ne lui ont pas emboîté immédiatement le pas. Étonnés par sa virulence, ils ont attendu avec inquiétude la réaction du barreau. Devant l'inertie de ce vieux corps trop mou, qui semble se désintéresser du sort collectif au profit des seuls intérêts particuliers de certains de ses membres, les juges, et en particulier les juges d'instruction, suivent timidement la voie tracée par celle qui devient pour quelques années leur égérie. Initiatives procédurales, déclarations à la presse ou aux auteurs complaisants qui tendent leurs micros dans l'attente d'un scoop… en quelques années, la magistrature occupe le terrain alors même que le barreau recule. Des ténors scrutent les lois de procédure, s'occupent du droit des étrangers et communiquent largement sur ces thèmes. Mais personne n'ose contrer l'offensive de la magistrature. La pusillanimité s'explique aussi par la thématique choisie (le spectre de l'argent sale fait toujours frémir) et parce qu'en réalité, peu de confrères discernent derrière cette offensive les dangers de la mise sous tutelle judiciaire des cabinets d'avocats.

Lorsque Eva Joly profite de l'ouverture du procès Elf pour proclamer ses convictions à l'encontre du barreau, l'Ordre de Paris et une organisation d'avocats[116] réagissent enfin, mais il est trop tard. Leurs escarmouches d'arrière-garde seront sans effet. Le président du tribunal de Paris retarde de quelques jours la sortie de l'ouvrage de l'ancien juge d'instruction, mais cette mesure toute relative n'obère en rien le succès médiatique de l'opération. Bien au contraire, elle l'accentue. Quant au ministre de l'époque, terrorisé à l'idée d'évoquer ne serait-ce que l'existence du devoir de réserve, il reste coi. Elle est lointaine l'époque où la chancellerie étrillait le juge Bidalou et ses fantaisies publiques ! Et pourtant, celles de madame Joly les valent amplement.

Après ce déferlement médiatique et ces agressions livresques, le barreau subit la loi du 12 février 2004 consacrant le régime de suspicion en matière financière. Dans le cadre de son article 562-1, le code monétaire et financier prévoyait un certain nombre d'obligations afin de lutter contre ce qu'il est convenu d'appeler le blanchiment d'argent. Mais les avocats n'étaient pas concernés par ce texte, qui visait essentiellement les professionnels des milieux bancaires. Certes, une directive européenne en date du 4 décembre 2001 relative à la prévention de l'utilisation du système financier aux fins de blanchiment de capitaux avait prévu l'extension du dispositif réprimant cette infraction à d'autres intervenants que les organismes financiers. Ce texte concernait en particulier les experts-comptables, les commissaires aux comptes et différents auxiliaires de justice dont les huissiers, les administrateurs et mandataires judiciaires, les avocats au Conseil d'État et à la Cour de cassation, mais également les avocats et les avoués près les cours d'appel[117].

Ce texte n'avait pas été transcrit en droit interne jusqu'à ce que la loi n° 2004-130 du 12 février 2004 modifie sensiblement la loi de 1971 sur l'exercice de la profession d'avocat. Tout d'abord, elle définit les conditions dans lesquelles les ressortissants des États membres de la Communauté européenne ayant acquis leurs qualifications ailleurs qu'en France peuvent exercer au sein de ce pays. Il faut attendre l'article 70 de ce texte pour trouver les nouvelles dispositions appliquant les dispositions des articles 562-1 à 562-4 du code monétaire et financier aux avocats.

Mais pour déterminer précisément ce que recouvre cette notion, il est nécessaire de se reporter à un autre texte, en l'occurrence l'article 324-1 du code pénal. Celui-ci indique que le blanchiment est le fait de faciliter par tout moyen la justification mensongère de l'origine des biens ou des revenus de l'auteur d'un crime ou d'un délit ayant procuré à celui-ci un profit direct ou indirect[118]. Au départ, une analyse superficielle de ce texte pouvait laisser supposer que seuls les banquiers peu scrupuleux ou par trop intéressés, quelques officines financières, étaient concernés par ce texte. Ainsi ces officines pouvaient être conduites à introduire des sommes en espèces, récupérées illégalement par leurs clients, dans des circuits financiers parfaitement légaux, sous forme par exemple de produits financiers. Mais – et cette fois-ci les banques étaient directement visées – ce délit visait également ce que l'on a coutume d'appeler « l'empilage » ou le fait de brouiller les pistes par la multiplication d'opérations bancaires faisant intervenir successivement plusieurs établissements, éventuellement dans plusieurs pays différents. Enfin, l'opération se terminait par l'utilisation des capitaux ainsi nettoyés dans le cadre d'investissements parfaitement licites.

Mais en fait, ce texte peut aujourd'hui être utilisé différemment : la mère Denis supplante saint Yves ! Les cabinets d'avocats sont considérés comme de gigantesques lessiveuses ! Désormais, les avocats sont donc tenus de procéder à la fameuse déclaration prévue par l'article 562-2 du code monétaire et financier, c'est-à-dire à la cellule Tracfin [119]. Si, dans le cadre de leur activité professionnelle, ils réalisent au nom et pour le compte de leurs clients une transaction financière ou immobilière [120], ils doivent suspecter l'origine des fonds, c'est-à-dire mettre en doute l'honnêteté de leur client. Il en est de même concernant l'organisation des apports nécessaires à la création de sociétés, la constitution, la gestion ou la direction des entreprises, la constitution, la gestion ou la direction de fiducies de droits étrangers ou de toute autre structure similaire [121].

Certes, l'avocat n'est pas tenu de respecter son obligation de délation lorsqu'il conseille un client lui-même accusé de blanchiment. En outre, la loi prévoit que la déclaration, au lieu d'être adressée directement à Tracfin, doit être transmise au président de l'ordre des avocats au conseil et à la cour ou au bâtonnier de l'Ordre auprès duquel l'avocat est inscrit. C'est ainsi le bâtonnier qui va communiquer la déclaration à l'autorisation administrative, sauf s'il considère qu'il n'existe pas de soupçon de blanchiment de capitaux. Mais ces deux modulations du texte n'enlèvent rien au principe : depuis le 12 février 2004, l'avocat est tenu de suspecter ses clients, qu'il s'agisse d'une clientèle pénale, civile ou commerciale. À défaut, il tombe sous le coup de la loi.

Quelle est la portée exacte de ces nouvelles obligations ? L'avocat doit-il désormais s'interroger sur l'origine des honoraires qu'il perçoit en qualité de conseil pour défendre un accusé (de braquage) devant la cour d'assises ? Est-il dans l'obligation de suspecter systématiquement la provenance des fonds qu'entend utiliser un client pour constituer une société commerciale ou acquérir un fonds de commerce? Dans ce cas, quels sont les critères? L'origine sociale de l'individu? Son origine géographique? Le fait que n'ayant pas en apparence une surface financière et sociale suffisante, il n'aurait pas le droit d'acquérir un fonds de commerce de restauration ou de boulangerie dont le prix semble être disproportionné avec la qualité de son tailleur ou de son chausseur? Le texte n'est pas précis à ce niveau.

Que doivent faire le président du Conseil national des barreaux et le président de l'ordre des avocats au Conseil d'État et à la Cour de cassation? Doivent-ils conserver pour archives ce fichier de déclarations non transmises à l'autorité administrative? En aucune façon! Ils doivent *transmettre les déclarations non transmises*... au ministre de la Justice dans le cadre d'un rapport. Et bien entendu, l'autorité administrative peut quant à elle consulter ces informations en les demandant poliment au garde des Sceaux.

L'État fixe les règles déontologiques de la profession d'avocat

La profession d'avocat est affaiblie, les droits du citoyen également. Profitant de cette déliquescence, l'État a planté une dernière banderille dans ce vieux corps, pratiqué un ultime accroc dans la robe: il s'est autorisé, par décret du 12 juillet 2005 publié le 16 juillet, à intervenir directement dans la sphère sacrée de cette profession: la déontologie. Pour la première fois depuis qu'existe le métier d'avocat, le pouvoir exécutif réglemente d'office l'un des aspects essentiels de ce métier[122].

Les règles déontologiques ont pour objet principal non pas de préserver l'auxiliaire de justice en tant que tel mais, à travers et même au-delà de lui, de préserver la liberté des citoyens et les droits de la défense. En conséquence et par principe, le pouvoir exécutif n'a pas vocation à réglementer la déontologie des avocats.

L'histoire récente a prouvé que l'exécutif n'était pas le mieux placé pour intervenir dans le domaine des libertés et des droits de la défense. Si le barreau français est parvenu (dans la mesure de ses moyens) à sauvegarder les libertés bafouées par des textes comme celui du 14 août 1941, c'est grâce aux ressources de sa déontologie et contre les manœuvres du pouvoir exécutif qui tentait déjà de l'asservir. Cette déontologie a permis de défendre avec une vigueur les accusés de Riom, Léon Blum, Édouard Daladier, Guy La Chambre ou le général Maurice Gamelin. Face à la contre-attaque du barreau représenté par le bâtonnier Jacques Charpentier et ses confrères Maurice Ribet et Georges Chresteil, le régime de Vichy a été dans l'obligation de reporter *sine die* le procès politique qu'il avait engagé contre les derniers dirigeants de la troisième République. Les audiences ne reprirent jamais.

De même, pendant les treize années qui séparent les lois du 26 juin 1941 et la loi de 1954 les annulant officiellement, c'est bien sur la base d'une déontologie plus que centenaire que le barreau maintient ses traditions et veille au respect des droits de la défense.

Depuis 1958, pour contrer d'éventuelles déviations de l'exécutif, les juges constitutionnels et administratifs rappellent régulièrement les principes des droits de la défense dans leurs décisions. Ainsi le Conseil constitutionnel, lorsqu'il statue sur la loi dite «sécurité et liberté[123]», considère que ces principes sont menacés par un texte permettant au président de toute juridiction de l'ordre judiciaire d'écarter du prétoire pendant deux jours un avocat qui «porterait atteinte à la sérénité des débats». Il indique qu'une telle mesure risque d'avoir pour effet «de confier la défense à un avocat ignorant tout du procès» et annule l'article 66 du projet de loi en rappelant que l'avocat ne peut être empêché de remplir son rôle de défenseur et qu'une telle mesure est contraire « aux droits de la défense et aux principes fondamentaux reconnus par les lois de la République ».

Dans son arrêt Canal du 19 octobre 1962, le Conseil d'État démontre qu'il sait lui aussi intervenir « pour préserver les droits et garanties essentielles de la défense », lesquels étaient l'occurrence menacés par une grave atteinte aux principes généraux du droit et de la procédure pénale. Il considère qu'il existe une disproportion entre la gravité des atteintes apportées à ces principes nonobstant les circonstances de l'époque et les déclarations gouvernementales du 19 mars 1962.

Il paraît donc évident que le pouvoir exécutif ne doit pas intervenir dans la définition ou la codification de la déontologie de l'avocat, y compris dans le cadre d'une sorte de « codification par référence » – en l'occurrence au règlement intérieur unifié.

Le déséquilibre des parties

La chancellerie a profité également de ce décret pour marquer une différence de compétences, d'obligations et de capacité d'intervention dans la procédure pénale entre les différents acteurs. Elle a ainsi aggravé le déséquilibre entre les différents intervenants au procès pénal : les avocats (de la défense ou de la partie civile), le ministère public et bien entendu le juge d'instruction. Cette distorsion est assurée par plusieurs mesures : l'obligation renforcée, pour les seuls avocats, de respecter le secret de l'instruction, l'instauration en complément d'une suspicion de culpabilité à l'encontre de ces auxiliaires de justice et l'autorisation officielle de violation du secret professionnel dans le cadre de la politique de dépistage de l'argent sale.

En effet, l'article 5 du décret impose que « l'avocat respecte le secret de l'enquête et de l'instruction en matière pénale en s'abstenant de communiquer, sauf à son client pour les besoins de la défense, des renseignements extraits du dossier ou de publier des documents, pièces ou lettres intéressant une enquête ou une information en cours». Une première lecture pourrait laisser supposer que le rédacteur du décret s'est borné à reprendre les dispositions de l'article 11 du code de procédure pénale qui indique que «sauf dans les cas où la loi en dispose autrement, et sans préjudice des droits de la défense, la procédure au cours de l'enquête et de l'instruction est secrète».

Dans son alinéa 2, il précise d'ailleurs que toute personne «qui concourt à cette procédure est tenue au secret professionnel dans les conditions et sous les peines des articles 226-13 et 226-14 du code pénal».

Néanmoins, dans son dernier alinéa, l'article 11 précise que «toutefois, afin d'éviter la propagation d'informations parcellaires ou inexactes ou pour mettre fin à un trouble à l'ordre public, le procureur de la République peut, d'office et à la demande de la juridiction d'instruction ou des parties, rendre publics des éléments objectifs tirés de la procédure ne comportant aucune appréciation sur le bien-fondé des charges retenues contre les personnes mises en cause». Ainsi, une seule des parties au procès pénal, à savoir le ministère public, conserve la possibilité de s'adresser comme bon lui semble (il s'agit d'un pouvoir purement discrétionnaire) aux médias. Le procès pénal est évidemment déséquilibré. Le parquet pourra, par propos écrits ou messages audiovisuels, divulguer tel message, telle information correspondant soit à la politique pénale affirmée par le gouvernement, soit à la ligne d'action qu'il préconise dans une affaire. En revanche, l'avocat ne devra plus communiquer sur les éléments qui lui semblent nécessaires à la défense de son client.

Le nouveau texte considère également l'avocat comme le seul vecteur de la diffusion du secret de l'enquête ou de l'instruction. Si, au cours de ces dernières années, on a pu constater dans plusieurs affaires pénales la violation du secret de l'enquête ou de l'instruction, on ne peut considérer comme acquis que celle-ci résulte du seul fait de l'avocat. En effet, détiennent ce secret tant les policiers qui mènent les enquêtes ou exécutent les commissions rogatoires que les membres du parquet les contrôlant, ou encore les juges d'instruction. Parmi ces derniers, certains n'ont pas manqué de se prévaloir clairement des liens entretenus avec les médias. Cela leur permet, en fonction des événements, de se prémunir contre un éventuel «étouffement de dossier», menace toujours possible de l'exécutif via le parquet. Ils peuvent ainsi faire connaître au grand public le contenu d'un dossier, et obtenir de ce côté le soutien qui leur fait défaut de l'autre.

À notre connaissance, le ministre de la Justice n'a jamais déclenché de processus disciplinaire à l'encontre des magistrats du parquet ou de l'instruction qui violaient délibérément les dispositions de l'article 11 du code de procédure pénale. Il a laissé s'instaurer un certain laxisme, commun à l'ensemble des acteurs judiciaires, auquel il semble aujourd'hui vouloir mettre un terme concernant les avocats uniquement.

André Damien, ancien bâtonnier de Versailles et conseiller d'État honoraire, a enseigné à plusieurs générations d'avocats que «l'avocat [...] ne reçoit pas des confidences pour les enfouir dans sa mémoire. Il recueille une confession, mais à charge d'en utiliser les éléments dans sa défense, et c'est lui et lui seul qui juge s'il doit révéler l'infortune conjugale de son client comme expliquant tel geste. C'est lui qui détermine l'utilité de dévoiler les tares psychologiques du prévenu ou les pressions qu'il a subies[124]». Fort des mille ans d'histoire du barreau, il concluait ainsi: « Sans secret, pas de client confiant, pas de défense mais simplement un service administratif placé auprès du prévenu, ou du plaideur, dont les relations avec celui-ci ne sont pas différentes de celles de l'assuré social avec sa caisse.» Le décret de 2005 prévoit ainsi que pour des raisons «de nature personnelle», à savoir les exigences de sa propre défense, ou pour d'autres raisons qui résulteraient de textes légaux, l'avocat serait autorisé à procéder à la violation du secret professionnel. Il bat en brèche la loi du 31 décembre 1971 et son article 66-5, déjà modifié par la loi du 12 février 2004[125].

Le déclin de l'avocature renforce le parquet et le magistrat instructeur

J'ai déjà abordé les causes fondamentales de cette regrettable situation. Elles se déclinent à plusieurs niveaux. Au sein des pouvoirs exécutif et législatif, force est de concéder que le barreau ne bénéficie plus de l'aura et de la représentation qui étaient les siennes sous les deuxième et quatrième Républiques. Depuis 1958, l'énarchie a exclu l'avocature des fonctions exécutive et législative. Au départ, la volonté de rupture exprimée par le général de Gaulle et Michel Debré a sans doute expliqué le fait que les avocats se trouvaient éliminés des fonctions importantes de l'État. Par la suite, la contrainte économique de plus en plus pesante a obligé l'avocat à choisir clairement la carrière politique ou le barreau. Les allers-retours sont difficiles, alors mêmes qu'ils sont chose commune dans la haute Administration. François Mitterrand est un contre-exemple sans grande portée puisqu'il n'a pour ainsi dire jamais exercé. Il n'en est pas de même de Nicolas Sarkozy. Certes, depuis peu, on a décelé la présence de vrais avocats, ayant exercé de façon brillante soit dans de grands cabinets (Christine Lagarde), soit dans le cadre de structures créées personnellement (Jean-Louis Borloo). Pascal Clément, ministre de la Justice du gouvernement Villepin, était lui-même avocat. En revanche, à l'Assemblée et au Sénat, le barreau est désormais sous-représenté. Ses membres sont noyés dans la masse des fonctionnaires en disponibilité, et incapables de faire entendre leur différence.

La seconde partie de l'explication réside sans doute dans la relative paupérisation du barreau. L'augmentation du nombre des avocats se traduit par la diminution du revenu moyen de la profession. Dès lors, ceux-ci consacrent moins de temps à l'engagement politique ou syndical. Ils choisissent de maintenir ou d'accroître leur niveau de vie. Le sort du barreau leur devient indifférent par obligation, et ils s'en remettent instinctivement aux quelques confrères qui acceptent la charge que représentent ces fonctions ordinales ou syndicales. Mais rares sont désormais ceux qui expriment dans la cité les valeurs qu'ils défendent dans leur métier.

Un dernier élément joue naturellement dans le même sens : l'exercice à temps partiel du métier d'avocat. Dans ce cas, c'est un choix délibéré qui conduit ce professionnel du droit à réduire le temps qu'il consacre à son exercice, tous éléments confondus. Mais si la profession ne représente plus l'essentiel de son existence, son sort, son traitement par le pouvoir exécutif ou judiciaire l'indiffèrent en partie. La cohésion de l'ensemble est atteinte, ce qui explique que si l'avocat grogne beaucoup, il agit peu et souvent de façon inefficace. À la différence de la magistrature, les avocats n'ont pas un réel esprit de corps. Si de temps à autre, ils retrouvent un réflexe corporatiste, celui-ci ne peut durer plus d'une journée de grève ou de manifestation. Ils sont encore incapables d'une vaste action de *lobbying*, à la différence des notaires ou des huissiers.

Face à un tel constat, l'idée est évidemment venue de créer une fonction de représentation spécifique qui se substitue au fonctionnement traditionnel, désormais totalement obsolète. Puisque le barreau ne dispose plus de représentants suffisamment influents dans les assemblées et au sein de l'exécutif, il doit recourir classiquement au *lobbying* organisé par ses organes les plus représentatifs que sont le barreau de Paris, le Conseil national des barreaux et, à un moindre niveau, la Conférence des bâtonniers. Mais le fameux GIE constitué entre ces trois organismes a totalement échoué dans sa tâche, comme le prouve la publication des textes dénoncés ci-dessus. Pendant que les avocats ergotent, la chancellerie se réjouit des querelles de personnes qui animent les rapports entre ces structures. Elle leur distille, de façon différenciée, les informations, les projets de lois ou de décrets. Les débats sont nécessairement faussés : alors que chacune des institutions réfléchit dans son coin, la chancellerie organise des pressions auprès du législateur ou du gouvernement pour passer un texte dont elle sait déjà qu'elle rejettera la version amendée de façon différente par l'un de ces acteurs. Lorsque parfois une personnalité semble cristalliser une opposition, ou simplement une position, la place Vendôme joue alors de son influence et procède astucieusement à un contre-*lobbying* en faisant miroiter l'émail d'une décoration ou les dorures d'un bureau douillet dans un emploi réservé à un spécialiste du droit de haute volée. Elle n'hésite pas à promettre des fonctions européennes à tel ou tel qui se montrerait compréhensif avec ses projets... par exemple, celui qui a donné corps au décret du 16 juillet.

Car les équipes de la chancellerie ont changé. Les vieux magistrats entretenant des relations de connivence avec les membres du barreau ont déserté ses couloirs depuis longtemps. Depuis l'arrivée des séides du Syndicat de la magistrature qui se sont succédé sous l'ère Mitterrand, la chasse à l'avocat est désormais ouverte toute l'année. Ces magistrats occupent aujourd'hui des postes de direction de juridiction ou de présidence de chambre dans les cours d'appel. Ils ont été remplacés par de jeunes collègues, pour la plupart issus de la même école et partageant les mêmes idéaux de fond en dépit d'opinions politiques divergentes. Ils sont à la fois prolifiques et performants. Ils gèrent avec un certain cynisme des processus de « consultation » que ne maîtrisent pas les organes représentatifs des avocats. Ceux-ci, de même que les syndicats professionnels d'avocats, ne parviennent pas à s'adapter et sont systématiquement dépassés, ne serait-ce que dans la gestion du temps.

Dès lors, lorsque le président d'une chambre correctionnelle demande s'il y a encore un avocat dans la salle pour assurer la défense d'un prévenu en comparution immédiate, il a souvent la chance d'en trouver à la recherche d'une cause ou d'une simple plaidoirie. Il sera commis d'office par le bâtonnier et participera ainsi à l'acte de juger dans des conditions qui auraient fait frémir les Berryer, Moro-Giafferi et autres Johannes Ambre. Il est certain que l'offensive des juges d'instruction et de la magistrature dans son ensemble contre l'avocature a participé de cette situation actuelle. Mais ils ne sont pas les principaux responsables de la pauvreté opérationnelle de la défense pénale, comme ils ne peuvent être considérés comme les seuls responsables du désastre d'Outreau. Le barreau français s'est montré jusqu'à ce jour un bien piètre défenseur de sa propre condition et, parfois, de ses propres clients.

TROISIÈME PARTIE

Que faire ?

CHAPITRE I

Le retard français

À l'instant où le président de la République donne le signal d'un bouleversement majeur de la procédure pénale, il est intéressant de dénombrer les tentatives initiées au cours de ce dernier quart de siècle pour tenter de faire évoluer le système français vers une procédure plus moderne, plus proche de la réalité factuelle. Cette analyse rapide démontre la rigidité de la pensée politique et juridique hexagonale, cause de la légendaire impossibilité de réformer ou d'adapter dans ce pays un fonctionnement institutionnel.

Un mouvement qui concerne l'ensemble de l'Europe

Depuis le courant des années 1970, les pays européens qui, à l'exception de la Grande-Bretagne, bénéficient de la procédure inquisitoire inspirée du code d'instruction criminelle de 1810, évoluent progressivement vers un système accusatoire. Il en est ainsi de l'Allemagne, de l'Italie, de l'Espagne et de la Suisse. En Allemagne, c'est le 1er janvier 1975 qu'une loi de réforme de la procédure pénale a été mise en œuvre[126]. Dans ce pays, le ministère public est composé de fonctionnaires ne faisant pas partie du pouvoir judiciaire mais dépendant directement de l'exécutif. Le principe est celui de la légalité des poursuites, tempéré par un droit de dévolution (qui permet à un supérieur hiérarchique de s'attribuer un dossier traité par un subordonné) et un droit de substitution qui l'autorise à dessaisir ce subordonné au profit d'un autre fonctionnaire. C'est à cette époque que le juge d'instruction, qui intervenait dans des conditions similaires à celles de son collègue français, a été remplacé par un juge de l'enquête, compétent pour prendre des mesures individuelles ou collectives restreignant les libertés. Cette intervention est nécessaire pour le placement en détention provisoire, mais aussi le déploiement d'un barrage routier après un braquage de banque ; en effet, un barrage de ce type est juridiquement une mesure collective de nature extraordinaire qui met en cause la liberté d'aller et venir. Bien que protégé par la Constitution, en France, ce droit peut être contrarié par une décision de l'Administration, en particulier du ministre de l'Intérieur, sans aucune intervention du juge judiciaire.

En Italie, c'est en 1988 que le nouveau code de procédure pénale est instauré. Il fait lui aussi évoluer le système vers une procédure accusatoire. Mais les parquetiers italiens sont considérés comme des magistrats indépendants et ils bénéficient du même statut que les magistrats du siège. Cela étant, dès cette date (douze ans avant la loi Guigou, qui ne concerne que le juge d'instruction et non le parquet), le parquet italien a pour mission de conduire l'enquête à charge et à décharge, et il s'agit d'une obligation légale, qui transfère donc à cet organisme l'aspect schizophrénique de la procédure de l'enquête pénale.

Comme en Allemagne, le principe de la légalité des poursuites s'applique, mais il est concentré dans un délai ne dépassant pas dix-huit mois. Au terme de ce délai, les poursuites ne peuvent plus être engagées. Le juge d'instruction cède la place au juge de l'enquête préliminaire, qui détient le contentieux de la détention provisoire. Si le procureur a la maîtrise totale de l'enquête, il doit respecter un certain nombre d'obligations, comme l'information de l'avocat de la personne suspectée concernant le déclenchement d'expertises, de perquisitions ou encore de saisies.

La Suisse a, elle aussi, procédé à une modification de son code de procédure pénale, et elle a supprimé le juge d'instruction. Le parquet se voit confier l'ensemble de la conduite de la procédure préliminaire, la poursuite des infractions et l'établissement de l'acte d'accusation. Il dirige cette procédure lui-même. À l'instar de l'Allemagne ou de l'Italie, le principe de la légalité des poursuites est retenu. La réforme instaure un « tribunal des mesures de contraintes » qui statue à la demande du parquet sur le placement en détention provisoire, son éventuelle prolongation, les investigations bancaires, etc. En Suisse, le mis en cause peut, dès la première heure de garde à vue, être assisté par un avocat, et ce dernier peut être présent aux interrogatoires. En revanche, il n'est pas associé aux recherches de la preuve[127].

Au regard de ces réformes fondamentales que les Italiens, les Suisses ou les Allemands ont osé réaliser, il est certain que la pusillanimité française apparaît désespérante. Les tentatives de ces vingt dernières années pour faire évoluer le vieux système inquisitorial sont nombreuses, et elles marquent l'inquiétude du législateur – toutes opinions politiques confondues – face à la décrépitude de l'institution, à la différence désormais très apparente entre la lettre du texte, son esprit et son application concrète. Mais le nombre de ces réformes législatives, qui ont parfois échoué avant d'être mises en œuvre, dissimule mal l'incapacité de ce même législateur à reconnaître que c'est l'ensemble du système qu'il convient de revoir.

1987 : Chalandon contre Badinter

L'Allemagne a procédé au toilettage de son code depuis dix ans lorsque la France décide de s'atteler à la tâche. Robert Badinter, ministre de la Justice de François Mitterrand, présente dans la dernière année de la législature un projet de loi au Conseil des ministres du 2 octobre 1985. Il expose qu'il s'agit de l'initiative «la plus importante parmi les projets de réforme déposés depuis le début de la législature. [...] À la sollicitude du juge va succéder la garantie normale de la justice, c'est-à-dire la collégialité. On crée une chambre de l'instruction composée de trois juges, dont un, deux ou trois suivant les cas, auront à suivre l'affaire dont la justice est saisie. [...] Il en résulte des avantages du point de vue de la rapidité et de la sécurité. Aujourd'hui, quand un magistrat tombe malade ou change d'affectation, tout s'arrête, tout est à reprendre[128]. Désormais, ce ne sera plus le cas[129]». La loi est adoptée le 10 décembre 1985 et elle doit être mise en application deux ans plus tard, soit le 1er janvier 1988. Ce délai de deux ans est nécessaire pour permettre la mise en œuvre de moyens nouveaux, soit la nomination et l'affectation de cent cinquante magistrats et d'une centaine de greffiers[130]. Robert Badinter quitte la place Vendôme avec la sérénité de l'homme qui a tenté le maximum pour adapter l'appareil judiciaire français à la modernité, avec comme seule ligne de conduite la tradition humaniste.

Son successeur, Albin Chalandon, ministre de Jacques Chirac pendant la première cohabitation, va mettre à néant le délicat mécanisme de la collégialité. Non pas tant par dogmatisme que par pragmatisme : courant 1987, il se rend compte qu'il ne disposera jamais des magistrats nécessaires. Il propose alors une modification de la loi qui remplace la collégialité de l'instruction par la collégialité de la mise en détention. Il imagine un tribunal statuant sur la détention provisoire composé de trois magistrats choisis par le président du tribunal de grande instance, à l'exception bien entendu des juges d'instruction. Cette formation particulière se prononcera sur l'incarcération d'un inculpé, après débat contradictoire en chambre du conseil, c'est-à-dire à huis clos. Ensuite, le juge d'instruction retrouvera l'ensemble de ses prérogatives. La difficulté de ce projet réside dans le nécessaire parallélisme des formes concernant les mesures de liberté. Il ne prévoit pas une identité de fonctionnement pour l'incarcération et la remise en liberté. Actuellement, un débat contradictoire a lieu devant le juge des libertés et de la détention entre l'avocat de la défense et le parquet, concernant l'intérêt de la mise en détention de la personne mise en examen. Mais pour la remise en liberté, la même audience n'est pas prévue, et l'avocat de la partie civile n'est pas appelé à produire ses observations.

Le second aspect de la réforme Chalandon est fondé sur le dessaisissement presque automatique du juge d'instruction. Au bout de six mois, si celui-ci ne réalise pas les démarches nécessaires, la chambre d'accusation (à laquelle a succédé par la suite la chambre de l'instruction) doit procéder à ce dessaisissement. Mais l'on sait par expérience que les magistrats des cours d'appel sont très réticents à intervenir dans les dossiers d'instruction suivis par leurs jeunes collègues des tribunaux de grande instance. Les raisons vont du respect sourcilleux de l'indépendance de chaque magistrat à la confiance – parfois excessive – dans les capacités du magistrat instructeur; elles peuvent également répondre à d'autres critères tels l'excès d'activité juridictionnelle ou la fatigue d'avoir à vérifier, comme la procédure le permet, le travail réalisé au sein des cabinets d'instruction.

Si les avocats ne sont pas défavorables au projet, les réactions des magistrats sont (presque) unanimement négatives. Les juges d'instruction y sont totalement opposés[131]. Au cours des quelque vingt années qui suivront, jusqu'au projet de Nicolas Sarkozy, on notera une constante inébranlable: chaque réforme, de quelque nature qu'elle soit, entraîne une réaction négative de la magistrature. En l'occurrence, en 1987, le président de l'Association française des magistrats instructeurs trouve dangereux de séparer le déroulement de l'information de la détention provisoire car ce serait «méconnaître cette procédure; l'efficacité de l'instruction tient à ce que le juge se réserve la possibilité de mettre en détention, pas pour le plaisir mais pour des raisons d'investigation, pour empêcher la subornation de témoins par exemple». Alain Verleene, juge d'instruction dans l'affaire des Irlandais de Vincennes, expose dans *La Croix* que la réforme «va à l'encontre du but recherché, c'est-à-dire de la baisse des détentions provisoires. En fait, ce que l'on conteste aujourd'hui, c'est le caractère de préjugement qui entache la décision du juge d'instruction quand il place un prévenu en détention. Je vois mal comment un tribunal collégial y échappera». Yves Lemoine, futur auteur d'ouvrages sur la magistrature d'instruction, est le seul à exposer qu'il n'est pas choqué par le projet et que celui-ci est d'ailleurs souhaitable pour le justiciable, bien qu'il soit partiel et incertain[132].

Nonobstant ces réactions négatives, le ministre poursuit son initiative. Dès lors, la gauche, furieuse de voir dépecer la réforme Badinter, monte à l'assaut. Il est vrai qu'à cette époque, le ministre de la Justice est en position personnelle délicate puisqu'il est partie civile dans une affaire d'escroquerie concernant un bijoutier parisien renommé, la société Chaumet.

Un effet inattendu de la discussion législative : le début du vedettariat des juges d'instruction

C'est précisément en cette année 1987 que débute le phénomène de vedettariat dans le monde de l'instruction. Le premier bénéficiaire en est le juge Claude Grellier, qui décide de mettre en examen Michel Droit. L'académicien, qui fut le journaliste préféré du général de Gaulle et qui l'interrogeait à chacune de ses interventions télévisées, est particulièrement malmené par le premier juge d'instruction du tribunal de Paris dans l'affaire dite de «Radio Courtoisie». La personnalité de l'inculpé et l'actualité de la réforme de l'instruction poussent naturellement à la médiatisation d'un dossier qui ne présente pourtant pas un grand intérêt. Le 6 novembre 1987, la chambre criminelle de la Cour de cassation ordonne la suspension de l'instruction dans l'attente de l'examen d'une requête en suspicion légitime. Quelque temps plus tard, le juge Grellier sera dessaisi.

Agathe Logeart est sans doute la première à mentionner le phénomène du vedettariat dans un article du *Monde* du 11 décembre 1987, où elle rappelle qu'autrefois, « on ne connaissait que les juges qui dérapaient, Pascal ou Bidalou, ou ceux qu'on tuait, Michel ou Renaud. Nous voilà avec un vrai *Who's Who*. Les Dalton de l'antiterrorisme qui sont cinq et les vedettes d'un dossier : Michaud, Grellier à Paris, Fenech à Lyon. Même lorsqu'ils ne demandent rien à personne, vous, la presse, en faites des vedettes. Dès lors, il est normal que certains se prennent les pieds dans le tapis [133] ». Agathe Logeart remarque que le juge Claude Grellier s'est justifié de la mise en examen de son très médiatique client, Michel Droit, à trois reprises, dans des interviews. Quant à la première présidente de la Cour de cassation, madame Simone Rozès, elle s'est elle-même expliquée à la télévision, au journal de 20 heures.

Le jour où la polémique enfle dans le journal *Le Monde*, le texte d'Albin Chalandon est évoqué à l'Assemblée. La gauche entière s'y oppose, François Loncle, député socialiste de l'Eure déclarant avec emphase : « Aux maisons qui s'écroulent, aux avions qui reniflent, aux prisons qui explosent, aux bijoux qui rapportent, allez-vous [monsieur le ministre] ajouter une justice à deux vitesses, vous qui portez atteinte au bon renom de la République ! » Même au sein du RPR, Emmanuel Aubert, député des Alpes-Maritimes, Jacques Toubon, Jacques Limouzy, député du Tarn et rapporteur de la commission des lois, sont dubitatifs. Ce dernier reconnaît que le texte « est plus important par ce qu'il annonce que par ce qu'il contient ». Il estime qu'il aurait mieux valu reporter la mise en œuvre de la réforme Badinter, qui était prévue pour le 1er janvier 1988, en attendant de présenter une réforme d'ensemble de la procédure pénale.

Quant à Jean-Louis Debré, il attaque le texte vigoureusement, en l'estimant dangereux pour les libertés individuelles, contestable dans son fondement, illogique, hypocrite, inapplicable et préoccupant. Lui-même ancien magistrat, il est totalement opposé à la collégialité, qui lui semble une dilution de la responsabilité. Il considère qu'Albin Chalandon se sert de la procédure pénale en la compliquant pour désengorger les prisons, et que cette initiative n'aura pour effet que de désorganiser profondément le fonctionnement de l'institution judiciaire[134].

Dans une tribune de *Libération* du 14 décembre, Daniel Soulez Larivière, avocat au barreau de Paris, essaie de tirer la substantifique moelle de la réforme proposée. Il rappelle que le problème de fond reste celui du préjugement que constitue la mise en détention provisoire, conçue en France comme un moyen d'instruction et non pas comme une simple protection contre le danger que représente une personne pour la société. Revenant sur les errements constatés dans l'affaire Grégory, l'avocat, auteur de plusieurs ouvrages, conclut en disant : « Quand on voit en l'espace d'un an un juge inapte et narcissique[135] tirer gloire de ses errements dans une instruction majeure [l'affaire Villemin] et un juge remarquable et modeste, Claude Grellier, sombrer dans l'affaire Michel Droit pour avoir appliqué la loi, il n'est pas difficile d'imaginer où se situe le devoir de leur politique : après s'être correctement renseigné, créer une loi-cadre avec un programme de cinq à dix ans, pour réformer de fond en comble une procédure pénale archaïque et barbare[136]. »

La réforme Chalandon sera sans lendemain : Jacques Chirac est battu en 1988, le système inquisitoire reste en l'état, et la loi de programmation appelée de ses vœux par Daniel Soulez Larivière ne verra jamais le jour.

1990 : une nouvelle étape

L'année 1990 marque une nouvelle étape dans la tentative d'adaptation de la procédure pénale française. Il est vrai que les juges d'instruction refont la une de l'actualité en raison du suicide de l'un d'entre eux, le juge Gilles Boulouque[137]. Cet acte désespéré interpelle la presse sans qu'elle en comprenne les mobiles. Le magistrat est alors spécialiste des affaires de terrorisme au tribunal de grande instance de Paris et, à ce titre, est intervenu dans le dossier Abdallah et celui du réseau Fouad Ali Saleh.

Quelle est la raison du suicide de Gilles Boulouque? La question restera longtemps posée. Il est certain que le magistrat, qui avait réalisé un effort tout particulier dans la gestion des affaires antiterroristes, s'est senti abandonné par le pouvoir socialiste au cours de l'année 1990. Sa promotion au grade de premier juge d'instruction, laquelle semblait parfaitement normale au regard de son ancienneté et des résultats obtenus, a été refusée. Certes, il avait fait l'objet, quelques mois auparavant (en novembre 1988) d'une inculpation pour viol du secret de l'instruction, accusation développée par l'un des terroristes – en l'occurrence Fouad Ali Saleh – et largement relayée par son conseil.

À cette époque, l'inculpation du magistrat instructeur a été considérée comme extraordinaire puisque cette procédure n'avait encore jamais abouti dans la circonscription judiciaire de Paris, et qu'elle n'avait été engagée de façon positive qu'à deux reprises devant une juridiction provinciale. On ne saura d'ailleurs jamais si la plainte déposée par l'avocat de Fouad Ali Saleh était fondée ou s'il s'agissait d'une tactique visant à déstabiliser le magistrat, comme certain nombre d'avocats, à l'instar du regretté Jean-Louis Varault, les développaient à l'époque. En tout état de cause, le suicide du juge, qualifié par le ministre en exercice, Henri Nallet, de «drame personnel[138]», indispose l'ensemble du monde judiciaire tant il semble être la conséquence d'un mépris délibéré de sa hiérarchie.

Sa disparition intervient à un moment où, à nouveau, la suppression des juges d'instruction est préconisée par la commission Delmas-Marty. Cette universitaire et auteure en 1967 d'une thèse qui a fait date sur le ministère public préside depuis août 1988 un ensemble de douze membres, magistrats, conseillers d'État, professeurs de droit et avocats. La commission propose de faire disparaître les juges d'instruction en adoptant un système procédural de type accusatoire, confiant au parquet la direction des enquêtes judiciaires. L'avocat du suspect aurait alors le droit de suivre le déroulement des investigations et verrait ses pouvoirs d'intervention accrus. Elle rappelle également que le secret de l'instruction est un principe quotidiennement bafoué (d'où la relation avec le dossier Boulouque) et qu'il serait sage, plutôt que de tenter de préserver des formules vieillies, d'énoncer clairement les principes fondamentaux comme la présomption d'innocence, les droits de la défense ou l'égalité des justiciables dans le code de procédure pénale. Mireille Delmas-Marty souhaite que soit adoptée une procédure plus déontologique que formaliste et, en tout état de cause, plus respectueuse des droits de la défense. Mais le rapport va intervenir dans un temps d'instabilité politique qui voit le retour au pouvoir de la droite, au printemps 1993.

La gauche confrontée à une grogne magistrale

En janvier 1993, les magistrats organisent un grand mouvement de protestation dont Michel Vauzelle, garde des Sceaux, se révèle être la victime. Plusieurs magistrats déclarent publiquement vouloir être déchargés de leurs fonctions. Déstabilisé, le ministre ironise en indiquant qu'il examinera une à une les demandes si elles sont suscitées par un problème familial ou un problème de santé. Critiquant l'attitude des juges, il espère que «chez aucun d'entre eux, nous ne trouverons trace d'un corporatisme qui me paraît vraiment très loin de la magistrature, ni d'une opération politique à la veille des élections[139]».

Il est vrai qu'en cette fin de règne de François Mitterrand, la magistrature n'est pas épargnée. Ainsi, le juge d'instruction Renaud Van Ruymbeke est vilipendé par le Parti socialiste, qui publie le 25 août 1993 un livre blanc, intitulé *Chronique d'un procès politique, la mise en cause d'Henri Emmanuelli.* Le PS conteste le bien-fondé de l'enquête sur l'antenne Urba Sarthe, laquelle a conduit à une instruction renvoyant Henri Emmanuelli, son ancien trésorier national, devant un tribunal pour y être jugé. À l'époque, le parquet de Rennes prend des réquisitions en faveur d'une amnistie, mais en juin 2003, la chambre d'accusation de la cour d'appel estime qu'il a été inculpé à juste titre de complicité de recel et trafic d'influence : il devra donc comparaître avec dix-sept autres inculpés devant le tribunal correctionnel.

À l'époque, Henri Emmanuelli démissionne avec fracas pour se représenter dans sa circonscription des Landes. Le Parti socialiste critique les juges d'instruction en expliquant « qu'il y a aujourd'hui des gens pris à leur propre jeu, à leur désir de notoriété, à leur goût de la provocation et de la médiatisation, qui pensent qu'ils doivent mener une croisade personnelle contre un parti politique, ses militants, son action, son passé ». Il est vrai que depuis le début des années 1990, les affaires Urba collent aux semelles du Parti socialiste.

Pierre Méhaignerie devient le garde des Sceaux du gouvernement d'Édouard Balladur, qui occupe l'hôtel Matignon à compter du printemps 1993, dans le cadre de la seconde cohabitation. Il enclenche la révision constitutionnelle qui portera sur la Haute Cour de justice et le Conseil supérieur de la magistrature. Il engage également une réforme du code de procédure pénale. Alors que les textes de la réforme Badinter visaient à modifier sensiblement la procédure inquisitoire française en supprimant certains pouvoirs du juge d'instruction, le projet Méhaignerie intervient à contre-courant et rétablit l'ensemble des prérogatives du juge : ce dernier redevient le seul maître de la mise en examen et du placement en détention.

Les droits du suspect pendant la garde à vue sont réduits, à l'exception de la présence de l'avocat, qui doit intervenir à partir de la vingtième heure. Mais certains des progrès envisagés par la loi du 4 janvier 1993 sont maintenus, telle la possibilité pour les avocats de demander des actes d'instruction (auditions de témoins, expertise ou confrontation)[140].

Près de sept ans plus tard

Lorsque, en 1999, Élisabeth Guigou dépose sur le bureau du Parlement son projet de réforme du code de procédure pénale, la France est à nouveau dans une phase de cohabitation. Cette énième tentative déclenche l'habituelle série de critiques, mais elle favorise également l'instauration d'un débat autour de concepts originaux. En octobre 1999, le Sénat propose la création d'un poste de procureur général de la République, chargé de coordonner l'action des trente-cinq procureurs généraux. Le rapporteur de la commission des lois de l'époque, Pierre Fauchon, centriste, explique que ce superprocureur serait nommé pour cinq ans par le président de la République sur une liste de trois personnalités proposées par le Conseil supérieur de la magistrature. Le rapporteur expose que « la nomination par le président de la République permettra de désigner quelqu'un qui ne sera pas suspect d'imprégnation politique excessive ». On sait que l'Espagne a, dans le cadre de sa propre réforme de la procédure pénale, choisi cette voie.

Toute la gauche s'oppose à cette idée. Michel Charasse, très impliqué dans le débat au Sénat, explique « qu'il ne peut y avoir d'écran entre le ministre et les procureurs. C'est un nouveau démembrement de la souveraineté ». Il indique, dans la logique de la position qu'il avait prise quelques années auparavant pour critiquer l'indépendance du parquet[141], que « ce superprocureur aurait les pleins pouvoirs et serait irresponsable ». Le sénateur socialiste est également favorable au maintien des instructions générales et des instructions personnelles que le parquet peut recevoir du ministre. Même si sa réforme n'a pas modifié fondamentalement le code de procédure, Élisabeth Guigou restera le ministre qui a permis d'y ajouter que le juge d'instruction devait aussi instruire « à décharge ». Madame Guigou entre ainsi dans l'histoire judiciaire française, et sa réforme restera la loi Guigou, avec une postérité qui devrait être au moins similaire à celle d'Ernest Constans, ce réformateur oublié ayant permis l'intrusion de l'avocat dans le cabinet du juge d'instruction en 1897.

2004 : une nouvelle étape

Périodiquement au cours des dix dernières années, on a assisté à des déclarations le plus souvent tonitruantes d'un certain nombre de responsables du monde judiciaire ou politique. Ces déclarations de principe, parfois hautes en couleur, dissimulaient mal la réalité de l'immobilisme. Le 12 avril 2004, Yves Bot, procureur de Paris, estime nécessaire d'intervenir officiellement pour exposer l'action du parquet dans les dossiers terroristes et financiers. Il est alors accusé par les syndicats de magistrats de vouloir étouffer un certain nombre d'affaires. Au cours d'une longue interview accordée au *Monde*, il expose les projets de réorganisation de la section antiterroriste du parquet, qui disposera désormais de nouveaux moyens matériels et humains. Il dénie une reprise en main de l'administration parquetière par ses soins suite à l'élection présidentielle de 2002 – laquelle voit, avec la réélection de Jacques Chirac et l'arrivée de Jean-Pierre Raffarin à l'hôtel Matignon, le retour en force de la droite après la troisième cohabitation.

Le procureur de Paris justifie officiellement la politique pénale qu'il est chargé d'appliquer et qui vise à développer les enquêtes préliminaires sous le contrôle unique du parquet, au détriment des informations judiciaires dirigées par un magistrat instructeur. Il explique qu'il choisit, en fonction des situations, soit de désigner immédiatement un magistrat instructeur comme dans l'affaire AZF, soit de conduire une enquête préliminaire comme dans le dossier TECHNIP (à l'époque, ce groupe était suspecté d'avoir versé des commissions occultes pour obtenir des marchés) ou dans l'affaire de l'attentat de Madrid, qui pouvait avoir des ramifications en France. En outre, le chef du parquet de Paris estime qu'il doit s'assurer que les initiatives d'un certain nombre de magistrats instructeurs ne vont pas conduire à des instructions pléthoriques lesquelles, finalement, n'aboutiront pas. Il conclut en indiquant : « On a vu trop de dossiers financiers exploser à l'audience. »

Bien entendu, cette vision de la direction de la politique pénale est contestée par les magistrats instructeurs. Ceux-ci doivent cependant reconnaître que les relaxes de Dominique Strauss-Kahn dans l'affaire de la MNEF, de Robert Hue dans l'affaire du Gifco, l'annulation d'une partie de la procédure du dossier mené par Éric Halphen sur les HLM de Paris, ou encore la relaxe de Roland Dumas après plusieurs années de placement au pilori médiatico-judiciaire, ne plaident pas dans leur sens. Ils sont embarrassés pour apporter au chef du parquet une réelle contradiction. En effet, ils savent que le nombre d'instructions ne cesse de diminuer, sous l'effet conjoint du découragement des parties civiles et des systèmes de blocage que maîtrisent parfaitement à la fois le parquet et le juge d'instruction, ne serait-ce que par le jeu de la consignation. En l'occurrence, pour l'ensemble des affaires financières, les ouvertures d'informations judiciaires sont passées de trois cent quatre-vingts en 2000 à deux cent cinquante-deux en 2003. Les juges d'instruction font remarquer qu'on note une inversion entre les causes d'ouverture d'information, qui sont désormais essentiellement motivées par des actions de la partie civile. Le 11 mars 2004, Dominique de Talancé, juge au pôle financier de Paris, estimait qu'elle était victime d'une marginalisation insidieuse et qu'en fait, le parquet n'était plus intéressé par les délits financiers complexes... sous entendu comme il avait pu l'être il fut un temps, soit dix ans auparavant, dans les années de la splendeur des juges Jean-Pierre et Joly[142].

Globalement, concernant la lenteur dans le suivi des procédures, les juges retournent le compliment au parquet et se plaignent d'attendre pendant des mois des réquisitions ou des avis. Ils critiquent également les divergences d'appréciation fortes qu'ils constatent entre leur position dans les dossiers et ceux du parquet de Paris. En fait, ils décrivent en creux la réalité d'une modification fondamentale de la procédure pénale, intervenue avant la modification des textes, sous la pression de la réalité factuelle, de l'évolution de la société et des progrès de la science. Après vingt ans de réformes ponctuelles et partielles, souvent liées à une actualité politique ou médiatico-judiciaire, le temps d'une vraie réforme de fond est peut-être arrivé.

CHAPITRE II

La renaissance de la citoyenneté judiciaire

Les débats réguliers qui concernent la magistrature d'instruction, les déclarations politiques les soutenant et les projets tentant de la réformer[143] concourent à l'état de crise continuel de la justice pénale, comme s'il était possible de conjurer le mauvais sort par la parole. Mais les dysfonctionnements ne sont pas limités au stade de l'instruction. Le citoyen éprouve désormais un sentiment de crainte dès que l'on aborde le sujet. On constate un invraisemblable paradoxe : cette justice est redoutée non en raison de sa sévérité mais de ses humeurs, de ses lenteurs, de ses aléas. Le souhait commun de tous les justiciables est de ne jamais avoir affaire à cette institution. Ils sont persuadés qu'il est désormais possible d'entrer innocent dans un palais de justice sur la base d'un vague témoignage et d'en ressortir mis en examen, voire emprisonné ou condamné. Ils sont désormais certains que l'implacable mécanisme d'Outreau fonctionne encore et qu'il peut se reproduire. Les plus cyniques noteront que la règle vaut dans les deux sens, et qu'Émile Louis a bénéficié, à sa façon, pendant vingt ans, d'une totale impunité grâce aux errements du tribunal de grande instance d'Auxerre...

On ne peut évidemment se satisfaire d'une telle situation. Avant d'aborder les éléments nécessaires à la réforme de la procédure inquisitoire, il est indispensable de décrire cette impression de mauvaise justice, qui est un élément déterminant du malaise français au regard de l'institution.

L'impression de mauvaise justice

Ce sentiment est commun à tous les Français. Il repose à la fois sur des statistiques et sur une attitude générale des autorités limitant les poursuites concernant les infractions contre les biens, ou instaurant des « modes pénales » évoluant en fonction du temps et de l'actualité médiatique. Il en est ainsi de la répression des violences conjugales, qui pendant longtemps n'ont pas été poursuivies, ou seulement lorsqu'elles équivalaient à un crime de sang. Depuis le courant de l'année 2009, le ministre de la Justice fait un effort médiatique notable pour obtenir une réflexion et un renforcement de la répression concernant ces agissements, avec, il faut le souligner, des résultats médiocres sur le terrain. Seuls quelques substituts et quelques commissariats ou gendarmeries appliquent les instructions. De nombreux magistrats considèrent que le délit est trop « vulgaire », insuffisamment « technique » pour mériter l'attention, voire l'ouverture d'une information. Ces attitudes font croître le sentiment d'injustice.

Le taux d'élucidation des crimes et délits répertoriés (hors la criminalité non déclarée qui, par essence, échappe aux statistiques) oscille entre 27 et 30 % dans le meilleur des cas. Cela signifie *a contrario* que les auteurs de plus de deux tiers des infractions commises restent inconnus. Ces statistiques générales ne sont cependant pas significatives en elles-mêmes car elles confondent toutes les catégories d'infractions et de plaintes.

Le sentiment de mauvaise justice et d'impunité des délinquants résulte ainsi du traitement des infractions communes, celles qui concernent directement les citoyens. Il s'agit des cambriolages, des coups et blessures, des agressions verbales

– lesquelles se multiplient – que l'on appelle par euphémisme des incivilités. Désormais, nombre de cambriolages ne font même plus l'objet d'enquêtes de police ou de gendarmerie. La plainte une fois établie, l'assureur prend en charge les conséquences financières du dommage. Pour la police, c'est donc naturel qu'un classement sans suite intervienne sans qu'une équipe d'experts se soit rendue au domicile de la victime afin d'y relever les éventuelles empreintes. Il faut un concours de circonstances particulier pour que les auteurs ou le produit du vol soient retrouvés. Ainsi, une bande organisée ayant défrayé la chronique judiciaire et mis à sac une région entière peut faire l'objet de poursuites conjointes de plusieurs services de police et donc être finalement interpellée. Mais dans ce cas, la gravité des infractions a atteint un tel niveau qu'il a entraîné une décision que l'on peut qualifier de politique au niveau du parquet, privilégiant ainsi la concentration de l'action des services de police sur cette bande et cette série d'infractions.

Les victimes de ces agissements, leurs relations et leur voisinage sont évidemment ulcérés par ces habitudes judiciaires. Elles ont contribué, dans les années 1985-2002, à alimenter le corpus politique du Front national, qui faisait de l'insécurité l'un de ses thèmes de campagne favoris. Contre une telle tendance, soutenue au quotidien par des dizaines d'exemples que relèvent les médias, les grandes instructions sur les affaires Urba, Gracco, Elf, Carrefour du développement n'avaient aucune influence. Le justiciable ne se sent pas personnellement concerné par les délits financiers dont messieurs Loïk Le Floch-Prigent, André Tarallo, ou Alfred Sirven ont été déclarés coupables. Ils sont en revanche sensibilisés au quotidien par le cambriolage de leur voisin, et c'est à ce niveau qu'est assurée ou détruite la relation de confiance.

Certes, le refus de la gendarmerie d'enregistrer une plainte et d'enquêter ne signifie pas pour autant, dans l'état du droit actuel, que la victime est dépourvue de tout recours. Elle peut déposer cette plainte directement devant le procureur de la

République, en prenant garde d'attester par un bordereau de recommandation la date de son action. Dans ces conditions, elle doit alors laisser s'écouler un délai de trois mois pendant lequel, en règle générale, le procureur ne réalisera pas de diligence particulière. Au terme de ces trois mois, elle retrouvera la possibilité de saisir le juge d'instruction par une plainte réalisée avec le concours d'un avocat. Dans un premier temps, le juge appréciera la portée de cette plainte, fixera le montant d'une consignation qui pourra être plus ou moins élevée et sera donc plus ou moins dissuasive à l'égard de la victime. Lorsque celle-ci aura accepté de consigner la somme fixée par le juge, celui-ci débutera à son rythme, et en fonction de ses propres priorités, les diligences nécessaires à la « manifestation de la vérité », comme on dit dans le métier.

Chacun aura compris que dans sa forme actuelle, le code de procédure pénale, et en particulier de son article 85, vise à empêcher la production spontanée de plaintes pénales et à permettre au parquet de maîtriser totalement le processus en empêchant la victime de prendre des initiatives. L'initiative du président de la République (la suppression des juges d'instruction) n'est pas en relation directe avec ce processus de blocage, imaginé il y a quelques années par les magistrats de la chancellerie. En accord avec leurs confrères des juridictions, ils voulaient casser la spontanéité de l'action pénale.

De cette façon, la justice pénale s'est préservée des actions directes engagées par le citoyen à trois niveaux : tout d'abord en donnant des instructions au service de police pour disqualifier les plaintes en mains courantes[144] ; ensuite en obligeant les victimes à subir l'examen préalable de leur plainte par le parquet pendant une durée de trois mois (qui, dans les faits, atteint rapidement six mois) ; enfin, en discriminant le suivi de ces plaintes par l'attitude du parquet qui décide en toute opportunité de lancer ou non une enquête. En effet, dans le système actuel, les magistrats considèrent que les plaintes engagées ou soutenues par le parquet sont naturellement plus sérieuses que celles initiées directement par la partie civile[145] et présentées par le ministère d'avocat. La méfiance (voire le mépris) qui suinte dans les écrits analysés ci-dessus se retrouve naturellement sur le terrain, dans ce genre de circonstances.

Le juge d'instruction intervient avec une vigueur certaine pour réaliser les diligences nécessaires dans le cadre d'un dossier qui parvient sur son bureau, après une enquête préliminaire ou une enquête de flagrance réalisée par le procureur de la République. En revanche, la plainte avec constitution de partie civile, même si elle comporte les preuves les plus évidentes et les documents les plus précis, subira un traitement que l'on peut qualifier de second rang. Toujours dans le cadre procédural actuel, on doit admettre que le juge d'instruction va considérer avec commisération les preuves rapportées par la partie civile. Pour les magistrats instructeurs, les éléments rassemblés grâce aux enquêteurs privés, voire aux huissiers, seront toujours suspects du parti pris de celui qui commande l'enquête, que ce soit la partie civile ou le prévenu, alors même qu'un huissier est un officier ministériel et que la preuve qu'il rapporte par constat a une valeur identique à celle d'un procès-verbal de police. Mais dans notre système, les magistrats du parquet comme ceux du siège ne peuvent aisément admettre la validité d'une preuve rapportée par un auxiliaire de justice, surtout lorsqu'elle vient contrecarrer une démarche qu'ils ont personnellement supervisée.

L'ensemble de ces éléments concourt à ce sentiment d'injustice et de suspicion qui s'est constitué au fil du temps dans la société française.

La confiance éreintée

La justice pénale repose par tradition sur quatre piliers. Les trois premiers concernent spécifiquement les participants à l'acte de justice – parquetiers, avocats, experts et principalement magistrats. Ils sont, dans l'ordre : la compétence juridique ; l'humanisme, c'est-à-dire la capacité à prendre en considération cette « pâte humaine » que définit Saint-Exupéry dans *Terre des hommes* ; enfin, la morale, qui implique à la fois l'honnêteté, l'intégrité et la reconnaissance du pacte social. Dernier élément – et non des moindres – mais qui concerne cette fois-ci le citoyen et le justiciable : la confiance. Le citoyen doit nécessairement renvoyer à l'institution dont on vient de définir les qualités intrinsèques ce reflet positif, indispensable au bon fonctionnement de la justice. Il sera d'autant plus vif que les trois premiers critères seront parfaitement respectés. Enfin, cette confiance sera renforcée si le justiciable passe de l'état de sujet à l'état d'acteur de la procédure pénale. Dans le déroulement de notre réflexion, il est d'abord nécessaire de s'intéresser aux trois premiers piliers, concernant en particulier l'acteur déterminant dans le système pénal actuel.

La compétence technique et juridique est évidemment importante en matière pénale, comme dans les autres domaines du droit. À ce niveau, la formation de base dont sont porteurs les magistrats, qu'ils soient passés par l'École nationale de la magistrature ou qu'ils aient intégré le corps d'une autre façon (en passant par les professions d'avocat, de professeur de droit, voire de commissaire de police) est suffisante. Certes, on peut toujours reprocher à un magistrat qui n'a jamais eu d'autre expérience que celle des salles d'audience de ne pas connaître le monde de l'entreprise, qu'il s'agisse des difficultés du travail à la chaîne ou de la complexité des comptes sociaux. Il est vrai qu'à ce niveau, l'expérience manque totalement, la formation est défaillante. Mais on peut toujours espérer qu'avec le temps et au fil des dossiers, l'implication du juge dans ses fonctions vienne compenser ce manque de formation. Quelques indicateurs sont cependant inquiétants : on sait que, toutes matières confondues, la moitié des décisions de première instance sont réformées en cause d'appel. Lorsque le premier président de la Cour de cassation propose une mesure d'inspection dans les juridictions pour veiller à l'amélioration de la production judiciaire et éviter cette situation, l'annonce suscite une telle réaction de rejet de la part des magistrats qu'il est dans l'obligation d'y renoncer...

Le deuxième pilier nécessaire est évidemment l'humanisme. À ce niveau, le désastre d'Outreau, les défaillances constatées dans l'affaire des « disparues de l'Yonne », l'indifférence manifestée au regard de la situation personnelle des Irlandais de Vincennes ne peuvent que susciter un constat négatif. Si le juge en général, et le juge d'instruction en particulier, ne doivent pas sombrer dans la commisération, s'il est toujours nécessaire de conserver une distance dans un dossier et de mesurer les souffrances évoquées par une personne mise en examen en raison d'un cumul de preuves irréfragables à l'aulne des douleurs tout aussi réelles de la victime, il n'en reste pas moins que la contrainte morale ou psychologique ne peut être considérée comme un outil de la procédure pénale, à l'instar de ce qu'était la question à l'époque de l'Inquisition ou sous le règne de l'ordonnance de 1670.

Trop souvent, les juges d'instruction diffèrent un permis de visite pour contrarier la personne emprisonnée ou sa famille et l'inciter à passer des aveux. Un emprisonnement, même de courte durée, fait incontestablement courir au prisonnier des risques importants, voire vitaux. On déplore, au cours de ces dernières années, de nombreux suicides dans les maisons d'arrêt, liés aux conditions de détention, à la promiscuité, aux agressions corporelles, y compris de nature sexuelle, dont sont victimes les plus faibles. Dans la décision d'incarcérer de façon préventive un individu réticent à avouer son forfait ou à impliquer d'éventuels complices, peut naturellement se glisser la volonté du magistrat d'utiliser l'incarcération comme un moyen de contrainte. Il est alors perçu par le mis en examen comme une torture au sens classique du terme. La Cour européenne des droits de l'homme, dans une multitude d'arrêts, stigmatise non seulement la durée excessive des procédures pénales françaises, mais également celle de la détention provisoire. À ce niveau aussi, les juges d'instruction ont prouvé la médiocrité de leurs performances.

Troisième élément : le respect de la loi et de la morale par ceux-là mêmes qui ont la charge de l'appliquer. D'aucuns verront dans cette présentation des choses un caractère excessif ; ils considéreront qu'il est facile, voire démagogique, de mettre l'accent sur les déviations d'un certain nombre de magistrats, et seront sans doute tentés de souligner que l'on trouve chez les avocats, les administrateurs civils, les inspecteurs des finances – pour ne citer que ces trois professions – le même nombre de personnes déviantes, sexuellement, financièrement... La réponse est exacte. Mais il existe entre les inspecteurs des finances, les avocats, les administrateurs civils et les magistrats en général et les juges d'instruction en particulier une énorme différence. Parmi les trois premiers, aucun n'a la capacité juridique d'emprisonner un citoyen, la possibilité, par l'effet d'une signature au bas d'une ordonnance de placement en détention, de détruire une carrière professionnelle, une vie personnelle.

Seul le magistrat a ce pouvoir sur le citoyen. Il est donc essentiel que les hommes auxquels la loi et le président de la République[146] confient ces pouvoirs extraordinaires soient réellement capables de les assumer. On ne peut considérer comme des exceptions les exemples décrits. Ils sont trop nombreux, au regard des quelque six mille magistrats en exercice. En outre, au sein de ce qui doit être une élite (sélectionnée sur la base de critères d'excellence, non seulement en ce qui concerne les études ou l'expérience professionnelle mais également la capacité physique et psychologique à assumer ces fonctions), ces « accidents » ne sont pas admissibles.

Aujourd'hui, le temps n'est plus à l'amélioration ponctuelle des textes dans le cadre d'un même système ; le législateur de gauche comme de droite a fait, au cours des années précédentes, ce qui était en son pouvoir pour perfectionner ce dernier. S'il permet toujours des atteintes graves aux droits et aux libertés des gens, si son fonctionnement oscille entre l'outrageant et le dérisoire, c'est en raison de son inadaptation à la société française moderne, au fait que les hommes et les femmes qui le mettent en œuvre ne sont pas nécessairement sélectionnés parmi les meilleurs. En conséquence, ce vieux système a éreinté la confiance du citoyen. Pour la restaurer, il est aujourd'hui nécessaire de le modifier. Il est également essentiel de mieux choisir ceux qui sont chargés de le faire fonctionner.

Une annonce préparée pour une réforme essentielle

Au cours du XXe siècle, la France a connu trois grandes périodes de réformes institutionnelles : le Front populaire (1936), la Libération (1945) et l'instauration de la cinquième République (1958). Aucune de ces étapes n'a marqué une évolution particulière de la procédure pénale. En 1945, l'expérience traumatisante de la législation de Vichy et des sections spéciales entraîne une épuration du personnel judiciaire, mais ne modifie pas significativement la procédure pénale[147]. En 1958, sous l'autorité énergique de Michel Debré, grand réformateur de l'État, les innovations qui interviennent en matière judiciaire (fixation des grands principes dans le préambule de la Constitution, définition au sein de ce texte de l'autorité judiciaire, ordonnance modifiant l'organisation de la justice et réforme de la procédure pénale) ne concernent pas l'essentiel. Certes, ce que l'on appelle alors « le nouveau code de procédure pénale » rénove le code d'instruction criminelle, le modernise sans le bouleverser. Sous la direction du procureur général Besson, la commission d'études pénales législatives, qui travaille depuis le courant de l'année 1955, propose néanmoins quelques novations intéressantes. Il en est ainsi de la possibilité pour les avocats de critiquer le rapport d'expertise commandé par le juge d'instruction. Cette initiative est alors saluée comme un progrès majeur[148]...

Si elle constitue un événement moindre, l'élection de François Mitterrand à la présidence de la République aurait également pu être l'occasion d'une vaste réforme, au-delà de l'abolition de la peine de mort, mesure symbolique et nécessaire mais pas suffisante. Contre toute attente, et en dépit du lancement du projet de nouveau code pénal, la procédure elle-même n'est pas vraiment remaniée. Tout au plus est-elle revisitée au fil du temps pour aboutir à quelques modifications modestes au regard de l'enjeu. Les éléments les plus significatifs restent l'obligation pour le juge d'instruction d'instruire à charge et à décharge d'une part, la possibilité pour l'avocat du mis en examen de demander la réalisation de diligences complémentaires d'autre part.

Nicolas Sarkozy a quant à lui décidé en 2009 de lancer une réforme qui ne doit pas se limiter à une « mesurette » prise sous l'émotion d'un événement. Il n'est plus question de répondre dans l'instant à l'attente des citoyens sans perturber le fonctionnement du vieil appareil judiciaire. Il faut réformer en profondeur. Le président a donc pris son temps pour réaliser une proposition qui repose certes sur les leçons du désastre d'Outreau, mais qui tient compte, au-delà, des profonds changements de la société. Il est urgent d'intégrer dans la logique de la procédure pénale les effets des progrès scientifiques essentiels. Ceux-ci contraignent le législateur à raisonner en termes notoirement différents de ceux des trente ou quarante premières années de la cinquième République. La technologie, nous l'avons déjà dit, a fait reculer les frontières du doute jusqu'à le rendre, dans certaines situations, quasiment inexistant. Chimie, téléphonie, informatique : ces techniques, lorsqu'elles sont utilisées avec l'habileté et l'intelligence nécessaires, constituent un atout essentiel dans la recherche, l'acquisition et l'exploitation de la preuve. Dès lors, sur le plan pénal, l'ancien travail d'instruction et même le travail d'audience se trouvent considérablement réduits. Lorsque la preuve est indiscutable, la question de la culpabilité ne se pose plus. Il reste à réfléchir et à plaider sur la peine, les conditions de la reconversion. Le droit français a déjà tenu compte de cette évolution en instaurant le procédé dit du «plaider coupable» inspiré des pratiques d'outre-Atlantique.

Mais ces technologies de pointe ne suffisent pas pour construire ce «Palais idéal», où le droit des gens serait pleinement respecté, où les procédures se dérouleraient avec une rapidité suffisante excluant toutefois la précipitation, où l'avocat serait le partenaire essentiel du procès pénal – un partenaire et non plus un simple «auxiliaire de justice» dont la présence est simplement tolérée. Il est nécessaire que, dans ce nouvel espace, le citoyen devenu justiciable, qu'il soit victime, suspect ou mis en examen, occupe toute sa place.

Le président de la République a donné le signal de la réforme dans son discours prononcé lors de la rentrée solennelle de la Cour de cassation en 2009, annonçant la disparition du juge d'instruction. L'objectif du chef de l'État n'est pas seulement de moderniser la procédure pénale en tentant d'indexer le système français sur celui des autres nations européennes; il vise également à permettre au justiciable de conquérir cette citoyenneté judiciaire dont il a toujours été privé.

À ce niveau, le décalage entre la situation de la France et celle de la Grande-Bretagne est patent. Depuis des années, de pseudo-réformateurs ressassent la nécessité de créer un *habeas corpus* à la française, lequel n'a évidemment jamais vu le jour. Les opposants à cette évolution, les conservateurs à tous crins du système inquisitoire qui manifestaient le 15 janvier 2010 devant le Palais de justice de Paris, estiment que ça n'est pas dans la tradition juridique de notre pays. Mais désormais, il est nécessaire de mettre en relation la nécessité d'aboutir à un degré supérieur de la conscience et de l'état juridiques et, partant, d'assurer une meilleure protection des droits du citoyen. Nous nous situons à un moment idéal pour procéder à cette révolution intellectuelle... tout en soulignant que nos amis britanniques n'ont, quant à eux, eu besoin ni du scandale d'Outreau ni des évolutions technologiques de ces dernières années pour instaurer, il y a maintenant plus de trois siècles, le système de *l'habeas corpus*.

Du citoyen sujet au citoyen acteur

Les élus, souvent ignorants de la réalité judiciaire, ont été interloqués par les révélations de la commission Vallini-Houillon. Mais ils ont également subi le choc en retour de leurs électeurs, qui leur ont fait part de leurs émotions, de leurs inquiétudes quant à la qualité et à l'humanité du personnel judiciaire, et enfin de leur incompréhension en ce qui concerne le sort des innocents de la Tour du Renard.

Dans la société judiciaire, par nature fondamentalement conservatrice (particularité renforcée dans le cas français), plusieurs voix (avocats et professeurs de droit) s'élèvent pour proposer la mise en œuvre d'une procédure strictement accusatoire, à l'image de celle qui existe en Grande-Bretagne ou aux États-Unis. Dans ces pays, les organes de la poursuite, c'est-à-dire le parquet, sont radicalement séparés de la juridiction de jugement. Un juge totalement indépendant examine les preuves qui lui sont soumises d'un côté par l'accusation, et de l'autre par la défense, à charge bien entendu pour chacune des parties de le convaincre et de rechercher les éléments nécessaires. Aux États-Unis, le ministère public (les services de l'Attorney General) recourt à la police qui mène l'enquête initiale. Mais la défense peut, par ses moyens propres, concourir à l'acquisition de la preuve et surtout de la preuve contraire à celle rapportée par l'accusation. Elle peut ainsi convoquer ses propres témoins et ses propres experts, le tout à ses frais, bien entendu.

On est naturellement attiré par ces procédés, qui présentent des atouts indéniables. La transformation de notre système du jour au lendemain semble impossible, mais une évolution par étapes est-elle imaginable ? En France, elle imposerait non seulement une profonde refonte de notre procédure et de notre pratique judiciaire, mais surtout de notre mode de pensée, de nos habitudes et de notre comportement de citoyen. Le véritable obstacle à l'évolution de la procédure pénale ne vient en effet ni de l'Assemblée nationale, ni du gouvernement, ni même des professions judiciaires. Il réside dans les mentalités françaises, formatées par huit cents ans de procédure inquisitoriale.

Comme nous l'avons vu, depuis deux cents ans, dans la parfaite rectitude du droit processuel de l'Inquisition et de l'ordonnance de 1670, les règles de la procédure pénale française visent à maintenir le citoyen dans un état de sujétion, de soumission à la police, au parquet, au juge d'instruction. La procédure pénale n'admet qu'un citoyen de seconde zone, qui perd, dès l'instant du soupçon, une grande partie de ses droits. Tout contribue à ce qu'il ne soit qu'un sujet passif de la procédure : la déclaration du policier et *a fortiori* sa déposition valent contre la parole du citoyen, à défaut d'inscription de faux. C'est la raison pour laquelle pendant longtemps, on a considéré que le policier (et plus globalement le parquet) n'avait pas besoin de rapporter les éléments matériels prouvant un fait. Il suffisait qu'il déclare. Au Québec, le policier qui inflige une contravention doit prouver, en cas de contestation, qu'il était en service et que la contravention aux règles de stationnement était effective. Il produit des éléments matériels. En France, la déclaration du policier suffit.

De même, la mesure de garde à vue constitue une suspension des droits fondamentaux, dont la liberté d'aller et venir et de communiquer, voire de rester vêtu dignement (en raison de la suppression des lacets, ceinture et bretelles pour éviter les tentatives de pendaison). On peut considérer que le fait de se trouver dans une telle situation n'est pas grandement attentatoire aux droits puisque le citoyen a ratifié, par ses votes successifs, un pacte social au nom duquel le législateur a pris ou confirmé les lois édictant ces mesures. Mais celui qui se trouve en garde à vue considère rapidement qu'elle est en réalité gravement attentatoire à ses droits personnels.

Dès cet instant, le sujet entendu dans le cadre de la procédure inquisitoire est totalement passif. Il lui est interdit d'être un acteur des événements le concernant. Il n'a pas le droit, dans le cadre de ces vingt-quatre ou quarante-huit heures, de demander des mesures spécifiques, d'enquête ou de contrôle de telle ou telle déclaration qui peut en revanche lui être lue et lui être pleinement opposable. Certes, il conserve la faculté « de garder le silence », voire même, s'il parle, de mentir, initiatives peu constructives.

Il est significatif de noter qu'en dépit des grandes phases d'évolution législative, aucune proposition n'a été émise pour modifier cette situation désormais bicentenaire. L'exécutif, toutes convictions confondues, se contente aisément d'un système où il conserve, par le biais du parquet et du juge d'instruction, le contrôle du déroulement d'une procédure pénale impliquant une totale sujétion des individus. Quant au citoyen, il est râleur et protestataire mais résigné à un état de fait – du moins jusqu'à l'affront d'Outreau.

C'est la raison pour laquelle la proposition du président de la République est une véritable gageure. Mais le citoyen sujet est-il prêt à devenir acteur dans une procédure pénale qui le concernerait en qualité de prévenu ou de victime ? A-t-il la force d'âme nécessaire pour secouer huit cents ans de soumission à la toute-puissance de la police et du parquet ? Peut-il devenir acteur ? Ce sont les questions que pose aujourd'hui le projet de réforme. En effet, il ne s'agit pas d'une simple évolution du texte, mais bien du franchissement d'un cap dans la citoyenneté.

Le renouveau de la profession d'avocat

Je le réécris au risque de déplaire à certains confrères, le scandale d'Outreau doit autant à l'indolence du barreau français, à la nonchalance des bâtonniers du Nord et au dédain des organes représentatifs de la profession pendant de longues années qu'aux différents errements de la magistrature qui ont été justement dénoncés. Il a nui à la réputation de la profession, et elle doit reconstruire son image.

Depuis toujours, les avocats pénalistes ont été écartés du déroulement de la procédure pénale inquisitoire jusqu'à la phase de l'audience de jugement. Ils sont donc intéressés au premier chef par la réforme, en dépit des restrictions d'usage et des dénégations officielles que la profession se doit toujours d'émettre à l'égard du pouvoir lorsqu'il prend une initiative. Mais le pénaliste se rêve en animateur de la procédure accusatoire, de la recherche de la preuve. Il se voit acculant l'adversaire dans le cadre de débats oraux devant un tribunal ébahi qui se bornerait à prendre acte des preuves déférées devant lui, des argumentaires brillants qu'il devrait examiner.

Nonobstant les observations réalisées plus haut concernant les moyens extraordinaires que peut aujourd'hui mobiliser l'accusation, il est possible d'imaginer une justice idéale où, sur le même niveau physique (celui du parquet, c'est-à-dire du sol), se trouveraient réunis, avec les mêmes compétences et les mêmes prérogatives, le ministère public et l'avocat de la partie civile, l'avocat de la défense. L'avocature retrouverait ainsi son lustre d'antan, du moins celui dont elle est nostalgique - si tant est qu'il ait un jour existé.

Mais entre l'idéalisation de ce procès pénal et la réalité, il existe un fossé considérable que les avocats français ne sont pas encore en mesure d'apprécier et, en tout état de cause, de combler. Leur intérêt est de saisir la chance offerte par le projet de Nicolas Sarkozy. Celui-ci peut permettre à la fois le réveil et la revalorisation d'une profession dont la réputation décline au fil du temps, à l'instar de son influence sociale et juridique. Mais il faut pour cela qu'elle s'adapte à cette nouvelle réalité, et qu'elle puisse bénéficier du financement nécessaire à ces nouvelles conditions d'action.

Dans le cadre de la procédure accusatoire, le rôle de l'avocat pénaliste devient central. Il doit contrer les initiatives de l'accusation, réfléchir à la construction d'une véritable stratégie de défense et non se laisser porter par les initiatives d'un juge d'instruction qui n'existera plus. Aujourd'hui, lorsqu'il accepte le simple rôle d'auxiliaire de justice totalement subordonné, il se borne à émettre de temps à autre une réflexion. Parfois, il ose une question. Dans des cas encore plus rares, il pousse l'inconvenance jusqu'à exiger du magistrat des démarches précises et éventuellement à contester son refus en saisissant la chambre de l'instruction... avec des chances de succès que l'on sait très limitées.

Sur le papier, lorsque l'on examine les ouvrages de référence tel le fameux manuel écrit dans les années 1900 par Francis Wellman, *The Art of Cross-Examination*[149], on ne peut qu'être admiratif devant la technique des avocats américains, la liberté qui leur semble offerte par la procédure et les résultats qu'ils obtiennent parfois en désarçonnant totalement la partie adverse et en emportant ainsi la conviction du jury. En outre, il existe toujours un Mike Hammer ou éventuellement un Adrian Monk de service pour venir apporter au dernier instant la preuve de l'innocence du condamné qui se trouve déjà dans le couloir de la mort. Lorsque l'on passe de la théorie et de la fiction à la réalité, on doit admettre que de nombreux Américains ont été lourdement condamnés, parfois à la peine capitale, soit parce que leur conseil désigné d'office n'avait pas les compétences et le niveau requis pour soutenir leur défense, soit parce qu'ils n'avaient pas eux-mêmes les moyens de financer les démarches nécessaires au récolement de la preuve, de la contre-preuve. Le système n'est donc pas parfait.

En France depuis le 1er janvier 2001, les avocats de la partie civile ou des prévenus ont la possibilité à l'audience de procéder au contre-interrogatoire de leur adversaire. Le texte est clair : pour poser une question, ils n'ont plus besoin de passer par l'intermédiaire du président, qui non seulement avait tendance à reformuler la proposition, mais dont l'intervention laissait en outre le temps à l'adversaire de préparer une réponse. Il s'agit de la première inclusion dans le droit processuel français d'un des procédés de la *cross-examination* en Amérique.

Malheureusement, neuf ans après la mise en œuvre de ces dispositions, force est de reconnaître qu'elles sont très peu appliquées devant le juge pénal. Gageons qu'une partie des avocats ne savent même pas que cette pratique est autorisée. Soyons certains que la plupart des magistrats (la règle souffre toujours des exceptions) la voient d'un mauvais œil car elle leur retire une partie de leur pouvoir et du contrôle de l'audience. Il est vrai qu'un avocat peu talentueux peut aisément faire déraper l'interrogatoire, mener soit le prévenu soit la partie civile sur un terrain auquel ceux-ci ne s'attendaient pas, et qui va le conduire à s'embourber dans d'éventuelles contradictions.

Si l'École de formation du barreau de Paris a mis en place des séances particulières destinées à ce type d'interrogatoire, il est encore fort peu pratiqué dans les juridictions françaises.

Au-delà même de la question très importante du coût, que nous allons examiner, il est nécessaire de reconnaître que ces premiers aspects de la procédure accusatoire introduits au sein de la procédure française ne sont pas devenus un atout dans le procès pénal, n'ont pas été intégrés dans la pratique professionnelle courante des avocats.

Sortir de la torpeur en dépit des soucis financiers

On ne passe pas aisément du statut de sujet à celui d'acteur. Si le juge d'instruction est supprimé et que le parquet assume désormais 100 % (au lieu de 95 %) de la gestion des procédures d'enquête, de récolement et d'établissement de la preuve d'une infraction, l'avocat pénaliste a pour la première fois depuis deux cents ans la capacité de sortir de la torpeur qui lui est parfois reprochée.

L'avantage de la procédure accusatoire réside dans le fait que le prévenu pourra demander au parquet des démarches « à décharge », celles qu'hier le juge d'instruction refusait de faire spontanément. Il pourra éventuellement se plaindre de l'abstention ou du refus du parquet devant le juge de l'enquête et des libertés, juge du siège, c'est-à-dire indépendant, qui statuera sur la mise en état du dossier pénal avant qu'il soit déféré à la juridiction de jugement. Ce magistrat accordera le droit d'effectuer des perquisitions, de procéder à des contrôles, des compléments d'enquête, des arrestations. Mais que dire si le parquet refuse encore ou s'il fait intentionnellement échouer telle ou telle mesure nécessaire à la défense du mis en examen ? Comment démontrer que les officiers du ministère public, et éventuellement les policiers, se sont trompés ?

Dans un tel cas de figure, la procédure accusatoire renvoie au mis en examen le soin d'obtenir le commencement de preuve, les indices qui pourraient emporter la conviction du juge chargé du contrôle de l'enquête. Contrepartie inévitable : ces démarches sont entièrement à sa charge. C'est là que le bât blesse : le justiciable français, si prompt à critiquer le juge ou l'avocat, le greffier ou le policier, n'est que rarement disposé à consacrer à sa défense les moyens financiers nécessaires. Il paie des impôts, c'est donc à l'État de se débrouiller ! Conséquence naturelle de cette situation : l'État se débrouille, mais uniquement à charge. Le parquet a pour vocation de réprimer, d'arrêter les suspects et de les déférer à la juridiction de jugement. Il concourt de cette façon à la préservation de l'ordre public troublé par une infraction. La protection des intérêts personnels du justiciable ne figure naturellement pas au nombre de ses compétences : il ne peut avoir un comportement schizophrénique.

Cette perspective est critiquée. Mais qu'en est-il aujourd'hui, avant la réforme ? Que font concrètement les juges d'instruction ? Quelques-uns, dans le cadre d'une démarche effectivement schizophrénique, depuis l'obligation inscrite dans la loi Guigou de 2000, tentent d'instruire à charge et à décharge. La plupart ne le font que de façon artificielle et formelle (interrogatoire de personnalité, expertise psychiatrique obligatoire dans le cadre des dossiers criminels, etc.) et répondent éventuellement aux suggestions des avocats. Mais ils n'entendent pas multiplier les démarches à décharge. En conséquence, l'initiative de ces diligences nécessaires pour prouver le caractère erroné d'une accusation incombe déjà financièrement à la personne mise en examen. Et bien souvent, le mis en examen hésite devant la décision et recule devant le coût.

La décision l'inquiète car elle le transforme en acteur de la procédure. Combien de fois l'avocat confronté à un innocent injustement emprisonné s'est-il vu répondre que « le juge finirait par comprendre » ? Il y a dans cette remarque toute la pesanteur de l'histoire judiciaire française, ce qu'elle implique de fatalisme, de sujétion, bien entendu, mais également de confiance (souvent mal placée !) dans le fonctionnement administratif. Le justiciable même injustement enfermé, reste souvent persuadé que « la justice triomphera » de façon spontanée tant il lui semble improbable qu'un fonctionnaire, payé par l'État, donc un peu par lui-même, ne se rende pas compte de son innocence. La résignation résulte également de l'intégration de ces éléments, de la profonde certitude que « la justice ne peut mal faire » alors qu'en réalité, elle fait mal.

Le justiciable doit mettre la main à la poche

Le client de l'avocat, victime ou prévenu, est-il vraiment disposé à le suivre dans les méandres, non seulement de cette nouvelle procédure mais surtout des démarches nécessaires à l'acquisition ou à la contestation de la preuve pénale ? C'est à ce niveau que se situe l'obstacle fondamental de la réforme Sarkozy. Vingt ans de débats et deux cents ans d'expérience ont convaincu de l'inutilité du juge d'instruction, voire de sa nocivité. Le niveau de culture juridique des Français a évolué au cours de ces vingt dernières années et ils sont désormais capables de comprendre les enjeux tout en maîtrisant les mécanismes de la procédure accusatoire. Mais les Français ne sont pas disposés à en payer le coût, et certains préfèrent même rester des sujets plutôt que de devenir des acteurs obligés de contribuer personnellement aux opérations nécessaires à leur défense en rémunérant soit des policiers, soit des enquêteurs privés.

Car devenir l'acteur de la procédure pénale accusatoire signifie également devenir le financeur. On imagine aisément que les présidents et administrateurs du groupe Buffalo Grill, de même que les associés principaux présents au capital de cette entreprise, n'ont pas hésité un instant à mettre en œuvre tous les moyens financiers nécessaires pour défendre l'honneur et la réputation de leur société. La chaîne de restaurants (adossée à un groupe de boucherie, Districoupe) a été lourdement mise en cause dans une procédure, laquelle s'est avérée, au fil de l'instruction, résulter essentiellement d'une basse vengeance de quelques salariés. Parmi ceux-ci, un manutentionnaire malveillant, spécialiste de la dénonciation qui, entre novembre 1999 et mai 2002, avait adressé près de vingt lettres à l'ensemble des autorités administratives et judiciaires[150]. Partant d'une dénonciation malveillante, l'affaire a néanmoins eu des conséquences dramatiques pour ce groupe, présent sur l'ensemble du territoire français. Elle a failli entraîner sa ruine totale. Sa puissance financière lui a permis de faire appel aux meilleurs avocats spécialisés afin de contrer l'offensive menée à son encontre par le juge d'instruction. Mais surtout, il a pu rassembler l'ensemble des preuves permettant de démontrer l'inanité de tout ou partie des accusations portées contre lui. En effet, les seules démarches du juge n'étaient pas suffisantes. Ainsi, Buffalo Grill a demandé l'expertise psychiatrique du manutentionnaire témoin à charge.

Il en a été de même dans le récent procès AZF, suite à l'explosion de Toulouse : la société pétrolière a mis en œuvre des moyens considérables pour assurer sa défense. Elle a gagné la première manche sans coup férir. Dans ces deux exemples, les mis en examen ont dû adopter une démarche offensive dans le cadre d'une procédure accusatoire et déployer des moyens financiers à la hauteur de la menace qui pesait sur eux.

En revanche, on se souvient que lorsqu'un certain nombre de conducteurs victimes de défaillances supposées des premiers exemplaires de la 406 Peugeot ont voulu, de leur propre chef, engager une procédure contre la marque, ils ont rapidement dû s'arrêter faute de moyens. La justice qui, quelques années plus tard, a estimé opportun d'engager le fer contre Buffalo Grill, n'estimait pas indispensable de poursuivre l'un des principaux constructeurs français. Il restait aux quelques plaignants la lourde charge d'attaquer, avec le collège d'experts qu'il était nécessaire de réunir, le constructeur français. L'action n'a jamais abouti en dépit du relais des associations de consommateurs !

Actuellement, les mis en examen, comme les victimes impécunieuses peuvent bénéficier de l'aide judiciaire telle qu'elle est organisée en France ou aux États-Unis. L'État finance les honoraires de l'avocat, professionnel libéral, afin que celui-ci intervienne dans des dossiers où les personnes concernées ne peuvent payer, en raison de faibles revenus, les honoraires d'un conseil choisi librement et rémunéré de même.

À ce niveau, deux discours coexistent. Le premier, validant le dispositif, assure le plaignant de l'identité de qualité entre la prestation réalisée par l'avocat et réglée selon les dispositions de l'aide judiciaire, et celle de celui qui intervient dans les conditions du marché. Le second discours, plus réaliste, expose que l'avocat payé à un taux légèrement supérieur à celui d'une femme de ménage n'aura sans doute pas les mêmes qualités intrinsèques, la même expérience et la même disponibilité que son confrère réglé directement par le client, quels que soient son niveau d'implication et sa conscience professionnelle.

Les témoignages des innocents d'Outreau étaient parfois accablants pour leurs avocats : « Ne prenez plus d'avocat, ne gaspillez pas votre argent. Mon conseil n'a pas pu interrompre le juge lors de mon interrogatoire. Chaque fois qu'il voulait s'exprimer, il s'entendait répondre : "Vous aurez la parole quand je vous la donnerai[151]." » En un mot : non seulement mon avocat est nul, mais en plus il est cher. La critique est toujours la même : manque de disponibilité, absence d'implication, doute sur les déclarations de leur client et refus de vérifier celles-ci par des démarches positives...

De son côté, l'avocat explique (pour sa défense !) qu'il est un professionnel libéral et que face à un dossier de cette nature, susceptible de consommer l'ensemble de son temps, il ne pouvait faire mieux. Il n'était pas le chevalier blanc qui aurait reçu des dieux la mission de pourfendre le vilain Burgaud, en dépit de ses habitudes odieuses. Il n'était pas davantage le bon Samaritain qui aurait dû tenir la main de son client pendant ces longues années de détention non justifiées. Dans le meilleur des cas, il assurait le service minimum. Certes, même dans les conditions les plus difficiles, la spécificité de l'activité libérale produit parfois un résultat inespéré. L'avocat peut subir de la fatigue, de la lassitude, faire preuve d'un excessif respect de l'institution, d'une attitude connivente et même obséquieuse à l'égard du juge d'instruction. Au contraire, la victime ou le prévenu peut voir surgir un homme ou une femme dont le talent, l'énergie, l'esprit frondeur, la démarche de rupture chère à Jacques Vergès, voire l'insolence – qui peut aller jusqu'à l'affrontement direct avec le juge – vont provoquer la rupture dans le dossier. Ce n'est pas toujours l'argent et l'honoraire qui font la différence : dans cette spécificité réside l'essence même de la profession libérale.

Imaginer des solutions novatrices

L'argument majeur des opposants à la transformation de la procédure inquisitoire en procédure accusatoire reste évidemment le problème du coût. Nous l'avons démontré à l'envi : pour l'essentiel, l'évolution est déjà accomplie, et il convient simplement de la matérialiser dans des textes plus clairs, permettant de généraliser le procédé.

Mais tant que la méthode n'est pas officialisée, tant que le juge d'instruction reste le pivot du système inquisitoire, le justiciable français continue à se reposer intégralement sur l'État pour le financement de la procédure pénale, qu'il soit prévenu ou victime. Le prévenu, dans une situation de totale sujétion, abdique l'aspect judiciaire de sa citoyenneté en devenant suspect, mis en examen, prisonnier. Il sait, par expérience, que sa défense représente un coût qu'il devrait assumer lui-même ou faire assumer par sa famille et ses proches. Bien souvent, il refuse de sacrifier le confort familial ou les économies réalisées et préfère s'en remettre intégralement à l'État. Ce dernier, s'il a pour vocation d'assurer l'égalité des chances de venir en aide aux citoyens les plus démunis, n'a pas en revanche l'obligation d'assurer une défense parfaite à l'ensemble des personnes bénéficiant du système dit de l'aide judiciaire.

Il est certain que la procédure accusatoire va aggraver cette question du financement de la défense pénale : le rôle de l'avocat devenant prédominant, le nombre de ses diligences va être mécaniquement augmenté[152] et donc le coût de la défense sera plus élevé. D'autre part, la charge de la contre-preuve pesant essentiellement sur le mis en examen, sauf meilleure décision du juge de l'enquête et des libertés qui arbitrera le contentieux entre la défense et l'accusation, il devra également consacrer des sommes à la rémunération des détectives privés, des huissiers, et éventuellement des experts privés. Il est évident qu'une telle pratique n'est pas dans la tradition française. Il est tout aussi évident que le retour à la citoyenneté judiciaire qu'implique nécessairement la conversion de la procédure inquisitoire en procédure accusatoire ne pourra être total sans une profonde révision des conditions de son financement. C'est la raison pour laquelle il est nécessaire de déblayer quelques pistes afin d'envisager les solutions à ce réel problème et d'espérer, à ce niveau également, une évolution des mentalités.

Premier élément : chacun admet que l'aide judiciaire, en dépit des progrès incontestables réalisés au cours de ces dernières années, n'est pas un système idéal. En ce qui concerne uniquement la matière pénale, si elle permet au mis en examen d'assurer les éléments basiques de sa défense, elle ne lui assure pas la mise à disposition d'un professionnel spécialisé d'indiscutable qualité.

Le dilemme reste entier puisque l'avocat est un professionnel libéral et qu'il ne peut donc être soumis aux sujétions qu'une entreprise impose à un salarié. Pour résoudre ce problème, certains États ont trouvé une solution qui apparaît transposable en France : la création de bureaux d'aide judiciaire. Ceux-ci sont financés par des fonds publics et concentrent les crédits que l'État entend attribuer à cette activité. Au lieu d'être répartis par les barreaux en fonction de la demande des clients, ces crédits sont alloués directement au bureau d'aide juridictionnelle qui emploie un certain nombre d'avocats salariés.

Il nous sera rétorqué que le statut de salarié va précisément à l'encontre de tout ce qui a été rappelé ci-dessus, et en particulier du caractère libéral de la profession. Cela étant, dans cette organisation particulière, c'est l'avocat lui-même qui choisit de devenir le salarié d'un bureau d'aide judiciaire. Le statut de ce dernier est mixte : même s'il fonctionne avec des fonds publics, il peut être organisé dans une logique de droit privé, sous une forme associative par exemple.

Le système présente deux avantages incontestables : tout d'abord, il concentre dans ce lieu des compétences rapidement avérées puisque la spécialisation pénale est évidemment obligatoire ; d'autre part, il oblige le client à s'orienter vers ce type de structure et permet ainsi d'éviter au reste de la profession de subir les conséquences financières souvent excessives de la charge de ces procès.

Dans ces circonstances, l'avocat ne peut être un salarié en contrat à durée indéterminée : en effet, comme cela a été rappelé précédemment, ce type de situation est contraire à l'esprit de la profession libérale. Il ne fera donc dans cette fonction qu'un temps prescrit à l'avance, de l'ordre de cinq années. Au terme de cette période, il devra quitter le bureau d'aide judiciaire pour se réorienter vers l'exercice libéral, avec l'avantage que lui donnera évidemment cette expérience de cinq ans passés dans une structure spécialisée où il aura pu affronter différents cas de figure.

Cette situation particulière n'interdit pas aux justiciables de choisir leur propre avocat directement si celui-ci accepte d'assurer leur défense au titre de l'aide judiciaire. En revanche, il est certain qu'après quelque temps d'application, si le système permet une réelle spécialisation des membres de ces bureaux, la réputation qui leur sera attachée concentrera sur eux l'espoir des justiciables impécunieux, aujourd'hui dirigés de manière aléatoire sur différents cabinets d'avocats dont le droit pénal et la procédure pénale ne sont pas forcément la spécialité.

Il est également nécessaire d'évoquer la situation des justiciables ne se situant pas dans les limites des plafonds de l'aide judiciaire, et qui doivent rémunérer directement leur avocat dans le cadre d'une procédure pénale. Ceux-ci vont constater que la procédure accusatoire entraîne une augmentation du prix de la défense, pour l'ensemble des raisons déjà exposées.

Mais tout problème de financement peut trouver une solution. La première réside dans l'assurance. On sait qu'au cours de ces dernières années, de nombreuses compagnies d'assurances se sont lancées dans les contrats de protection juridique, prenant ainsi un avantage de marché qui constitue aujourd'hui un risque pour la profession d'avocat [153]. Les compagnies d'assurances pourraient proposer à leurs clients une protection juridique spécifique, qui assurerait la couverture financière de l'assistance dans une procédure pénale, sans condition restrictive. Le client étant considéré comme innocent tant qu'une décision de justice définitive ne l'a pas reconnu coupable et condamné, cette couverture financière irait de pair avec les nouveaux droits conférés par la réforme de la procédure pénale. Elle perdurerait au moins jusqu'à la décision de première instance, soit du tribunal correctionnel, soit de la cour d'assises. Si le barreau français, au lieu de se perdre dans des querelles byzantines concernant des sujets de seconde zone, avait conservé sa capacité d'anticipation et d'imagination, il pouvait prendre l'initiative et créer une structure de ce type, adossée à l'un des grandes compagnies d'assurances. Il aurait pu ainsi gérer directement cette assistance financière.

La prime peut être modulée en fonction de l'importance de la couverture sollicitée par le client. Dans le cadre de la procédure accusatoire, le recours à des officines privées pour acquérir la contre-preuve peut se révéler nécessaire. Dès lors, pourquoi ne pas imaginer qu'un complément de prime viendrait couvrir ce besoin, qu'il s'agisse du recours aux détectives privés ou du financement de cabinets d'expertise technique (chimique, balistique, etc.) ?

Le problème se pose lorsque la personne qui demande le bénéfice du contrat est également celle qui est suspecte. En effet, il n'est pas possible de contracter pour un but non conforme à la loi. Dès lors, on ne peut, en l'état actuel du droit français, se prévaloir contre ce type de risque.

Mais si l'on adopte cette procédure accusatoire, le suspect n'étant pas considéré comme coupable jusqu'à l'instant de la condamnation, deux situations sont envisageables : s'il n'est pas condamné, la prise en charge est totale ; s'il l'est, le contrat de protection juridique s'applique jusqu'à l'instant de la condamnation de première instance, et l'ensemble des frais nécessaires à sa défense est alors pris en compte.

Dernier élément permettant de rétablir un certain équilibre financier dans le fonctionnement de la procédure pénale : un individu injustement mis en cause aurait le droit d'obtenir une indemnisation – comme dans le système actuel s'il a été incarcéré à tort. Mais on peut également estimer logique que l'État le rembourse alors de l'ensemble des frais qu'il a exposés pour faire valoir sa défense, qu'il s'agisse des frais d'avocat mais également du prix des experts, des différents intervenants extérieurs, qu'il a dû solliciter.

Une nécessaire évolution : la force probante des déclarations policières

Le système accusatoire peut impliquer d'autres conséquences, et ce dès la plainte déposée par la victime devant les services de police. Il peut conduire, dans cette logique nouvelle, à la rémunération (fixée, contrôlée, etc., mais bien réelle et préalable à la mise en œuvre des diligences) de l'intervention de la police. Payer des policiers, cela ne s'est jamais vu en France ! Nombreux sont les citoyens offusqués par une telle proposition : que dans ce vieux pays colbertiste, jacobin et gaulliste, où chacun a un sens aigu du service public, on doive rémunérer la police, quelle incongruité ! Ne le fait-on pas déjà par l'impôt ?

Certes, on paie la police par l'impôt, mais on ne la paie pas pour ce qu'elle ne fait pas. Ou plus précisément, on la paie mais elle décline (poliment) l'accomplissement de tâches qui l'indisposent ou sont trop complexes. Combien de citoyens se sont vu refuser le dépôt d'une plainte pénale pour coups et blessures par auteur évidemment inconnu, pour vol (à l'arraché ou à domicile), pour injure, pour troubles (graves, car pénalement répréhensibles) de voisinage ?

Au niveau supérieur, combien de plaintes pénales, voulues et initiées par les victimes ont échoué, faute de moyens disponibles ? Je citerai un exemple simple, mais je pourrais les multiplier, comme tous les avocats pénalistes. Une société est victime des agissements de son comptable, qui a détourné plusieurs dizaines de milliers d'euros et les a placés sur des comptes bancaires tout en faisant l'acquisition de cinq propriétés dans l'ensemble de la France. Entre le dépôt d'une plainte auprès du procureur de la République ou d'une plainte avec constitution de partie civile devant le doyen des juges d'instruction et la prise de la première mesure utile, un délai de l'ordre de trois mois est nécessaire. Durant ce laps de temps, le comptable malfaisant a tout le loisir de vider ses comptes et de disparaître, voire de vendre tout ou partie de ses biens. La rapidité et l'effet de surprise sont nécessaires à l'efficacité de la plainte et à l'arrestation du suspect. Or la rapidité est incompatible avec la plainte devant le procureur ou le doyen des juges – à quelques exceptions près, bien entendu. Les affaires de délinquance financière ne sont jamais considérées comme les plus urgentes.

Actuellement, il reste une troisième voie. Il est nécessaire de trouver (par connaissance des mécanismes administratifs ou par relation) le service de police compétent, et de convaincre un officier de recevoir la plainte et de s'occuper du dossier. Il faut alors produire les éléments de preuve majeurs (pour reprendre l'exemple de ce dossier, des actes notariés prouvant l'existence des propriétés, des pièces – récupérées par des détectives privés – prouvant l'existence des comptes bancaires).

Si le dossier est complet et bien préparé, il peut intéresser un service de police. Le travail en amont est terminé, il suffit de réaliser les actes pour lesquels le concours de la force publique est nécessaire : les perquisitions, les saisies, une arrestation. Mais voilà : le suspect peut résider dans l'une ou l'autre des cinq résidences, et il convient donc de lancer simultanément cinq perquisitions afin d'éviter de commettre une erreur qui alerterait l'individu et déclencherait sa fuite. Le policier fait le compte de ce que coûtent au contribuable cinq perquisitions simultanées, en cinq endroits différents, dans cinq départements : trois fonctionnaires par voiture (une demi-journée de travail par fonctionnaire), cinq voitures ! Impossible ! Trop cher ! Irréalisable ! Le policier intéressé par le dossier déclinera l'offre. À moins que le plaignant, grâce aux détectives privés qu'il rémunère et qui planquent depuis une semaine devant les cinq domiciles, puisse lui dire que tel jour, à telle heure, le comptable sera dans une résidence précise.

Dès lors, on ne peut prétendre qu'aujourd'hui la justice inquisitoriale est efficace et peu chère. Sur la base de ces exemples, on comprend qu'elle n'est efficace que de façon sporadique et totalement aléatoire. En fait, l'État n'a pas les moyens de répondre à la demande du citoyen, à moins que celui-ci – et ce ne sera pas le cas de monsieur Tout-le-monde – ne mette déjà la main à la poche. Mais la procédure inquisitoire ne prévoit pas que l'État prenne en charge les frais permettant d'assurer la défense de la personne mise en examen au-delà de ce que le juge d'instruction estime utile.

Ainsi, le suspect ou le mis en examen qui souhaitent prouver que les témoins de l'accusation mentent et qu'ils se trouvaient en réalité à Marseille et non à Lille à l'heure où ils déclarent avoir constaté une infraction, devront eux-mêmes payer l'enquête nécessaire à l'obtention de la preuve de la présence des supposés faux témoins à Marseille le jour dit. Pour cela, ils recourront aux officines privées, actuellement en plein développement, que sont celles des détectives. Cette profession se voit même reconnaître un statut quasiment universitaire puisqu'il existe des licences de détective privé donnant une formation juridique de base à ceux qui choisissent cette profession. Ils interviennent dans des affaires importantes, pour contrer ou affiner les démarches de la police. À Villiers-le-Bel, deux adolescents sont décédés dans un accident provoqué par une voiture de police le 25 novembre 2007. Cet événement a déclenché une émeute urbaine, avec tirs contre les forces de police. Des émeutiers ont été arrêtés et la famille de l'un d'entre eux a fait appel à un détective privé, Roger-Marc Moreau, pour réaliser un curriculum différent de celui établi par la police. Il a mené une contre-enquête qui a démontré qu'Adama Kamara n'était pas impliqué dans des tirs, et qu'il n'était pas d'autre part le petit caïd des cités que l'on présentait dans la procédure. Travail long et délicat, mais dont la reconnaissance est d'ores et déjà assurée, ne serait-ce que par les médias, lesquels considéraient auparavant le détective privé comme un simple détecteur d'adultère[154].

Dans cette logique, *Le Monde* s'est intéressé au congrès de la profession qui s'est déroulé le 6 mars 2009. Le représentant du ministre de l'Intérieur est intervenu à cette occasion devant le rassemblement des détectives privés de France – dont les effectifs sont composés à 20% au moins d'anciens gendarmes ou policiers. Cette situation place le ministère de l'Intérieur en difficulté, car il est évident que les amitiés entre les anciens collègues sont de nature à entraîner des problèmes que l'on qualifie pudiquement de « déontologiques ». Il en est ainsi de l'accès aux différents fichiers que les seuls services de police peuvent consulter, alors même qu'ils sont évidemment tout aussi utiles aux détectives privés. Dans ce domaine, la règle applicable est donc celle de la combine, des renvois d'ascenseur, de la vieille camaraderie.

Avec la réforme de la procédure accusatoire, on peut légitimement se poser la question de l'accès, réglementé mais autorisé, des avocats de la défense et de leurs alliés naturels, les détectives, à ces fichiers. En effet, il serait logique, dans le cadre de la parfaite symétrie des compétences et des pouvoirs, que la défense ait accès à une grande partie de ces informations. On peut parfaitement imaginer que la partie poursuivante, en l'occurrence le parquet, n'ait pas une utilisation optimale de ces fichiers, et qu'une autre façon de les mettre en œuvre puisse concourir à l'émergence d'une preuve d'innocence en faveur d'un suspect. En effet, en fonction de la méthode d'utilisation des fichiers (en les croisant, en introduisant certains éléments pour faire tourner les moteurs de recherche), on peut (ou non) obtenir certains résultats. On a ainsi pu prouver, avec plusieurs années de retard, par des croisements de données ADN, l'innocence d'une personne impliquée dans un dossier de mœurs.

CHAPITRE III

Encore un effort !

J'ai déjà eu l'occasion, dans deux précédents ouvrages[155], de préconiser une réforme de l'organisation de la justice pénale fondée sur la rupture avec la traditionnelle unicité du corps des magistrats. Il y a vingt ans, le propos apparaissait totalement saugrenu tant dominait l'idée d'un corps judiciaire homogène, dont les membres devaient être formatés par la même école et encadrés, dès les premiers mois, par les structures les plus corporatistes de France. En 1997, lors des débats préalables au rapport demandé par le président Jacques Chirac sur la réforme du parquet, j'ai conservé cette conviction. La commission dirigée par Pierre Truche a émis un rapport favorable à une certaine indépendance du parquet, mais dans le maintien du système actuel et dans le respect de l'amalgame en un seul corps des deux types de magistrat. Il n'a eu aucune suite tangible : les parlementaires, toutes convictions politiques confondues, étaient formellement opposés à l'idée même d'indépendance du parquet, et ils avaient raison. En revanche, ils n'entendaient pas aller au-delà et engager la moindre réforme du corps des magistrats. Depuis lors, la Cour européenne des droits de l'homme a marqué sa différence en indiquant que la dépendance du parquet à l'égard du ministre de l'Intérieur empêchait de considérer le parquetier comme un magistrat à part entière, assimilable dans son statut (et donc dans ses compétences et ses obligations) à un magistrat du siège.

Le parquet doit être indépendant du reste de la magistrature… et dépendant de l'exécutif

Les arguments que l'on peut développer pour soutenir la stricte séparation du parquet et du siège étaient déjà parfaitement admissibles dans les années 1990 : ils n'ont fait que se renforcer à travers le temps, et les récents débats les ont popularisés au sein même du monde du droit. Au rang de ceux-ci, l'endogamie : 30 % environ des magistrats vivent avec un collègue. Ce qui peut être naturel dans n'importe quel métier et dans toutes les entreprises du monde a évidemment des conséquences sur le déroulement de la procédure pénale. Lorsque monsieur X, juge d'instruction, est le concubin non déclaré de madame Y, substitut du procureur dans le même tribunal et chargée de régler les dossiers du cabinet X, on peut être certain de la parfaite circulation de l'information entre le cabinet d'instruction et le parquet ; on l'est moins en ce qui concerne le strict respect du secret de l'instruction protégé fictivement par l'article 11 du code de procédure pénale. Cette situation objective est souvent dissimulée, et donc ignorée de certains avocats, et globalement des justiciables. Pourtant, elle implique des conséquences au niveau de l'exercice des droits de la défense. Lorsque des magistrats veulent « se rapprocher » pour des raisons familiales, ils tentent d'obtenir leur nomination dans la même juridiction. Qu'ils annoncent ou qu'ils cachent leur vie privée à leur hiérarchie, le procédé semble parfaitement naturel. Qu'il nous soit permis de contester cette appréciation et de soutenir que le fait, pour un magistrat du parquet, de vivre avec un juge d'instruction pose effectivement un problème lorsqu'ils interviennent sur le même dossier. La situation est identique lorsque l'un des membres du couple occupe le fauteuil du substitut lors de l'audience de jugement alors que l'autre est installé dans celui du président. Qu'il s'agisse d'un mariage, d'un PACS ou d'un simple concubinage, il est nécessaire que les conditions de la vie en commun des magistrats soient clairement exposées, que la hiérarchie en soit systématiquement informée, tout comme les avocats de la défense.

Dès que la question du rôle du parquet revient à la une de l'actualité, les hiérarques judiciaires montent au créneau. Les suites de l'affaire d'Outreau ont permis de cibler les critiques sur les magistrats du parquet (dont le procureur de la République) qui ont laissé l'enquête se dévoyer, sans assumer leurs prérogatives et sans s'inquiéter des déviances du juge d'instruction. Jean-Louis Nadal, dans un long article du *Monde*, évoque les suites de l'affaire et concentre son analyse non pas sur l'absurdité de la gestion de la procédure pénale mais sur la proposition de la commission parlementaire présidée par André Vallini concernant la séparation du siège et du parquet. Il tente de riposter à la critique concernant la différence de nature qui existe à l'évidence entre la mission de juger et la mission de poursuivre.

Il est pourtant évident que les deux fonctions ne peuvent se confondre, qu'elles demandent des aptitudes et des qualités radicalement différentes, que l'implication dans le processus inquisitoire n'a pas de point commun avec les facultés de recul, de synthèse et d'analyse nécessaires à l'acte de juger. Il est tout aussi évident que le justiciable doit pouvoir différencier celui qui le poursuit de celui qui le juge. Il doit discerner clairement, tout au long du processus d'enquête et d'instruction, celui qui tente de prouver son implication dans un crime avec une certaine vindicte, voire une certaine férocité, même si les procédés d'aujourd'hui ne sont plus ceux des années 1230. Il est nécessaire que cette distinction soit également manifeste sur le plan physique, qu'elle s'illustre dans le vêtement et la position occupée lors de l'audience pénale.

Vincent de Moro-Giafferi, ténor du barreau de Paris des années 1930, rappelait souvent dans ses plaidoiries que le représentant du ministère public ne devait qu'à une erreur du menuisier de se trouver sur l'estrade au même niveau que les magistrats de la juridiction de jugement, alors que l'avocat est situé effectivement sur le sol, c'est-à-dire au niveau du parquet où devrait être rabaissé son interlocuteur du ministère public, totalement dépourvu de la pourpre et de l'hermine.

Le système actuel, issu des fastes de la monarchie, en a conservé au moins les décors, en entretenant la confusion des genres. Le détail va jusqu'à la taille et à la forme des fauteuils. À la cour d'appel de Rouen, dans la salle de la première chambre, le fauteuil du président dispose du dossier le plus haut, et le plus orné. Le procureur a la chance d'avoir un siège certes confortable, mais moins majestueux. L'assise des assesseurs est plus modeste encore. Le greffier est mal traité ; quant aux avocats, ils se contentent des bancs... du parquet. Car il est nécessaire de préciser en outre que les acteurs précédents bénéficient tous de l'estrade, et donc de la hauteur nécessaire pour présider les débats et écraser de leur stature les justiciables et les auxiliaires de justice.

La majesté de la fonction de juger n'a rien à voir avec la servitude nécessaire de la fonction de poursuivre. Le rituel judiciaire[156] doit lui aussi évoluer. La nécessité de sacraliser l'espace de jugement afin que chacun puisse le distinguer de l'espace public ne semble pas discutable en tant que tel. Le justiciable doit comprendre que le jugement « au nom du peuple français » ne se résume pas à une discussion de bistrot avec un éducateur un peu rugueux. Il faut qu'en un coup d'œil il distingue les fonctions. La confiance qu'il doit accorder à son juge pour admettre la sanction nécessite la compréhension du processus et l'absence de doute sur son impartialité. La différence entre le parquetier et le juge est censée être éclairée par les textes et confirmée par la matérialisation du rituel d'audience. Il est donc nécessaire de faire descendre le parquet, organe de poursuites, à son niveau naturel, celui d'une simple partie au procès.

Il convient donc de créer deux corps distincts : l'un réunissant les officiers du ministère public, dont la fonction serait uniquement de poursuivre les infractions au nom de l'État, l'autre les magistrats chargés de la fonction de juger, civile ou pénale. Ils assureraient, dans le cadre procédural actuel (avant la disparition des juges d'instruction et le passage à la procédure accusatoire), les fonctions de juge des libertés et de la détention, de juge d'application des peines, de membre des formations de jugement de première instance et d'appel. Tant que le juge d'instruction exerce, ils pourraient également assumer ces fonctions, de même que celles de conseillers à la chambre de l'instruction.

Le risque de confusion sera ainsi écarté. On aura créé également une véritable fonction, celle du ministère public. Ces hommes et ces femmes pourront effectuer l'ensemble de leur carrière dans la fonction répressive en se spécialisant par exemple dans les affaires financières, les affaires de terrorisme ou les affaires sexuelles. On sait qu'en effet l'une des grandes revendications actuelles concerne l'insuffisante spécialisation des hommes et des juridictions. Un magistrat qui débute sa carrière dans un tribunal d'instance, la poursuit dans le parquet d'un petit tribunal de province puis aboutit, à quarante-cinq ans, dans une section financière du parquet de Paris, n'a pas forcément la compétence nécessaire pour assumer ce rôle. Un représentant du ministère public travaillera tout au long de sa carrière à la défense de la société, et sa compétence ne sera pas contestée.

Le parquet doit-il être indépendant ?

Nous avons rappelé que ces deux fonctions (la poursuite et le jugement impartial) nous semblaient à tel point antinomiques qu'il apparaissait aujourd'hui nécessaire, à l'instar de ce qui se produit dans de nombreux pays, de les séparer d'une façon absolue. Ainsi, l'officier du ministère public – pour reprendre cette formulation traditionnelle qui a le mérite de ne pas employer les mots «juge» ou «magistrat» –, soumis hiérarchiquement au ministre de la Justice, assurerait ces fonctions dans le cadre d'une organisation hiérarchique où il devrait effectivement rendre compte de son action auprès de son supérieur, qu'il s'agisse du procureur de la République dans le cadre d'un tribunal, ou du procureur général dans le cadre du parquet de la cour. Ainsi, la confusion des genres – que les avocats déplorent –, les passages réguliers d'une fonction à une autre tendent à dissoudre la spécialité du magistrat, et à associer les deux fonctions dans l'esprit du justiciable.

Contrairement à ce que pensent certains auteurs et la plupart des syndicats de magistrats, non seulement il n'est pas utile que l'officier du ministère public soit indépendant, mais c'est en outre contraire à sa nature et à ses fonctions. Il doit être l'exécutant de la politique pénale décidée par le gouvernement, lui-même issu du suffrage universel, ce qui maintient le lien entre le peuple souverain qui légitime la fonction. Si l'on peut admettre que le parquetier dispose d'une marge de manœuvre dans l'exercice de ses fonctions, on ne saurait admettre une totale et parfaite liberté, une totale et parfaite indépendance. On a d'ailleurs remarqué les dégâts que pouvait provoquer l'autogestion du corps depuis la réforme constitutionnelle de 1993. Au vu de ces dérives, il ne peut être question aujourd'hui, à notre sens, de donner leur indépendance aux officiers du ministère public. Lorsque, en 1996, Jacques Chirac, alors président de la République, mit en œuvre la commission Truche sous l'autorité du procureur général de la Cour de cassation, il voulait faire évoluer le système pénal français vers une certaine indépendance du parquetier, lequel resterait simplement un magistrat. On imaginait alors deux types de magistrats, chacun indépendants dans leurs fonctions, le parquetier aurait pu requérir à son bon vouloir, comme un petit potentat local ou un bailli médiéval, en fonction de ses préférences ou de son implantation géographique. Revenant ainsi aux temps des parlements provinciaux, on aurait reconstitué une « coutume pénale » locale. En fonction de l'influence des milieux viticoles, on aurait, par exemple, admis davantage de légèreté dans la répression contre l'alcoolisme au sein des zones de vignobles ; dans tel département, sous l'influence d'un procureur soucieux de l'élimination des chiens dangereux, la police aurait reçu des instructions rigoureuses sur la poursuite des propriétaires de molosses et la destruction de ces chiens. L'exemple n'est pas théorique : on a connu, dans le ressort de Versailles, un substitut particulièrement impliqué dans cette lutte. Puis demain, on aurait admis le port d'armes en Corse, en raison d'une tradition multiséculaire...

Fort heureusement, la commission n'a pas donné suite au rapport. Quinze ans plus tard, à l'occasion de la réforme de l'instruction, la question revient subrepticement à la une de l'actualité, et certains essaient de réintroduire ce débat en expliquant qu'à compter de l'instant où le procureur de la République est seul à maîtriser les poursuites, il devient un individu particulièrement dangereux, suspect d'une liaison directe avec le gouvernement, et donc par essence contempteur des libertés publiques.

Cette appréciation n'a pas de sens au regard de ce qui se passe depuis des années, alors que les parquetiers sont encore considérés comme des magistrats à part entière, soumis à un statut quasiment identique à celui des magistrats du siège (à l'exception de règles concernant la discipline et ce lien de subordination, avec l'obligation de suivre les instructions données par les supérieurs hiérarchiques). On peut dire qu'en dépit de cette situation, on a déjà eu à déplorer des atteintes graves aux libertés, ou des réquisitions fantaisistes les mettant en cause. Nous n'allons pas encore une fois reprendre l'exemple de l'affaire d'Outreau : de toute évidence, il se suffit à lui-même pour persuader que ce n'est pas la situation actuelle et sa fixation définitive qui pourraient constituer une garantie pour le justiciable.

C'est pourquoi, lorsque la Cour européenne des droits de l'homme indique, dans une décision du mois de mai 2009, qu'elle ne considère pas le parquetier comme un magistrat à part entière, il n'y a pas à s'offusquer de cette opinion : elle est réelle et elle a vocation à être clairement fixée dans les textes, de façon à ce que cette confusion des genres soit définitivement écartée.

C'est la raison pour laquelle, dans le cadre de la réforme, il conviendra d'assurer l'existence d'un corps des officiers du ministère public chargé spécialement de procéder aux enquêtes, techniciens de tel ou tel domaine (stupéfiants, finances, corruption...). Ils ne seront pas suspects de mettre en cause les libertés des citoyens puisqu'ils seront suivis dans leurs actions par les avocats de la défense, leurs *alter ego* dans cette confrontation judiciaire. Face à eux se dressera le nouveau juge de l'enquête et des libertés, personnage indépendant, insoupçonnable de lien avec l'une ou l'autre des parties au procès, alors qu'aujourd'hui, comme nous l'avons déjà souligné, on est trop souvent dans la connivence. Chacun assurera sa fonction dans ces conditions, et le système y gagnera une logique et une clarté de fonctionnement qu'il a perdues depuis longtemps.

Quel sera l'inconvénient pour les magistrats ?

Ils ne pourront plus passer d'une fonction à une autre. Ce choix de carrière devra être déterminé dès l'origine. Les vocations devront ainsi se distinguer clairement : vocation de l'enquête, de la poursuite et de la traque des délinquants ou sacerdoce du jugement, impartial, serein, détaché des contingences et des influences corporatistes. Il restera certes à régler le fâcheux problème de l'endogamie, que chacun veut aujourd'hui taire et ignorer alors même qu'il s'agit d'une difficulté très concrète qui bat en brèche plusieurs principes.

Il faut en finir avec le temps de Courteline, où l'on voyait Barbemolle passer du banc de la défense à celui de l'accusation en succédant au substitut de Saint-Paul-Mépié au cours de la même audience et pour la même affaire sans que cela inquiète le président. Seul le pauvre Lagoupille (prévenu) et le malheureux Alfred (limonadier de son état, et partie civile) sont désemparés par le caractère interchangeable des fonctions tenues... par le même homme[157]. Cette situation actuellement fréquente dans une juridiction, au cours de l'examen d'un seul et même dossier (nous voulons signifier par là le passage au hasard des promotions d'un magistrat du siège au parquet), deviendra définitivement impossible. Ainsi, les arguties concernant l'indépendance des officiers du ministère public seront définitivement balayées.

Une mesure simple : la visite médicale et médico-psychologique obligatoire avant l'intégration dans la magistrature

Cette première proposition résulte d'une simple comparaison de statut, de situation, de position d'autorité dans les structures civiles, commerciales, militaires ou policières. Pour s'assurer de la capacité physique et psychologique de leurs agents ou de leurs salariés à effectuer certaines missions, ces administrations et ces entreprises exigent qu'ils se soumettent régulièrement à un contrôle médical. Lorsqu'une autorité confie à des hommes et des femmes la responsabilité de vies humaines, en leur donnant le commandement d'équipes dotées de pouvoirs extraordinaires du droit commun, (comme celui d'user d'une arme, d'emprisonner ou, plus simplement, de condamner) ou le contrôle de matériels dont l'usage est lui aussi particulier, tels des armements sophistiqués ou permettant des destructions massives, elle considère qu'elle doit vérifier les aptitudes de ces personnels. Ainsi, les pilotes d'Airbus (ou du Concorde de la grande époque), les commandants de sous-marins nucléaires, les pilotes militaires des chasseurs ou des bombardiers nucléaires (Rafale, Mirage F1, Mirage IV) subissent-ils ces contrôles réguliers sans barguigner. Il en est de même des officiers ou des gendarmes du GIGN et du RAID

Partant de ce constat, et du fait que ces contrôles médico-psychologiques sont parfaitement admis tant par le corps social que par l'Administration et les intéressés eux-mêmes, il semblerait naturel de les imposer à des magistrats qui, par leur décision, influent sur les libertés individuelles[158], et, après la réforme, aux officiers du ministère public. Cette mesure (qui devrait être considérée comme une condition préalable au concours de l'École nationale de la magistrature) devrait être réitérée annuellement. Elle permettrait de déceler des addictions ou des implications dans des processus illégaux. Non que les magistrats doivent être systématiquement considérés comme suspects : estime-t-on que le pilote est naturellement affecté d'un défaut de vision pour contrôler régulièrement sa vue ? L'estime-t-on nécessairement cardiaque pour le soumettre régulièrement à des examens très invasifs ? La réponse est évidemment négative. Mais il s'agit d'éviter, par exemple, que des individus vivant une situation personnelle difficile sombrent dans une déviation. Il faut également prévoir les conséquences psychiques d'un travail parfois très lourd, impliquant une confrontation directe et constante avec une adversité redoutable, tels le grand banditisme ou le terrorisme, qui nécessitent des mesures de protection perturbant la vie quotidienne. Par ailleurs, le juge peut être, à un certain moment, dépassé par le poids des responsabilités. Il n'assume plus les décisions qu'il doit prendre, ce qui le conduit à des excès allant du libéralisme débridé à l'autocratisme forcené. Il ne s'agit pas de cas d'école, mais bien d'exemples concrets que tous les avocats et tous les présidents de juridictions ont dû affronter. On dépasse à ce niveau les rubriques hilarantes du *Canard enchaîné*, lequel se gausse régulièrement de telles situations. Le magistrat qui prend des photographies de jeunes filles nues dans la salle d'audience, ou celui qui quitte un supermarché en dérobant un jambon, cela prête toujours à rire et fleure bon la troisième République radicale, les caricatures de Courteline ou de Feydeau. Il peut y avoir derrière ces comportements soit l'expression d'une maladie grave, soit celle d'une détresse passagère : dans les deux cas, cela nécessite une suspension d'urgence des fonctions. Mais entre le moment où intervient la suspension et l'instant où la difficulté s'est déclarée, quelle est la dimension du sinistre ? Aux États-Unis, on annule l'ensemble des actes pris par un magistrat impliqué dans une affaire délicate. Ce n'est pas le cas en France.

Dès lors, lorsque l'École nationale de la magistrature annonce qu'elle va désormais, pour ses candidats, procéder à des contrôles de cette nature, on ne peut que s'étonner de l'irritation d'André Vallini, président de la commission parlementaire sur l'affaire d'Outreau[159]. De toute évidence bousculé par les syndicats de magistrats, il s'est élevé contre une mesure qui se situe dans la pleine logique de ses travaux, et qui n'a rien de scandaleuse. Elle est simple, elle n'est pas coûteuse, elle permet aux citoyens, à la hiérarchie judiciaire et aux responsables politiques de s'assurer que les individus nommés par décret dans cette fonction seront aptes à l'exercer. Il faudra s'assurer par la suite qu'ils le restent et que des incidents de parcours de nature personnelle ou familiale n'influent pas sur leur capacité d'apprécier la situation des justiciables.

Une idée controversée : l'instauration de la responsabilité personnelle et directe des magistrats

Avant l'élection présidentielle, le débat sur la responsabilité des magistrats a été vigoureusement relancé. Certains estiment qu'elle est semblable à celle de tous les citoyens lors de la commission par le magistrat d'un délit ou d'un crime. Le propos est frappé au coin de l'évidence : si un magistrat est l'auteur d'un meurtre passionnel ou d'un détournement de fonds, hors de l'exercice de ses fonctions, il sera effectivement jugé comme un citoyen ordinaire ! Mais il ne s'agit pas de la véritable question que se posent les citoyens concernant la responsabilité du magistrat : ils évoquent les conséquences d'une faute dans l'acte de juger lui-même, d'instruire ou encore de poursuivre, hypothèse totalement rejetée par la corporation.

Cette responsabilité pourrait être engagée en raison d'une faute commise dans l'exercice de la fonction de juger (pour le président d'une chambre correctionnelle par exemple) ou d'instruire (pour un juge d'instruction). Cette faute pourrait avoir des conséquences graves et entraîner un préjudice important pour la victime, telle une détention totalement inique.

La faute du magistrat peut résulter de plusieurs causes. On doit distinguer la mauvaise interprétation des faits et des indices matériels (comme dans l'affaire d'Outreau), la négligence (omission d'un délai de procédure[160]) ou la méconnaissance d'un texte paru récemment et ignoré du juge[161]. On doit également évoquer le cas de la malveillance caractérisée à l'égard d'un prévenu, occasionnée par une inimitié personnelle du juge qui peut alors prendre une décision dans la perspective d'occasionner un préjudice direct à la personne concernée, ou à un proche de cette personne, par ricochet.

Actuellement, seule la responsabilité de l'État peut être engagée sur le fondement de l'article 781-1 du code de l'organisation Judiciaire. L'État répare le dommage causé par le fonctionnement défectueux du service public de la justice, comme il répare le dommage pouvant être causé par d'autres services publics, comme l'équipement ou la police nationale... En revanche, il est vrai que le magistrat n'est jamais responsable à titre personnel des fautes qu'il commet dans l'exercice de ses fonctions. Ainsi, le juge d'instruction peut prendre une décision d'incarcération absurde, hors de toute réalité du dossier, en l'occurrence pour exercer une pression sur une autre personne. Si l'individu injustement emprisonné se suicide, comme ce fut le cas de Francois Mourmand dans l'affaire d'Outreau, il n'existe aucune sanction particulière. Le code pénal ne s'applique pas sur la base, par exemple, de la mise en danger de la vie d'autrui.

Certes, lorsque l'État a été condamné pour une faute de service, il peut se retourner contre le magistrat si celui-ci a commis une faute personnelle : il s'agit de l'application classique de la jurisprudence du Conseil d'État en matière de responsabilité des fonctionnaires. Elle date du début du XXe siècle et est en fait rarement appliquée dans le cadre de la fonction publique classique ; elle ne l'est jamais dans la fonction publique judiciaire.

Il reste la possibilité de la saisine disciplinaire. Sur les cinq dernières années, le CSM a dû prononcer une vingtaine de condamnations disciplinaires, dont cinq ou six ont conduit à l'éviction des intéressés de la magistrature. On en a évoqué quelques-unes : prononcer la mise à la retraite d'office d'un magistrat cinq ans après son départ régulier en retraite ne semble pas une sanction bien sérieuse ! En outre, il convient de rappeler que ces sanctions sont prises dans le plus grand secret. En effet, dans le rapport du CSM tel qu'il le produit actuellement, les noms sont volontairement cancellés.

Il est donc envisageable de mettre en œuvre un système de responsabilité. Mais je pense qu'il ne s'agit que d'une piètre mesure face à la cause essentielle de cette situation, avec un risque corollaire majeure : la création d'un système de suspicion généralisé. Il est donc préférable de remonter à la source et de centrer l'attention des décideurs sur la sélection, la formation et la gestion de la carrière des magistrats.

L'intérêt de la société n'est pas de voir sanctionner de façon exemplaire les magistrats qui ont failli, en espérant que cela impressionnera les autres, selon la reproduction du rituel judiciaire lui-même. Une réforme d'ampleur exige la sélection d'une élite, particulièrement dans le domaine pénal, où les libertés sont quotidiennement en cause. Nous savons aujourd'hui que cette élite n'est pas générée par les processus actuels de recrutement et de contrôle. Ce sont donc ceux-ci qu'il convient d'améliorer.

Une idée emblématique : la suppression de l'École nationale de la magistrature

La seconde mesure qu'il est possible de mettre en œuvre sans bouleverser l'intégralité du monde judiciaire est incontestablement la suppression de l'École nationale de la magistrature et du système de recrutement qui prévaut depuis la création de cette institution par Michel Debré en 1958. Il ne s'agit pas de remettre en cause l'opportunité de la création de cette école dans l'après-guerre où la République avait besoin de reconstituer l'effectif de la magistrature, durement touchée par la période du conflit et les mesures d'épuration. De nombreux magistrats étaient impliqués dans le fonctionnement du régime de Vichy : certains d'entre eux n'avaient-ils pas accepté de siéger au sein des fameuses sections spéciales [162] ? Pendant plusieurs années, l'École nationale de la magistrature a rempli sa mission. Mais aujourd'hui, les besoins de la société sont différents et elle n'est plus un instrument adapté. La sélection qu'elle impose, la formation qu'elle dispense devraient garantir la société contre les erreurs et les errements. Il n'en est rien. D'autre part, on a vu que l'école est devenue principalement le lieu d'apprentissage d'un corporatisme à la fois puéril et stérile [163].

Ainsi, elle accueille un étudiant fraîchement émoulu de la faculté ayant décidé de se consacrer à la justice et elle le transforme en prosélyte ardent d'une conception étriquée de cette même justice. En quelques mois, il a intégré le rituel de la corporation et ses obligations, dont il ne devra se défaire sous aucun prétexte jusqu'au terme de sa carrière. En cas de parjure, il risque de se voir définitivement coupé du reste du corps.

Cet étudiant en droit devient ainsi magistrat à vie, grâce à deux actes successifs : la réussite au concours et le décret de nomination. Le troisième acte souvent nécessaire à la gestion d'une bonne carrière est l'adhésion à l'un des deux syndicats principaux, le Syndicat de la magistrature ou l'Union syndicale des magistrats.

L'ENM est aujourd'hui une incongruité dans le monde judiciaire européen et occidental. Seuls quelques pays comme le Portugal, par exemple, ont une telle école. Les autres assurent un cursus commun à toutes les professions du droit. Puis, au terme de plusieurs années de pratique, soit dans l'Administration, soit dans la profession d'avocat, les personnes dont la compétence et l'autorité sont certaines, dont les qualités humaines sont en outre reconnues, peuvent intégrer le corps des magistrats. La Grande-Bretagne et le Québec ont adopté ce type de fonctionnement, et l'on ne peut dire que dans ces pays, la justice est mal rendue ou mal gérée.

Réaffirmons-le : une bonne justice doit reposer sur trois piliers essentiels et complémentaires : la compétence juridique, la morale et l'humanisme. Mais surtout, elle doit susciter spontanément la confiance, des justiciables en particulier et des citoyens en général.

Une suppression immédiate de l'École nationale de la magistrature serait une mesure emblématique, à la hauteur de l'outrage d'Outreau. Mais sans doute est-il préférable de procéder par étapes, en ouvrant dans un premier temps le recrutement externe, puis en supprimant le recrutement par le concours et la scolarité obligatoire à l'ENM. On pourrait ainsi réduire progressivement les postes ouverts chaque année par le concours de l'ENM. Ils seraient divisés par deux immédiatement et le recrutement extérieur – au sein des avocats, des fonctionnaires tels que les administrateurs civils, les commissaires de police, les professeurs de droit ou autres praticiens du droit – serait ainsi augmenté. On pourrait admettre que des juristes d'entreprises puissent intégrer la magistrature pour intervenir, avec leur expérience, dans les juridictions d'appel spécialisées en matière commerciale par exemple.

On veillera bien entendu à ce que les critères relevés ci-dessus (aptitude physique et psychologique, âge et ancienneté dans la profession antérieure) soient parfaitement respectés. En ce qui concerne la profession d'avocat, particulièrement affectée par la crise économique de ces dernières années, il faudra veiller à ce que le choix de la carrière de magistrat ne concerne que les meilleurs et non ceux qui connaissent des difficultés récurrentes et réalisent un choix par défaut. En quelques années, l'équilibre du corps des magistrats sera ainsi profondément modifié. Cette évolution conduira nécessairement à la suppression de l'ENM, qui reste un objectif majeur.

La suppression de l'ENM n'implique en aucune façon la disparition de l'obligation (implicite à ce jour) de formation continue. Bien au contraire, elle doit être renforcée, c'est-à-dire imposée. Elle se pratiquera à l'intérieur et à l'extérieur de l'organisme de formation, en entreprise par exemple, de telle façon que le magistrat reprenne régulièrement contact avec la société civile. Tous les trois ans, le magistrat, quels que soient son âge et ses fonctions, suivra une formation de trois mois au cours de laquelle il pourra s'initier aux nouvelles techniques en matière informatique ou criminalistique par exemple. Il pourra également être formé à des domaines qu'il ne maîtrise pas ou qu'il est nécessaire de rafraîchir dans les fonctions nouvelles, puisqu'il est passé, par exemple, de la juridiction correctionnelle à la juridiction commerciale et n'a pas pratiqué ce droit depuis un certain nombre d'années. Aujourd'hui, on exige du magistrat qu'il soit omnicompétent alors que de telles modifications de carrière nécessitent bien entendu une formation préalable.

La fin de l'autogestion du corps

Le titre huitième de la Constitution est intitulé «De l'autorité judiciaire». Les rédacteurs de 1958 n'ont pas voulu adopter la formule «pouvoir judiciaire» chère à Montesquieu. Ces dispositions font du chef de l'État le garant de l'indépendance des juges[164] et prévoient la formation d'un Conseil supérieur de la magistrature qui exerce sous sa présidence trois fonctions. Il propose les nominations de magistrats du siège. Concernant les magistrats autres que les chefs de cour, son avis est impératif. La procédure est différente pour les magistrats du parquet, le gouvernement conservant le choix dans la nomination. Le CSM est également le conseil de discipline des magistrats du siège. Enfin, il assiste le président de la République dans l'exercice du droit de grâce.

Eva Joly prétend que «les magistrats tirent leur légitimité de la loi, de la Constitution, des traités et des normes internationales[165]». Elle commet une erreur de taille, laquelle peut expliquer ses errements et ceux de ses collègues. Certes, les magistrats appliquent différents textes qui, pour certains d'entre eux, régissent leurs actions. Mais ils ne tiennent pas leur légitimité d'un texte, quel que soit son niveau dans la hiérarchie des normes. Celle-ci dépend uniquement du peuple souverain. Elle leur est transférée par ses représentants, qu'il s'agisse du président de la République, du Premier ministre ou des membres des assemblées. Si, dans le fonctionnement quotidien de la magistrature, les textes évoqués ci-dessus reconnaissent aux magistrats du siège une indépendance, celle-ci n'est pas synonyme d'autonomie ou d'autocratie judiciaire.

Pour juger «au nom du peuple français», il convient d'être digne de sa confiance, non seulement au moment où le pouvoir de juger est délégué par le gouvernement issu du suffrage populaire, mais tout au long de sa carrière. Cette légitimité ne peut se gagner en deux instants, celui du concours et celui de l'acte de nomination. Elle peut être perdue en raison d'attitudes indignes, dans la vie privée comme dans l'exercice même de la fonction de juger. À ce niveau, le soin d'apprécier cette légitimité ne revient pas à un organe corporatiste ou même à la hiérarchie, mais bien à celui qui en est le titulaire, par l'effet du suffrage.

Anticipant la réforme de 2008[166], nous proposions deux évolutions nécessaires. Tout d'abord, le rétablissement du lien entre le peuple souverain et le juge, lequel était brisé par la réforme de 1993. Il revenait donc aux présidents des deux assemblées de désigner au moins quatre des membres du CSM. Ensuite, pour éviter l'ornière du corporatisme dans laquelle s'embourbait ce dernier[167], il était évidemment indispensable que les magistrats ne disposent plus de la majorité dans le cadre du fonctionnement de cette assemblée particulière. En revanche, les autres intervenants à l'acte de juger, qu'il s'agisse des avocats ou des justiciables, devaient être représentés.

Le nouvel article 65 de la Constitution s'inspire de ces principes. Le CSM comprend désormais dans sa formation disciplinaire cinq magistrats de la fonction concernée (siège ou parquet) et un de l'autre, outre un conseiller d'État désigné directement par sa juridiction. Il comprend également six personnalités choisies deux par deux par le président de la République et le président de chacune des assemblées, et un avocat. Dans les formations disciplinaires, les magistrats judiciaires n'ont plus la majorité, laquelle appartient aux six personnes qualifiées, auxquelles s'ajoutent l'avocat et le conseiller d'État[168].

Lorsqu'il statue en formation plénière pour répondre aux demandes d'avis du président de la République, le Conseil réduit le nombre des magistrats de chaque collège à trois (soit six magistrats en tout), les autres membres restant actifs. Enfin, modification particulièrement importante, pour la première fois dans l'histoire de la République, le citoyen pourra saisir le Conseil. Une loi organique doit définir les conditions de la saisine, mais la disposition est clairement inscrite dans la Constitution.

Cette réforme constitue un progrès notable, dans la logique qui soutient la réforme de la procédure pénale et cette idée fondamentale de restitution à l'individu de la citoyenneté judiciaire, le plein exercice de ses droits et l'accession à un droit nouveau, la saisine du CSM. En effet, l'éventuel changement de statut du parquet n'aura pas d'influence sur le fonctionnement de cette institution. Ce qui était nécessaire, la fin de l'autogestion du corps, autorisé par la réforme de 1993, est désormais acquis, de même que la possibilité pour le citoyen de se plaindre directement à une autorité de référence.

Conclusion

La longue histoire de la justice pénale française rend nécessairement modeste le moindre commentateur lorsqu'il est également un acteur. Là où l'historien peut se permettre de tirer un certain nombre de conclusions de nature générale, l'acteur, qu'il soit avocat ou magistrat, se doit de conserver la seule optique qui vaille, celle du fonctionnement cohérent, rapide et compréhensible de la justice pénale. Or, elle est actuellement incohérente, lente et incompréhensible.

Sans sombrer dans le manichéisme, il est certain que le débat judiciaire pénal a notoirement à gagner de la clarté des positions prises respectivement par chacune des parties : l'officier du ministère public représente la société dans la logique des choix gouvernementaux validés par les électeurs. Il assure le travail d'enquête, nécessairement à charge, mais sous le contrôle, le suivi vigilant et incisif de l'avocat de la défense. Chacun de ses faux pas, chaque preuve de sa partialité doivent pouvoir faire l'objet d'une riposte de l'avocat du mis en examen. Tous deux respectent et suivent à la lettre le même code de procédure. La parole du policier n'est plus nécessairement considérée comme étant une certitude incontournable. L'avocat peut à son niveau rechercher la preuve, avec l'aide d'institutions dépendant ou non de la police nationale et de la gendarmerie.

En cas de violation du droit, de refus du ministère public ainsi constitué de rechercher une preuve que l'avocat considère comme décisive, le juge de l'enquête et des libertés est saisi et il prend une décision. Elle est susceptible d'appel devant une formation spécifique de la cour d'appel. De son côté, le ministère public dispose de la puissance des structures de l'État dans la recherche, l'acquisition et l'exploitation de la preuve. Mais à tout moment, il peut être arrêté, contrôlé, surveillé dans son action par l'avocat du prévenu et le juge. Le ministère public souhaite prendre des mesures individuelles ou collectives (tels les barrages routiers, qui constituent une entrave à la liberté d'aller et venir) : le juge de l'enquête et des libertés donne son aval. Il délivre des commissions rogatoires, que l'on pourrait appeler mandat pour que le langage commun comprenne plus facilement de quoi il s'agit. Il délivre des autorisations, et ce n'est que sur la base de ces documents obtenus dans le cadre de requêtes et de démarches spécifiques du parquet que celui-ci peut agir.

Lorsque l'enquête est terminée, le dossier est synthétisé par un officier du ministère public. À ce niveau, on peut imaginer qu'il soit supervisé par un magistrat du siège qui accueille les observations de l'avocat de la défense avant de renvoyer l'affaire devant le tribunal correctionnel ou la cour d'assises, ou de décider d'un classement sans suite.

Le droit incontournable de la victime à demander une enquête sur un fait qui lui a occasionné un préjudice doit être renforcé : depuis plus de dix ans, l'ensemble des réformes procédurales tentent de restreindre ce droit, à la plus grande satisfaction des magistrats du siège et du parquet.

Dans tous les cas, une police républicaine (dont on oublie trop souvent qu'elle réalise, avec un vrai professionnalisme et une réelle promptitude, des enquêtes très complètes) ne peut être soupçonnée de partialité. Mais là aussi, on peut imaginer des protections spécifiques au bénéfice des officiers de police judiciaire, qui pourraient s'adresser, hors leur hiérarchie directe, à un magistrat du siège lorsqu'ils auraient une inquiétude sur la légalité d'un ordre.

Ainsi, il est à la fois réducteur, fondamentalement passéiste et en fait peu productif de s'accrocher désespérément à un fonctionnement judiciaire bicentenaire, issu lui-même de huit cents ans d'arbitraire et aujourd'hui totalement dépassé tant par l'état de la démocratie, l'exigence des droits, le nécessaire respect de la citoyenneté dont l'exercice ne doit pas être suspendu à l'entrée d'un commissariat, d'un palais de justice, voire d'une cellule de détention provisoire.

La réforme proposée par Nicolas Sarkozy, après plusieurs années de réflexion, s'inscrit dans une mise à niveau des institutions judiciaires françaises au regard des institutions européennes et d'outre-Atlantique.

Pour l'avocature qui semble actuellement trop la négliger – peut-être par crainte de ne pas être à la hauteur de l'enjeu –, elle constitue une véritable chance de trouver non seulement une place qu'elle n'a jamais eue dans le processus pénal depuis les années 1200, mais de retrouver, dans la société civile, un lustre perdu de longue date. Le barreau français ne peut se satisfaire d'être considéré par ses clients comme un rassemblement de ronfleurs ou de muets, payés très cher pour trop peu d'efficacité.

Il est vrai qu'aujourd'hui – et plus particulièrement depuis le 11 septembre 2001, qui a profondément inquiété les sociétés occidentales –, le citoyen peut se retrouver aisément en garde à vue ou dans une situation qui, actuellement, le prive d'une partie de ses droits. La juste contrepartie du renforcement du système policier, préventif ou répressif, étatique, nécessite le renouveau de la citoyenneté judiciaire. C'est au citoyen et à lui seul qu'il revient d'assumer les droits qui lui sont restitués par la réforme en préparation. Les magistrats, les officiers du ministère public, les avocats et les autres auxiliaires de justice ne doivent pas oublier qu'ils ne sont que les serviteurs de l'intérêt général ou des intérêts particuliers de leurs clients. En aucune façon cela ne les autorise, en tout cas pour les premiers (les magistrats et les officiers du ministère public), à émettre des opinions sur la forme du gouvernement ou l'état du droit qu'ils doivent appliquer. L'exercice de ces pouvoirs extraordinaires ne doit jamais corrompre la citoyenneté judiciaire : c'est la raison pour laquelle ces serviteurs du droit et de la procédure pénale doivent humblement se soumettre au contrôle nécessaire de leur capacité physique et psychique à exercer leurs fonctions.

Ce n'est que de cette façon que l'institution judiciaire brocardée, malmenée, souvent minée de l'intérieur par les dissensions, le corporatisme exacerbé que distillent les syndicats de magistrats, pourra évoluer vers une justice plus sereine et plus attentive au respect des droits individuels. Cette évolution est nécessaire à l'état nouveau de la société française.

Paris, le 11 février 2010.

Merci à Laure Jestaz, Isabelle Waligora, Valérie Thieffine,
Fabrice Aubert et Patrick Wassef.

NOTES

1. Les magistrats écrivent bien plus que les avocats, comme s'il était devenu vital qu'ils se racontent. On citera pour l'exemple, à la rentrée 2009, le livre de Patrick Keil, *Du barreau aux barreaux* (Jean-Claude Gawsewitch éditeur), non pour son intérêt mais pour la confirmation d'une manie. Est-elle encouragée par les éditeurs en raison des tirages importants, ou suscitée par l'inquiétude des Français en raison de l'état de la magistrature ? Ou bien démontre-t-elle simplement le souhait des individus concernés de se mettre en valeur, tantôt victimes expiatoires du système, tantôt vengeurs des pauvres et des mal-aimés ?

2. *France Soir*, 3 octobre 2009 : Interpol diffuse quatre mandats d'arrêt internationaux concernant quatre personnalités militaires marocaines, que cette organisation pense impliquées dans la disparition, en 1965, de l'opposant marocain, organisateur de la conférence tricontinentale.

3. *Libération*, 2 juin 2007 ; *Le Monde*, 6 juin 2007 ; France Info, octobre 2009.

4. Expression favorite du général de Gaulle pour désigner la quatrième République.

5. Il reste un doute aujourd'hui sur l'éventuelle responsabilité d'Émile Louis concernant le meurtre non élucidé de Sylviane Lesage.

6. Hubert Besson, *Disparues de l'Yonne, la contre-enquête*, L'Archipel, 2003 : Hubert Besson est grand reporter à *L'Yonne républicaine*. De 1993 à 2003, il a suivi cette affaire dans les moindres détails.

7. *Ibid.*

8. Le substitut est un magistrat du parquet placé sous la subordination hiérarchique du procureur de la République. Il est en relation avec les juges d'instruction. Au cours du déroulement d'une procédure d'instruction, la logique veut que le même substitut suive un dossier d'instruction pendant la totalité de son déroulement. Il présente au juge d'instruction des demandes spécifiques. Il requiert les placements en détention devant le juge des libertés et de la détention (JLD) qui, comme le juge d'instruction, est un magistrat du siège.

9. Jean-François Lacan, *Ces magistrats qui tuent la justice*, Albin Michel, 2003.

10. À partir de mars 1989, il sera procureur de la République à Montargis puis, en décembre 1991, promu procureur adjoint à Pontoise. Postérieurement, il sera mis en cause pour une affaire de recel d'abus de biens sociaux dans laquelle il sera condamné en 1995, par le tribunal correctionnel de Dijon, à 30000 francs (4573 euros) d'amende : il aurait bénéficié d'un prêt consenti par l'un des dirigeants d'une grande entreprise auxerroise à hauteur de 150000 francs (22867 euros). Il sera relaxé cinq ans plus tard par la cour d'appel de Dijon mais subira, dans l'intervalle, une procédure disciplinaire (Hubert Besson, *Disparues de l'Yonne, la contre-enquête, op. cit.*, p. 130 et suivantes).

11. Le substitut aurait cependant proposé au juge d'instruction de rattacher cette affaire, par le biais d'un réquisitoire supplémentaire, à un dossier déjà à l'instruction.

12. À cette époque, Émile Louis a été condamné à cinq ans de prison ferme par le tribunal correctionnel d'Auxerre, peine qui sera ramenée à quatre ans par la cour d'appel de Paris. Il est accusé d'avoir abusé de deux fillettes de 10 ans et d'une handicapée mentale de 16 ans et demi dont s'occupait sa compagne Gilberte Leménorel. L'affaire est correctionnalisée. À cette époque, c'est le gendarme Jambert qui est chargé de l'enquête. Dans le cadre de ce premier dossier, Émile Louis reconnaît avoir été accusé, vers l'âge de 14-15 ans, pour avoir mis le feu à un hangar, et avoir été placé dans un centre de redressement.

13. Sur le rôle de Jacques Bourguignon : avis d'Hubert Besson, *op. cit.*, p. 120 et 121.

14. *Le Monde*, 28 et 29 mars 2004.

15. *Cf.* annexe 1 : la liste de quelques ouvrages de cette nature.

16. Florence Aubenas, *La Méprise. L'affaire d'Outreau*, Seuil, 2005, p. 144-145.

17. Union syndicale des magistrats, syndicat principal de la magistrature. La sensibilité politique de la majorité de ses adhérents de même

que le contenu de ses analyses programmatiques le situent au centre droit, alors que le Syndicat de la magistrature (SM) se revendique à gauche. Formé après Mai 68, il a permis la formation syndicale et politique de nombreux élèves magistrats. Sa carte constituait le viatique nécessaire à l'accession au moindre poste à responsabilités (en juridiction et à la chancellerie) pendant la longue période mitterrandienne. Quant à l'Association professionnelle des magistrats (APM), elle se positionne clairement à droite. Le corporatisme reste le dénominateur commun de ces trois structures.

18. *Le Parisien*, 31 août 2007.

19. Seul le maréchal Pétain avait organisé, dans d'autres circonstances, une structure de ce type placée sous le commandement du colonel Groussard.

20. Jacques Derogy et Jean-Marie Pontaut, *Enquête sur trois secrets d'État*, Robert Laffont, 1986, p. 40-41.

21. Jean-Michel Beau, *L'Honneur d'un gendarme*, Sand, 1995 ; Jaques Derogy et Jean-Marie Pontault, *op. cit.* ; Antoine Comte, *La Défaite*, Austral, 1995.

22. Antoine Comte, *La Défaite*, *op. cit.*

23. *Ibid.*, p. 150.

24. Paul Cassia, *Robert Badinter, un juriste en politique*, Fayard, 2009.

25. *Ibid.*, p. 353.

26. Officier de police judiciaire.

27. C'est précisément ce que reproche Élisabeth Guigou à Laurent Lemesle, auteur d'un « Que sais-je ? » sur le parquet qui, incidemment, proposait dans son livre le maintien des instructions individuelles données par le ministre au parquet... au moment où le ministre de la Justice prônait le contraire. Le ministre déclara alors : « un haut responsable du ministère ne peut écrire exactement et frontalement le contraire de la politique que le gouvernement entend mener » ; l'auteur dut quitter les fonctions qu'il occupait alors à la direction des affaires criminelles et des grâces. (*Le Figaro*, 29 octobre 1998.)

28. Arrêt Tessier, Conseil d'État, 13 mars 1953, *Les Grands Arrêts de la jurisprudence administrative*, Dalloz, 2009.

29. Arrêts Volff et Exertier, Conseil d'État, 31 janvier 1975, *Recueil Lebon*, p. 71 et 75.

30. Arrêt Bidalou, Conseil d'État, 5 mai 1982, *Recueil Lebon*, p. 662.

31. Arrêt Bidalou, Conseil d'État, 5 mai 1982, publié dans la *Gazette du Palais*, 1982. Le Conseil d'État retenait également que ce magistrat s'était, dans une série de lettres rédigées en termes violents et discourtois, opposé en matière d'organisation et de fonctionnement du service judiciaire au président du tribunal de grande instance de Thionville, dont dépendait le tribunal d'instance d'Hayange.

32. Le magistrat dont il s'agit écrivait à propos de son collègue Albert Lévy, alors substitut du procureur de Toulon : « Tant va Lévy au four... qu'à la fin il se brûle. »

33. Arrêt Terrail, Conseil d'État, 18 octobre 2000, *AJDA*, 2001, p. 288. Le Conseil valide la décision du ministre de la Justice du 25 mars 1999.

34. Arrêt du Conseil d'État, 5 mai 2003, Stilinovic contre le ministre de la Justice, rapportée par *Libération* du 6 mai 2003. L'arrêt annule la sanction prise à l'encontre de ce magistrat.

35. Avis motivé du Conseil supérieur de la magistrature dans sa formation pour la discipline des magistrats du parquet du 5 décembre 2003, cité dans le rapport 2004, p. 173.

36. *Rapport d'activité du Conseil supérieur de la magistrature 2003-2004*, p. 175. *Le Parisien*, 12 juin 2004 ; *Libération*, 13 juin 2004. « Les investigations policières ont établi que monsieur Joubrel avait stocké plus de 16 000 fichiers pornographiques sur son ordinateur portable personnel dont 5 683 mettant en scène des mineurs âgés de 1 à 14 ans. La moitié de ces images ont été classées "hard" par les enquêteurs. » (*Le Monde*, 14 juin 2004.)

37. Les magistrats aiment faire appel aux avocats pénalistes très médiatisés : ainsi le procureur de la République du tribunal de grande instance de Boulogne-sur-Mer pendant l'affaire d'Outreau, Gérard Lesigne, était défendu par Léon Lev Forster lors de l'audience du CSM de mai 2008.

38. Ce qui implique sans doute une révision à la hausse des rémunérations.

39. Il faut également rappeler que le 16 février 1999, le tribunal de grande instance d'Aix-en-Provence statuait sur le cas d'André Fontaine, ancien président de chambre correctionnelle au tribunal de grande instance de Toulon. Il était poursuivi pour « avoir, courant 1993, révélé à Jean-Marie Le Chevallier, maire FN de Toulon depuis 1995, des éléments d'une procédure mettant en cause l'ancien maire (UDF-PR) de la ville [...]. Le procureur [...] a conclu à la culpabilité du magistrat et a requis une interdiction professionnelle de cinq ans ». Le magistrat contestait totalement l'accusation. (*Le Parisien*, 17 février 1999.)

40. *Le Monde*, 20 mars 2004, et *Libération*, 4 mai 2007.

41. *Le Canard enchaîné*, 13 décembre 2000.

42. *Le Parisien*, 4 avril 2008. Sur l'une des plaintes avec constitution de partie civile concernée, quatre juges d'instruction se sont succédé avant que le signalement de l'affaire au nouveau président du tribunal entraîne une réaction salutaire pour la victime.

43. *La Voix du Nord*, 15 juillet 2009.

44. Anthelme Brillat-Savarin, *Physiologie du goût*, Éditions H. Sautelet, 1825.

45. Quesnay de Beaurepaire, *Le Panamá et la République*, Juven Éditeur, 1899.

46. L'affaire du Carrefour du développement met en cause le ministre de la Coopération de François Mitterrand, le socialiste Christian Nucci, concernant les conditions financières de l'organisation du sommet africain de Bujumbura. La justice s'interroge sur le coût de ce sommet et la destination finale des sommes considérables qui sont employées. Le chef de cabinet de Christian Nucci, Yves Chalier, est rapidement mis en examen, de même que différents « exécutants », lesquels seront lourdement condamnés par les juridictions de droit commun. En revanche, Christian Nucci, ministre en exercice au moment des faits, n'est justiciable que de la Haute Cour.

47. Yves Lemoine et Frédéric Nguyen, *Le Livre noir du syndicat de la magistrature*, Albin Michel, 1991.

48. De Joseph Delcroix (l'homme de l'affaire Urba-Gracco) au général Rondot en passant par le patron des Renseignements généraux, Yves Bertrand, quelle curieuse manie pour ces hommes de l'ombre de consigner le moindre élément de leur vie professionnelle dans de petits cahiers !

49. Henri Nallet fut le trésorier de l'une des campagnes présidentielles de François Mitterrand. Celui-ci a fait preuve d'un certain cynisme en le désignant dans cette fonction au moment des scandales financiers liés au financement du Parti socialiste.

50. *Bon appétit, messieurs !*, Fixot, 1991 ; *Crime et Blanchiment*, Fixot, 1993 ; *Lettre ouverte à ceux que les petits juges rendent nerveux*, Albin Michel, 1994.

51. Mission d'évaluation des dispositifs judiciaires de lutte contre les sectes.

52. Laurent Greilsamer et Daniel Schneidermann, *Où vont les juges ?*, Fayard, 2002.

53. Éric Halphen, *Sept ans de solitude*, Denoël, 2002, p. 53.

54. *Ibid.*, p. 79.

55. *Ibid.*, p. 97.

56. *Ibid.*, p. 201.

57. *Ibid.*, p. 205.

58. *Ibid.*, p. 208.

59 *Ibid.*, p. 127.

60. Éric Halphen, *Le Bal des outrés : propositions en réponse à ceux qui veulent tuer le juge d'instruction*, Éditions Privé, 2006.

61. *L'Express*, n° 2346, 20 juin 1996.

62. *L'Express*, n° 2346, 20 juin 1996, article de Gilles Gaetner.

63. *L'Expansion*, n° 533, 26 septembre 1996.

64. *L'Express*, n° 2430, 29 janvier 1998, article de Gilles Gaetner et Jean-Marie Pontaud.

65. *L'Express*, n° 2436, 12 mars 1998.

66. *Le Nouvel Observateur*, n° 1740, 12 au 18 mars 1998, p. 64 et suivantes.

67. *Le Point*, n° 1356, 12 septembre 1998.

68. Pierre Péan et Philippe Cohen, *La Face cachée du* Monde. *Du contre-pouvoir aux abus de pouvoir*, document Mille et Une Nuits, 2003.

69. *Le Monde*, 29 avril 1998, article d'Hervé Gattegno.

70. Eva Joly, *Notre affaire à tous*, Les Arènes, 2000.

71. Eva Joly, *Est-ce dans ce monde-là que nous voulons vivre ?*, Les Arènes, 2003, p. 135.

72. *Ibid.*, p. 148.

73. *Ibid.*

74. *Ibid.*, p. 154.

75. En italique dans le texte.

76. Eva Joly, *Est-ce dans ce monde-là que nous voulons vivre ?*, *op. cit.*, p. 154 et 156.

77. *Le Parisien*, 17 mai 2007.

78. Supplice qui consiste à suspendre le condamné au sommet d'une potence par une corde, qu'on laisse brusquement se dérouler jusqu'à ce que le malheureux soit près du sol.

79. Henri-Charles Lea, *Histoire de l'Inquisition au Moyen Âge*, présentation de Louis Sala-Molins, Jérôme Millon, 1986, p. 505 et suivantes ; *Les Inquisiteurs, portraits de défenseurs de la foi en Languedoc (XIIIe-XIVe siècles)*, sous la direction de Laurent Albaret, Privat, 2001.

80. La loi de 2004 et le décret du 16 juillet 2005 dispensent, dans certaines circonstances, l'avocat du respect du secret professionnel, c'est-à-dire de ce lien de confiance extraordinaire qui le lie à son client... pour lui permettre de sauver sa propre carrière – dans l'hypothèse où il serait accusé de complicité de blanchiment, par exemple.

81. Les parties, c'est-à-dire l'accusé.

82. Claude-Joseph de Ferrière, *Dictionnaire de droit et de pratique contenant l'explication des termes de droit, d'ordonnances, de coutumes et de pratique*, édité à Paris par la veuve Brunet, imprimeur-libraire, en 1762.

83. Claude-Joseph de Ferrière, *op. cit.*

84. Il faut noter qu'à cette époque, on pratique encore l'interrogatoire sur la sellette. Après la fin de l'interrogatoire, l'individu peut être considéré comme prévenu de crime : cette situation précède la condamnation.

85. Claude-Joseph de Ferrière, *op. cit.*

86. Les sentences qui condamnent à la question ne s'exécutent pas par provision, quoiqu'elles ne soient que préparatoires, et pour une raison simple : le mal qui en résulte serait irréparable. Ainsi ces sentences ne peuvent être exécutées avant qu'elles aient été confirmées par un arrêt, à moins bien entendu qu'elles aient été rendues en dernier ressort.

87. Claude-Joseph de Ferrière, *op. cit.* La règle ne s'applique pas si de nouvelles preuves sont découvertes après que l'accusé a été soumis à la question.

88. Claude-Joseph de Ferrière, *op. cit.*, t. II, p. 648.

89. Ernest Constans, né le 3 mai 1833 à Béziers, mort à Paris le 7 avril 1913. Il est à plusieurs reprises sous-secrétaire d'État à l'Intérieur et aux Cultes (de 1879 à 1881) avant de devenir ministre de l'Intérieur (de février 1889 à mars 1890, et de mars 1890 à février 1892). Il s'est rendu célèbre pour son opposition aux boulangistes, qui le critiquaient dans leur journal *L'Intransigeant*. Le 19 janvier 1892, il déclenche une rixe avec le député Francis Laur dans l'hémicycle de l'Assemblée. De retour au Sénat, il initie plusieurs textes dont celui du 8 décembre 1897, pour lequel il mérite ce bref rappel historique. Il termine sa carrière comme ambassadeur à Constantinople.

90. Il ne s'agit pas d'un cas d'école : dans l'affaire d'Outreau, l'une des personnes incarcérées s'est suicidée. Il en a été de même de madame

Chantal Guéroult, brutalement interpellée après un retour d'Afrique pour être entendue dans l'affaire Bédier, qui impliquait un ancien secrétaire d'État et président en exercice du conseil général des Yvelines, Pierre Bédier, et le député-maire de la ville de Poissy (Yvelines), Jacques Masdeu-Arus. Madame Guéroult était la compagne du troisième mis en examen, de moindre réputation, Gilles Forray, également élu local des Yvelines.

91. À ne pas confondre avec l'ancienne peine de dégradation civique (interdiction de détenir ou de porter une arme, des droits civiques, civils et de famille...).

92. Bien que la presse des années 1930 ait suivi avec délectation les démêlés judiciaires de Marthe Hanau, la banquière dont la vie a été mise en scène dans le film du même nom avec en vedette Romy Schneider (*La Banquière*, de Francis Girod, 1980).

93. Jusqu'à une date récente, afin de faciliter la rédaction, il suffisait au juge d'instruction de cocher les cases des rubriques sur le formulaire pour réaliser une partie de sa motivation.

94. Pierre Bédier sera réélu lors des élections législatives partielles de la huitième circonscription des Yvelines en novembre 2004, mais il sera définitivement condamné dans ce dossier par un arrêt de la cour d'appel de Paris confirmé par la Cour de cassation le 20 mai 2009. Il devra dès lors abandonner ses fonctions de président du conseil général des Yvelines.

95. Le juge Courroye a en charge les affaires Michel Noir, ancien maire RPR de Lyon, et Pierre Botton, ainsi que le dossier d'Alain Carignon, ancien maire RPR de Grenoble.

96. *Le Parisien*, 23 décembre 2000.

97. Phénomène *a priori* invraisemblable : le juge qui décide d'une mise en examen dans une affaire de cette nature ordonne de façon rarissime le non-lieu au terme de l'instruction. Une telle pratique le conduirait à critiquer lui-même sa propre façon d'instruire !

98. O.J. Simpson était accusé du meurtre de son ex-femme, retrouvée poignardée avec son amant. Il a été acquitté et l'affaire n'a jamais été élucidée.

99. Vieille technique policière : le policier se fait entendre par un collègue sur procès-verbal, rapportant les dires entendus dans un bar, ce qui permet de déclencher l'ouverture d'une procédure sur la base de ce renseignement.

100. Après décision du conseil municipal validant le placement sous surveillance électronique de la cité, procédé dont, il convient de le rappeler,

le coût important ne résulte pas seulement de l'installation des caméras mais de la charge du personnel chargé d'exploiter vingt-quatre heures sur vingt-quatre les informations obtenues par ce moyen.

101. L'ANPR, Automatic Number Plate Recognition, technologie datant d'une vingtaine d'années dont l'usage s'est amplifié depuis l'année 2000.

102. *Libération,* 27 décembre 2005.

103. Article 5 du projet de loi modifiant l'article L. 34-1 et l'article L. 34-1-1 du code des postes et des communications électroniques.

104. Direction de la surveillance du territoire.

105. Il a été remplacé en 2008 par le juge Yves Jannier, qui, pendant une longue période, a été juge d'instruction au tribunal de grande instance de Versailles, avant de passer au parquet, à la cour d'appel de Paris. Le juge Jannier, dont la réputation n'est pas fondée sur le laxisme, a assumé avec brio la délicate mission de requérir l'acquittement des innocents d'Outreau devant la cour d'assises d'appel de Paris.

106. Éric Decouty, *Un fiasco français : histoire secrète du pôle financier,* Denoël, 2006.

107. *Code d'instruction criminelle,* Lebigre Frères, 1836, p. 54.

108. Le titre III du code de procédure pénale intitulé « Des juridictions d'instruction » occupe, dans la version 2008 du code Dalloz, les pages 251 à 567, de l'article 79 à l'article 230.

109. Comme ne manque pas de le faire remarquer le juge Thiel dans ses ouvrages.

110. Il a fallu attendre la réforme du 15 juin 2000 pour que le mis en examen puisse demander au juge d'instruction un transport sur les lieux, une audition de témoin ou de partie civile, et la réalisation de cet acte en présence de son avocat. Mais là encore, le juge n'est pas dans l'obligation de répondre favorablement à cette requête.

111. L'article 92 du code de procédure pénale prévoit que le juge qui se transporte sur les lieux pour effectuer des constatations ou procéder à des perquisitions, s'il doit en aviser le procureur de la République qui a la faculté de l'accompagner, n'a aucune obligation d'en informer les avocats représentant les autres parties dans le dossier.

112. Bien que l'article 116 alinéa 2 du code de procédure pénale prévoie cette possibilité. Mais en général, le dossier ne comporte qu'une centaine de cotes, et il peut être consulté rapidement. La violation des droits de la défense est donc au regard de l'esprit du texte et non de sa lettre.

113. La Cour européenne des droits de l'homme de Strasbourg parle « d'égalité des armes », terme à la fois novateur et expressif.

114. La chambre de l'instruction est une formation de la cour d'appel qui contrôle les décisions des juges d'instruction et peut les modifier en imposant à un juge des démarches qu'il se serait refusé à accomplir.

115. Le dernier exemple en date réside dans la retraite en désordre du Conseil national des barreaux et de son président en exercice monsieur Wickers : après avoir défendu pendant longtemps l'idée d'une profession juridique unique incluant les notaires, le CNB s'aligne officiellement sur le rapport Darrois, qui propose le contraire, c'est-à-dire la survivance d'un notariat indépendant des autres professions juridiques. Non seulement le CNB abdique, mais il admet ainsi une évolution « à la française », à contre-courant de ce qui se passe dans la majorité des pays européens. Quant au choix du rapporteur, il en dit long sur le décalage existant entre le barreau réel et le barreau médiatique. Jean-Michel Darrois appartient à un cabinet dont la clientèle, le chiffre d'affaires et le revenu des associés sont parmi les premiers de la profession, et ignore donc totalement les difficultés de la majorité du barreau français.

116. Syndicat professionnel d'avocats.

117. Il convient de rappeler pour mémoire que le texte vise également pêle-mêle les commissaires-priseurs, les sociétés d'assurances, les professionnels de l'immobilier, les notaires, les directeurs de casinos, les marchands de pierres précieuses, d'antiquités et d'œuvres d'art.

118. Constitue également un blanchiment le fait d'apporter son concours à une opération de placement, de dissimulation ou de conversion du produit direct ou indirect d'un crime ou d'un délit. Cette infraction nouvelle est punie d'un emprisonnement de cinq ans et de 375000 euros d'amende.

119. Elle-même créée par le décret du 9 mai 1990.

120. Ou lorsqu'ils participent à la réalisation des transactions concernant l'achat et la vente d'immeubles ou de fonds de commerce, la gestion de fonds ou l'ouverture de comptes bancaires.

121. Certes, l'avocat ne réalise pas la fameuse déclaration lorsque les informations concernant les opérations de blanchiment ont été reçues d'un de ses clients ou obtenues sur l'un d'eux dans le cadre d'une consultation juridique ou lorsque cette activité se rattache à une procédure juridictionnelle. Mais le texte leur interdit de fournir le moindre renseignement permettant au client d'échapper à la rigueur de la loi s'il entend procéder à une opération de blanchiment de capitaux. Mais si l'avocat se doute que son client souhaite obtenir des renseignements dans un but illégal, il doit immédiatement le dénoncer.

122. Le 16 juillet 2005, sous la signature de Pascal Clément, ministre de la Justice de Dominique de Villepin, le *Journal officiel* a publié le décret 2005-790 en date du 12 du même mois, souhaitant de toute évidence profiter de la torpeur estivale : la manœuvre a fonctionné puisque seuls deux avocats (dont l'auteur de l'ouvrage) ont déféré le décret au Conseil d'État, soutenus dans leur action par le barreau de Paris.

123. Arrêt du 20 janvier 1981.

124. André Damien, *Le Barreau quotidien*, Apil, 1971, p. 95 de la réédition de 1973.

125. Que ce soit dans le domaine du conseil ou celui de la défense, les consultations adressées par un avocat à son client ou destinées à celui-ci, les correspondances échangées entre le client et son avocat, entre l'avocat et ses confrères – à l'exception, pour ces dernières, de celles portant la mention « officielle » –, les notes d'entretien et plus généralement toutes les pièces du dossier sont couvertes par le secret professionnel.

126. Texte du 9 décembre 1974 entré en vigueur le 1er janvier 1975.

127. Ces informations proviennent des sources suivantes : articles de Sabine Gless, Jocelyne Leblois-Happe, Cristina Mauro, Florien Messner, et Verena Murschetz in *La Réforme du code pénal et du code de procédure pénale. Opinio doctorum*, sous la direction de Valérie Malabat, Bertrand de Lamy, Muriel Giacopelli, Dalloz, 2009, p. 203 et suivantes. Elles résultent également de la lecture des codes de procédure allemand, suisse et italien. Pour l'Italie : Alessandro Pizzorusso, *L'Organizzazione Della Giustizia in Italia*, Piccola Biblioteca Einaudi, 1996 et la *Costituzione italiana*, Mursia, 1989. À consulter aussi : Carlo Guarnieri et Patrizia Pederzoli, *La puissance de juger*, Michalon, 1996.

128. Ce qui est toujours le cas vingt-cinq ans plus tard : la maladie, la grossesse (phénomène important dans la magistrature, où le nombre des femmes est prédominant), la promotion ou le changement d'affectation dans un autre poste, qui laisse le cabinet d'instruction vacant pendant plusieurs mois, voilà autant de causes de difficultés, d'erreurs et de maintiens en détention provisoire totalement injustifiables.

129. *Le Monde*, 6 septembre 1985.

130. Paul Cassia, *Robert Badinter, un juriste en politique*, *op. cit.*, p. 369.

131. *Libération*, 30 septembre 1999.

132. *Libération*, 30 septembre 1987.

133. *Le Monde*, 11 décembre 1987, affaire Droit-Grellier, dossier Chaumet, réforme de l'instruction : « La justice dans les turbulences », article d'Agathe Logeart, Thierry Bréhier et Annick Cojean.

134. *Ibid.*

135. Il convient de rappeler que le juge Lambert, non content d'avoir totalement échoué dans l'affaire Grégory Villemin, a tiré un livre de son expérience, ouvrage qui s'est très bien vendu.

136. *Libération*, 15 novembre 1987.

137. Gilles Boulouque avait été nommé au tribunal de grande instance de Paris en 1983, et il avait travaillé essentiellement dans la lutte contre le grand banditisme. À Bobigny, il instruisait le dossier de plusieurs complices de Jacques Mesrine. Lorsqu'il a été nommé à Évry, il s'est occupé de la première affaire d'évasion en hélicoptère de la prison de Fleury-Mérogis. Par la suite, il est intervenu dans une affaire mettant en cause Paul Barril, ex-gendarme de l'Élysée, et l'avait inculpé. Mais son nom a surtout été cité dans le cadre de la fameuse affaire Gordji lequel, accusé de terrorisme, s'était réfugié pendant plusieurs jours dans l'ambassade iranienne de Paris. La complexité des relations entre la France et l'Irak avait conduit l'exécutif à adopter une position particulièrement modérée à l'égard de celui qui était soupçonné de terrorisme.

138. Parmi les causes possibles de sa disparition, la presse avait évoqué un conflit passager avec son épouse, qui semble n'avoir en aucun cas motivé sa décision.

139. *La Croix*, 16 janvier 1993.

140. *Libération*, 6 mai 1993.

141. Il s'agit du rapport Truche, commandé par le président de la République et rédigé par une commission que dirigeait le procureur général près la Cour de cassation.

142. *Le Monde*, 11 et 12 avril 2004 ; *Le Parisien*, 11 mars 2004.

143. Rapport commandé par Nicolas Sarkozy à la commission dirigée par Philippe Léger.

144. La main courante est une mention d'un fait, inscrit sur un registre spécial tenu au commissariat de police. Elle constitue une simple information de l'autorité de police et ne déclenche pas une procédure. Bien souvent, les policiers qui ne veulent pas enquêter sur un fait conseillent au plaignant de limiter sa protestation à une mention sur le registre des mains courantes.

145. C'est la raison pour laquelle l'argument des adversaires de la réforme de la procédure inquisitoire, prétendant que les victimes n'auraient plus un accès privilégié à la justice, n'est pas sérieux.

146. Par la signature du décret de nomination.

147. À l'exception de l'ordonnance sur la délinquance des mineurs.

148. *Le Monde,* 27 juillet 1955, et Mireille Delmas-Marty, *Le Ministère public entre son passé et son avenir,* Librairie générale de Droit et de Jurisprudence, 1967.

149. Francis L. Wellman, *The Art of Cross-Examination,* quatrième édition, Touchstone, 1997, d'après l'édition originale de 1905 ; Antoine Garapon et Ioannis Papadopoulos, *Juger en Amérique et en France,* Odile Jacob, 2003.

150. *Le Figaro,* 27 décembre 2002.

151. *Le Monde,* 18 février 2006 : Paul Lombard évoque le témoignage d'un inculpé d'Outreau lors de la commission parlementaire.

152. Sans que l'on perde de vue la capacité réelle du barreau français à faire face à l'afflux des procédures. C'est l'une des raisons qui laissent dans la virtualité l'idée de la présence de l'avocat à la première heure de la garde à vue (on en dénombre six cent mille par an).

153. En effet, dans un certain nombre de cas, c'est la compagnie d'assurances qui devient le prescripteur de l'avocat puisque c'est elle qui, par le biais du contrat de protection juridique, a le premier contact utile avec le client. Hors les procédures pénales, elle peut assister le client jusqu'au protocole d'accord ou jusqu'aux portes de la juridiction. Ce n'est qu'à cet instant que le ministère d'avocat redevient obligatoire.

154. *Le Monde,* 25 novembre 2008.

155. *Justice indépendante, justice sur commande,* « Politique d'aujourd'hui », Presses universitaires de France, 1990 ; *Affaires d'État. De Ben Barka à Tiberi : comment le parquet étouffe les dossiers,* Albin Michel, 1997.

156. Analysé par Antoine Garapon dans *L'âne portant des reliques. Essai sur le rituel judiciaire,* Le Centurion, 1985.

157. Georges Courteline, *Un client sérieux,* Livre de Poche, 1964.

158. Proposition de « La Diagonale » au candidat Nicolas Sarkozy lors de la campagne présidentielle, en décembre 2006.

159. Rappelons qu'il y a quelques années, un élève magistrat dont ses enseignants avaient relevé la faiblesse psychologique se suicida à l'annonce de son renvoi de l'école.

160. Exemple : le 17 octobre 2008, la cour d'appel de Paris ordonne par erreur la libération d'un homme accusé de viols, enlèvement et séquestration. Il s'agit d'une inversion du dispositif de la décision. Toute la motiva-

tion concourt au maintien en détention de la personne concernée. Puis dans ce que l'on appelle le dispositif et qui commence par la formule « Par ces motifs », la cour inverse son propos et écrit qu'elle « informe » l'ordonnance de refus de mise en liberté des premiers juges au lieu de préciser qu'elle « confirme ». (*Le Figaro*, 24 novembre 2008.)

161. Exemple : le 26 avril 2004, le juge d'instruction Françoise Gambachidze renvoie devant la cour d'assises de Bordeaux Roland Béquerel pour extorsion et viol aggravé. Mais elle ne se prononce pas sur la prise de corps, anticipant sur la validité d'un texte qui n'est pas encore en application. Le prévenu est libéré... et ne se présente pas devant la cour, où il risque vingt ans de réclusion criminelle. (*Le Canard enchaîné*, 14 septembre 2004.)

162. Voir la thèse de Jacqueline Israël, *Robe noire et Résistance*.

163. Pour ceux qui en douteraient encore, nous conseillons la relecture des publications collectives du Syndicat de la magistrature des années 1970. Ces déclarations de principes, empesées de marxisme bon teint, n'ont pas empêché quelques-uns de leurs auteurs de faire carrière. Certains se sont heureusement repentis...

164. Le système qui prévoit la protection de l'indépendance des juges par le chef de l'exécutif est en lui-même contestable.

165. *Le Figaro*, 5 juin 2000.

166. Concrétisée par la loi constitutionnelle 2008-724 du 23 juillet 2008 de modernisation des institutions de la cinquième République.

167. Avant la réforme constitutionnelle de 2008, le CSM était composé de quinze membres : cinq représentants du siège et cinq représentants du parquet élus par leurs pairs ; quatre personnalités n'appartenant ni au Parlement ni à la magistrature, nommées par le président de la République et les présidents des assemblées ; enfin, un quinzième membre, un conseiller d'État... lequel Conseil est d'ailleurs l'organe de contrôle des décisions du CSM. Ainsi, sur quinze membres actifs, onze appartenaient à la magistrature civile ou administrative ! Le président de la République, président de droit, ne siégeait jamais. Le ministre de la Justice, vice-président, ne siégeait que rarement. Avec la réforme de 1993, le déroulement de carrière du magistrat était en partie soumis au CSM, consulté pour les nominations par le jeu des avis. Les magistrats du siège étaient nommés par le président de la République, mais sur avis conforme. Pour les magistrats du parquet, l'avis n'était que consultatif et le gouvernement pouvait s'y soustraire. Bien entendu, le CSM constituait les formations disciplinaires chargées de statuer sur les magistrats défaillants.

168. Les formations disciplinaires du siège et du parquet se composent, alternativement, de la manière suivante : cinq magistrats du siège (ou du parquet), un magistrat du parquet (ou un du siège) plus les six personnes qualifiées, le conseiller d'État et l'avocat, soit six magistrats sur quatorze membres.

ANNEXE

RECOLLEMENT DES OUVRAGES ÉCRITS PAR LES MAGISTRATS OU CONSACRÉS À LEUR ÉTAT

ARPAILLANGE, Pierre, *La Simple Justice*, Julliard, 1980.

BILGER, Pierre, *Un avocat général s'est échappé*, Seuil, 2003.

BOUVIER, Jean-Claude, JACQUIN, Pierre et VOGELWEITH, Alain, *Les affaires, ou comment s'en débarrasser*, La Découverte, 1997.

BURGELIN, Jean-François, LOMBARD Paul, *Le Procès de la justice*, Plon, 2003.

CASAMAYOR, *À bas la vertu*, Julliard, 1976.

CASAMAYOR, *À vous de juger*, Denoël, 1981.

DAVENAS, Laurent, *Profession répression*, Acropole, 1988.

DECOUTY, Éric, *Un fiasco français : histoire secrète du pôle financier*, Denoël, 2006.

ETCHEGOIN, Marie-France et ARON, Matthieu, *Eva ou la justice est un roman*, Robert Laffont, 2002.

FENECH, Georges, *Main basse sur la justice. Les années noires, de Mitterrand à aujourd'hui*, Jean-Claude Lattès, 1997.

FENECH, Georges, *Presse justice : liaisons dangereuses*, L'Archipel, 2007.

GALLOT, Didier, *Les Fossoyeurs de la justice. Un juge d'instruction accusé*, Albin Michel, 1991.

GARAPON, Antoine, *L'âne portant des reliques. Essai sur le rituel judiciaire,* le Centurion, 1985.

GARAPON, Antoine (en collaboration avec Frédéric GROS et Thierry PECH), *Et ce sera justice. Punir en démocratie*, Odile Jacob, 2001.

GREILSAMER, Laurent et SCHNEIDERMANN, Daniel, *Les juges parlent,* Fayard, 1992.

GREILSAMER, Laurent et SCHNEIDERMANN, Daniel, *Où vont les juges ?,* Fayard, 2002.

JEAN-PIERRE, Thierry, *Bon appétit, Messieurs*, Fixot, 1991.

JEAN-PIERRE, Thierry, et DE MÉRITENS, Patrice, *Crime et Blanchiment,* Fixot, 1993.

JEAN-PIERRE, Thierry, *Lettre ouverte à ceux que les petits juges rendent nerveux,* Albin Michel, 1994.

KEIL, Patrick, *Du barreau aux barreaux : la descente aux enfers du juge de l'affaire Festina,* Jean-Claude Gawsewitch, 2009.

LAMBERT, Jean-Michel, *Le Petit Juge*, Albin Michel, 1987.

LEGOUX, Alain, *L'Impératif pénal,* Robert Laffont, 1986.

LÈGUVAQUE, Laurent, *Plaidoyer pour un mensonge*, Denoël, 2006.

LEMOINE, Yves, *Reconstitutions. Essai sur une manière d'être juge*, Denoël, 1986.

LEMOINE, Yves et NGUYEN, Frédéric, *Le Livre noir du syndicat de la magistrature,* Albin Michel, 1991.

LEMOINE, Yves, *Le Complot des juges. Les politiques en accusation,* édition du Félin, 1993.

LEMOINE, Yves et NGUYEN, Frédéric, *Tristes Justices,* Plurielle « intervention », 1995.

QUESNAY DE BEAUREPAIRE, *Le Panamá et la République.*

SYNDICAT DE LA MAGISTRATURE, *Au nom du peuple français,* Stock, 1974.

THIEL, Gilbert, *On ne réveille pas un juge qui dort,* Fayard, 2002.

BIBLIOGRAPHIE GÉNÉRIQUE SUR LA JUSTICE

AGUESSEAU, (D'), Henri-François, *Discours,* Le Bâtard imprimeur à Reims, 1809.

ALBARET, Laurent, *Les Inquisiteurs. Portraits de défenseurs de la foi en Languedoc (XIIIe-XIVe siècles),* Privat, 2001.

ALLARD, Albéric, *Histoire de la justice criminelle au XVIVe siècle,* Durand et Pédone éditeurs, 1868.

AUBENAS, Florence, *La Méprise,* Seuil, 2005.

BEAU, Jean-Michel, *L'Honneur d'un gendarme*, Sand, 1989.

BODIGUEL, Jean-Luc, *Les Magistrats, un corps sans âme ?,* Presses universitaires de France, 1991.

BOISSAVY, Mathieu et CLAY, Thomas, *Reconstruire la justice,* Odile Jacob, 2006.

BUQUET, Alain, *Manuel de criminalistique moderne et de police scientifique*, Presses universitaires de France, 2008.

CAPPELLETTI, Mauro, *Le Pouvoir des juges,* Presses Universitaires d'Aix Marseille et Economica, 1990.

CASSIA, Paul, *Robert Badinter, un juriste en politique,* Fayard, 2009.

COHEN-TANUGI, Laurent, *La Métamorphose de la démocratie,* Odile Jacob, 1989.

CONSEIL SUPÉRIEUR DE LA MAGISTRATURE, rapport d'activité 2003-2004 ; rapport d'activité 2008.

DAMIEN, André, *Les Avocats du temps passé*, Henri Lefebvre éditeur, 1973.

DAMIEN, André et HAMELIN, Jacques, *Les Règles de la profession d'avocat*, 8e édition, Dalloz, 1997.

DEBRÉ, Jean-Louis, *La Justice au XIXe siècle. Les Magistrats*, Perrin, 1981.

DEROGY, Jacques et PONTAUt, Jean-Marie, *Enquête sur trois secrets d'État*, Robert Laffont, 1986.

FONTENELLE, Sébastien, *Un juge au-dessus des lois ?*, Privé, 2005.

DUMAS, Roland, *L'Épreuve, les Preuves*, Michel Lafon, 2003.

FERRIÈRE, Claude-Joseph (de), *Dictionnaire de droit et de pratique contenant l'explication des termes de droit, d'ordonnances, de coutumes et de pratique*, veuve Brunet, imprimeur-libraire, 1762.

GAUDEMET, Jean, *Les Institutions de l'Antiquité*, 7e édition, Montchrestien, 2002.

HALPHEN, Éric, *Sept ans de solitude*, Denoël, 2002.

HALPHEN, Éric, *Le Bal des outrés. Propositions en réponse à ceux qui veulent tuer le juge d'instruction*, Privé, 2006.

JOLY, Eva, *Notre affaire à tous*, Les Arènes, 2000.

JOLY, Eva, *Est-ce dans ce monde-là que nous voulons vivre ?* Les Arènes, 2003.

JOUSSE, Daniel, *Nouveau Commentaire sur l'ordonnance criminelle du mois d'août 1670*, Debure Lainé, 1756.

LA PRADELLE, Géraud (DE), *L'Homme juridique*, Presses universitaires de Grenoble-Maspero, 1979.

LEBIGRE, Arlette, *La Justice du roi. La Vie Judiciaire Dans l'ancienne France*, Éditions Complexe, 2002.

LIORA, Israël, *Robes noires, années sombres. Avocats et magistrats en résistance pendant la Seconde Guerre mondiale*, Fayard, 2005.

MASSON, Gérard, *Le Juge et le Pouvoir*, Moreau-Syros, 1977.

NEY, Jean-Paul, *Souriez, on vous espionne*, Le Cherche Midi, 2005.

PIMBAL, Pierre-Clément et CASTALDO, André, *Histoire des institutions politiques et des faits sociaux,* 8e édition, Dalloz, 2004.

ROYER, Jean-Pierre, *La Société judiciaire depuis le XVIIIe siècle,* Presses universitaires de France, 1979.

ROYER, Jean-Pierre, MARTINAGE, Renée et LECOQ, Pierre, *Juges et Notables au XIXe siècle,* Presses universitaires de France, 1982.

SALAS, Denis, *Du procès pénal,* Presses universitaires de France, 1992.

SOULEZ LARIVIÈRE, Daniel, *Les Juges dans la balance,* Ramsay, 1987.

SOULEZ LARIVIÈRE, Daniel, *Justice pour la justice,* Seuil, 1990.

SOULEZ-LARIVIÈRE, Daniel, *Grand Soir pour la justice,* Seuil essais, 1997.

SOYER, Jean-Claude, *Justice en perdition,* Plon, 1982.

SUR, Bernard, *Histoire des avocats en France, des origines à nos jours,* Dalloz, 1997.

SYNDICAT DE LA MAGISTRATURE, *Justice sous influence,* Cahiers libres 363/François Maspero, 1981.

TRUCHE, Pierre, *Juger, être jugé. Le magistrat faire aux autres et à lui-même,* Fayard, 2001.

TURCEY, Valéry, *Le Prince et ses juges : vers un nouveau pouvoir judiciaire,* Plon, 1997.

VARAULT, Jean-Marc, *Le Droit aux juges,* Quai Voltaire, 1991.

VERGÈS, Jacques, *La justice est un jeu,* Albin Michel, 1992.

VILLÈRÉ, Hervé, *L'Affaire de la section spéciale,* Fayard, 1973.

WIEL, Dominique, *Que Dieu ait pitié de nous,* Oh ! éditions, 2006.

TABLE

DEUXIÈME PARTIE
Un juge inutile

TROISIÈME PARTIE
Que faire ?

PARUS CHEZ BOURIN ÉDITEUR

Gonçalo AMARAL, *Maddie, l'enquête interdite*
Fabrice AMEDEO, *Les Fossoyeurs de l'Europe*
ANONYME, *Manuel de l'instituteur primaire*
Pierre-Valéry ARCHASSAL, *Généalogie, une passion moderne*
Juliette ARNAUD, *La Stratégie du mollusque*
Annie BATLLE, Isabelle GERMAIN, Jeanne TARDIEU,
Le Dictionnaire iconoclaste du féminin
Jean BAUD, *Coup de tonnerre dans la grande distribution*
Philippe BENASSAYA, *Les Hussards perdus de la République*
Laurence BENHAMOU, *Le Grand Bazar mondial*
Hamida BEN SADIA, *Itinéraire d'une femme française*
Pierre BILGER, *Quatre millions d'euros, le prix de ma liberté*
BLANCAFORT, *Les Blablas du bling-bling*
Gérald BLONCOURT, *Le Regard engagé*
Sophie BODY-GENDROT, *La peur détruira-t-elle la ville ?*
Sylvie BOMMEL, Anne-Laure REVEILHAC, *La Révolte des virés*
Michel BONGRAND, *Le Marketing politicien*
Yves BOT, *Ma justice*
Jacques-Olivier BOUDON, *Les Habits neufs de Napoléon*
Philippe BOULANGER, *Sociologie du Blaireau*
Gaël BRUSTIER, Jean-Philippe HUELIN,
Recherche le peuple désespérément
Jean CANOUREL, Nathalie LENOIR,
Comment devenir chef (et le rester) en 10 leçons
Dimitri CASALI, Antoine AUGER, *Les 1001 Faits insolites de l'Histoire*
Philippe CHALMIN,
- *Le Poivre et l'Or noir*
- *Des épices à l'or noir*
- *Le monde a faim*
- *Le Siècle de Jules*

Frédéric CHARPIER, *L'Obsession du complot*
COLLECTIF,
- *L'Ère du risque*
- *Prévention et précaution*

Thierry COSTE, *Le Vrai Pouvoir d'un lobby*
Thierry CROUZET,
- *Le Peuple des connecteurs*
- *Le Cinquième Pouvoir*

André DAMON, *Mémoires du Petit Journal*

Jean-Pierre DANIEL, *L'Assurance et ses secrets*
Bernard DARNICHE, *Citoyens de la route*
Michèle DEBONNEUIL, *L'Espoir économique*
Bruno DELMAS, *La Société sans mémoire*
Renaud DÉLY,
- *Les Tabous de la gauche*
- *Besancenot, l'idiot utile du sarkozysme*

Bruno DESCROIX, *Demain les profs*
Pierre DEUSY, *Marx est mort, Jésus revient*
Mohamed DOUHANE, *Les Tabous de la police*
Jean-Michel DUBERNARD, *Sauvons la sécu !*
Catherine DURANDIN (avec la participation de Guy HOEDTS), *La mort des Ceausescu : la vérité sur un coup d'État communiste*
Marc FIORENTINO, *Tu seras un homme riche, mon fils !*
Georges FLEURY,
- *Roland Garros*
- *Nous, les combattants d'Algérie*

Jean-Luc FOUCHER, *Ressources inhumaines*
Antoinette FOUQUE, *Qui êtes-vous, Antoinette Fouque ?*, entretiens avec Christophe Bourseiller
Samuele FURFARI, *Dieu, l'Homme et la Nature*
Pascal GALINIER, *Terminus Billancourt*
Philippe GALLARD, *À l'assaut du monde*
Christian GAMBOTTI,
- *Brèves de pouvoir*
- *Nouvelles Brèves de pouvoir*

Yvon GATTAZ, *La Seconde Vie*
Jean-Pierre GAUDARD,
- *L'Intraitable Monsieur Mer*
- *Le Mal industriel français*

Charles GAVE,
- *Un libéral nommé Jésus*
- *C'est une révolte ? Non, Sire, c'est une révolution !*
- *Libéral mais non coupable*

David GENZEL, *Les Mots du Président*
Jeanne GOERRIAN, *Ils ont tué mon fils deux fois*
Vincent GORGUES, Laurent JACQUES, *Vladimir et le Premier ministre*
Capucine GRABY, Muriel ROY-PRÊTET, *Le Sexe fort*
Chen GUIDI, Wu CHUNTAO, *Les Paysans chinois aujourd'hui*
Christian P. GURY, *L'Apprentissage, une autre manière de réussir*
Docteur GY, *Comment faire des enfants heureux*

Denis HUISMAN, *La Rage de communiquer*
Denis HUISMAN, André VERGEZ, *La Philosophie sans complexe* (coédition Hugo & Cie)
Jean-Philippe IMMARIGEON,
- *American parano*
- *Sarko, l'Américain*
- *L'imposture américaine*
Guillaume JAN, *Le Baobab de Stanley*
JIANG RONG, *Le Totem du loup*
Bernard KANOVITCH, *Itinéraire d'un Juif français*
Frédéric KARPYTA, *La Face cachée du commerce équitable*
Éric KESLASSY, Alexis ROSENBAUM, *Mémoires vives*
Roselyne KOSKAS, Guy SCHWARTZ, *Le Pouvoir misogyne*
Dominique LAPORTE, *Mon fils schizophrène*
Jean-Claude LASANTÉ, Bernard LALANNE, *Attention, chasseur de têtes*
Pierre LASSUS, *L'Enfance du crime*
Martine LEFEUVRE-DÉOTTE, *Les Campeurs de la République*
Emmanuel LEMIEUX,
- *Le Krach des élites*
- *L'Annuel des idées*
Stéphane LENEUF,
- *Le Goût d'entreprendre*
- *Le Goût du pouvoir*
Carlos LISCANO, *L'Impunité des bourreaux*
Didier LONG,
- *Jésus, le rabbin qui aimait les femmes*
- *Capitalisme et christianisme*
Michel MAFFESOLI, *Qui êtes-vous, Michel Maffesoli ?*, entretiens avec Christophe Bourseiller
Yves MICHAUD, *Qu'est-ce que le mérite ?*
François MOUREAU *Le Nouveau Prolétariat intellectuel*
Martial OLIVIER-KOEHRET, *La Santé aux urgences*
Pierre D'ORNANO, Denis BACHELOT, *Survivre à la crise*
Christian OYARBIDE, *Mon boss, ses trucs et ses tics*
Thierry PAQUOT,
- *Éloge du luxe. De l'utilité de l'inutile*
- *Petit manifeste pour une écologie existentielle*
- *La Folie des hauteurs*
Anne PEZET, *Ces malades qu'on sacrifie*
Jean-Marc et Yidir PLANTADE, *La Face cachée de la Chine*
Jean POULIT, *Le Territoire des hommes*

Guillaume PRACHE, *Les Scandales de l'épargne retraite*
Serge REYNAUD, *Chroniques de la main courante*
Jacqueline DE ROMILLY,
Actualité de la démocratie athénienne
Philippe ROSÉ, *Indian connection*
Charles ROUX, *Le Philosophe au pied du mur*
Frédéric ROUX, *Hyperman*
Ignacy SACHS, *La Troisième Rive*
Christian SAINT-ETIENNE,
– *La France est-elle en faillite ?*
– *La Fin de l'euro*
Marie-Pierre SAMITIER, *Au pied du mur*
Philippe SASSIER, Jean BOTHOREL, *La Grande Distribution*
Lucile SCHMID *L'Égalité en danger ?*
Robert SCHNEIDER, *Le Gâchis*
Laurent SÉGALAT, *La Fabrique de l'homme*
Pierre SERVENT, *La Trahison des médias*
Nathan SHARANSKY, *Défense de la démocratie*
Franck SPENGLER, *Brèves de sexe*
Pierre de TAILLAC
– *Petite anthologie du flingage sur Facebook*
– *Brèves de manifs*
Frédéric TEULON, *La France aux mains des fils et filles de...*
Daniel TEYSSEIRE, *La France singulière*
Didier TOUSSAINT, *L'Inconscient de la FNAC*
Donald TRUMP,
– *Comment devenir riche*
– *Penser comme un champion*
Laurence UBRICH, *Les Papys flingueurs*
Guy VALLANCIEN, *La Santé n'est pas un droit*
Philippe VAN EECKHOUT, Élisabeth PRICAZ,
Guide anti-contrefaçon
Arnaud VIVIANT, *Complètement mytho !*
Patrick VOILLOT, *La Malédiction du trésor des tsars*
François DE WITT, *Appauvrissez-vous !*
Lijia ZHANG, *Vive le socialisme !*
Charles ZORGBIBE, *Paix et Guerres en Afrique*
Salomé ZOURABICHVILI, *Les Cicatrices des nations*

Achevé d'imprimer par SAGIM en mars 2010
sur rotative Variquik à Courtry (Seine et Marne)

Dépôt légal : mars 2010
N° d'impression : 11840

ISBN: 978-2-84941-165-0
724 572.7

Imprimé en France

L'imprimerie Sagim est titulaire de la marque
Imprim'vert® depuis 2004